幼儿绘本课程开发与实施

刘淑颖　王　丛　李云竹　主　编

清華大学出版社
北　京

内 容 简 介

本书以学前教育理论为依据，以应用为导向，对幼儿绘本课程开发与实施问题进行了系统阐述。作者根据相关基础知识，结合生活实践和幼儿园教育教学经验，对绘本在幼儿园课程中的使用进行了较为全面的讲解，旨在探索合理、科学、多元的绘本课程开发与实施的途径与方法。

本书分为理论和实践两篇，其中理论篇着重论述幼儿绘本课程开发的基本知识，主要围绕绘本与幼儿教育、绘本与儿童发展、幼儿绘本课程的基础要素、幼儿绘本课程设计与开发、多元视角下的幼儿绘本课程等展开论述；实践篇重点阐述幼儿绘本活动实施，包括幼儿绘本与幼儿园领域教育活动、幼儿绘本与幼儿园游戏、幼儿绘本与区域活动、幼儿绘本与综合主题活动和幼儿绘本活动中的玩教具等。

本书既可作为学前教育、早期教育专业课程教材，也可作为幼儿园教师实施绘本教学的参考书和学习用书。

图书在版编目（CIP）数据

幼儿绘本课程开发与实施/刘淑颖，王丛，李云竹主编. —北京：清华大学出版社，2023.10
ISBN 978-7-302-64697-6

Ⅰ. ①幼… Ⅱ. ①刘… ②王… ③李… Ⅲ. ①学前教育－教学参考资料 Ⅳ. ①G613

中国国家版本馆 CIP 数据核字(2023)第 185724 号

责任编辑：张　弛
封面设计：刘　键
责任校对：袁　芳
责任印制：杨　艳

出版发行：清华大学出版社
　　网　　址：https://www.tup.com.cn，https://www.wqxuetang.com
　　地　　址：北京清华大学学研大厦 A 座　　**邮　　编**：100084
　　社 总 机：010-83470000　　**邮　　购**：010-62786544
　　投稿与读者服务：010-62776969，c-service@tup.tsinghua.edu.cn
　　质量反馈：010-62772015，zhiliang@tup.tsinghua.edu.cn
　　课件下载：https://www.tup.com.cn，010-83470410
印 装 者：三河市铭诚印务有限公司
经　　销：全国新华书店
开　　本：185mm×260mm　　**印　　张**：12　　**字　　数**：233 千字
版　　次：2023 年 11 月第 1 版　　**印　　次**：2023 年 11 月第 1 次印刷
定　　价：48.00 元

产品编号：090064-01

前　言

绘本是儿童最早接触的读物。绘本有着鲜明的色彩、富有趣味的形象、好玩的故事情节，可以丰富幼儿的生活经验，有益于儿童多元化发展，对幼儿的心灵成长具有不可估量的作用。随着社会经济的快速发展，绘本阅读日益成为学前教育领域炙热的议题。一方面，人们对于绘本的关注度日益上升，市面上有大量幼儿绘本出版，能够满足幼儿和家长亲子阅读的基本需求；另一方面，幼儿园课程不再局限于五大领域课程，逐渐发展为更多有特色、有价值的幼儿课程内容。因此，本书探索将绘本科学、恰当、有效地运用于幼儿园教育教学中，深入挖掘绘本的教育价值，建构多元化的幼儿绘本课程体系。

本书以学前教育理论为依据，以应用为导向，对幼儿绘本课程开发与实施问题进行了系统阐述。以绘本为基，以儿童发展为本，以幼儿园课程为纲，运用学前课程基础知识，结合生活实践和幼儿园教育教学经验，对绘本在幼儿园课程中的运用进行了较为全面、系统的论述，旨在探索合理、科学、多元的绘本课程开发与实施的途径和方法。

本书聚焦幼儿绘本课程开发与实施问题，强调理论指导下的实践应用。全书分为理论和实践两篇，其中理论篇着重论述幼儿绘本课程开发的基本知识，主要围绕绘本与幼儿教育、绘本与儿童发展、幼儿绘本课程的基础要素、幼儿绘本课程设计与开发、多元视角下的幼儿绘本课程等展开论述；实践篇重点阐述幼儿绘本活动实施，包括幼儿绘本与幼儿园领域教育活动、幼儿绘本与幼儿园游戏、幼儿绘本与区域活动、幼儿绘本与综合主题活动和幼儿绘本活动中的玩教具等。书中选编了大量案例，涵盖广泛，操作性强，内容贴近幼儿教育实践。本书具有以下特色。

1. 适用性

本书编写人员均为从事相关课程教学工作的一线教师，有着丰富的教学经验。本书结构设计以能力提升为本位，内容构思切合学前教育托幼机构工作实际需要。本书力图适应高等师范院校本、专科层次教师教育人才培养模式和学科要求，编写过程中力求做到理论与实践并重、学以致用、学用结合，体现出鲜明的适用性特点，适合各类高等院校作为教材使用。

2. 应用性

本书内容涵盖广泛，贴近生活实践，兼具实用性与操作性。除深入浅出的理论阐述外，还列举了大量案例、图表及相关拓展知识。在每章前有本章内容导航、学习与实践目标、知识框架，可以使读者快速领会全章结构框架和章节概要；章后有思考与实践，供读者巩固、反思和练习。

3. 可读性

在编写过程中，本书注重选材得当，编排体例力图新颖。将正文中难以涵盖的内容呈现在相关的知识链接中，帮助读者拓展思维与视野，引发读者深入学习。

本书是石家庄学院应用型课程“绘本阅读与推广”（编号：YYKC-201906）的研究成果。全书设计与统稿由刘淑颖完成，具体内容撰写由石家庄学院刘淑颖、王丛，河北师范大学附属民族学院李云竹共同完成。第一～四章、第十章，第六～八章的第二节由刘淑颖编写；第五～八章的第一节由李云竹编写；第五章第二节、第九章由王丛编写。书稿统一由刘淑颖统编、修改、审定并最后定稿。

感谢石家庄学院茹荣芳、李萌在本书编写过程中给予的支持与指导，同样感谢石家庄学院学前教育系田晓孟、段孜杰、王飞飞、韩婷等同学为本书所付出的努力，包括案例的整理和校对等。本书在编写过程中参考、借鉴、吸收了大量国内外文献和网络资料，我们尽可能写明各种引用资料的出处，但仍恐有所疏漏。在此一并对有关人士和单位表示衷心的感谢！

鉴于编者水平和认识所限，虽经编写者的共同努力，本书在整体设计、内容筛选以及文字处理等方面的纰漏和不妥之处仍难避免，忱望各位同仁、专家和广大读者不吝指正，编者不胜感激！

编　者

2023 年 4 月

教学课件

目　录

理论篇　幼儿绘本课程开发

实践篇　幼儿绘本活动实施

理论篇

幼儿绘本课程开发

第一章　绘本与幼儿教育

【内容导航】

什么是绘本？绘本是儿童最好的伙伴，每个孩子的童年都少不了绘本的陪伴，绘本中有趣的人物形象、奇思妙想的故事情节会带给幼儿新的认识。每个幼儿园教师在工作中一定会接触很多绘本。本章将带领读者进入多元的绘本世界，探寻绘本与幼儿教育的关系。

【学习与实践目标】

- 认识绘本，知道绘本的内涵。
- 了解绘本的起源和发展。
- 知道绘本的结构、分类和主题。
- 知道绘本的教育价值和表现形式。
- 理解并掌握绘本在幼儿教育中的运用。

【知识框架】

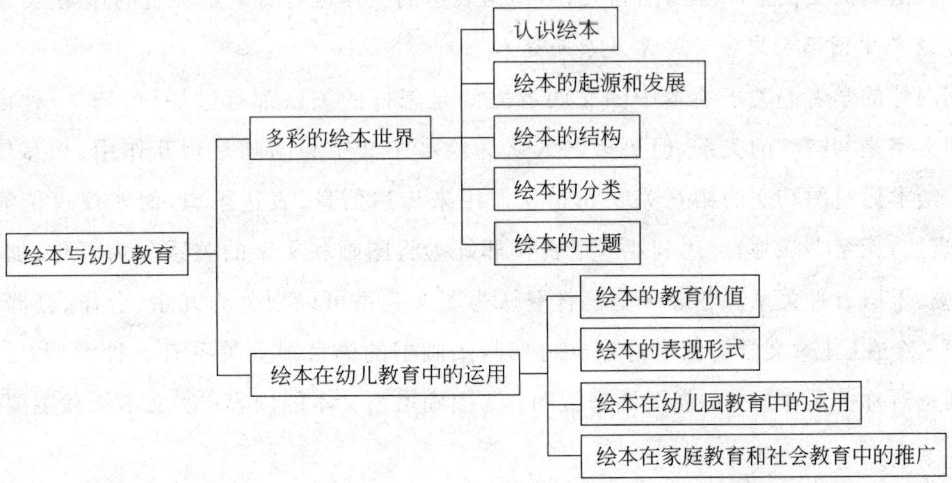

第一节 多彩的绘本世界

一、认识绘本

（一）什么是绘本

什么是绘本

绘本(picture book)也称图画书，是儿童最早接触的读物。幼儿绘本是指以学龄前儿童为读者群体的图画书，一般页数不多，30页左右；绘本的开本大小没有固定的规格；通过图画和为数不多的文字(有的甚至没有文字)，讲述一个故事或者主题或传达一种思想。绘本包含图画、文字、故事、主题等基本元素。可以说，绘本是一种综合性的艺术表达样式，作者们通过丰富多元的图案、造型、颜色、线条等，运用不同的页面设计、装帧设计，经由绘画和语言的构思与形式表达，富有创意地向读者呈现信息、传递思想。因此，可以将绘本界定为以图画或者图文为媒介来表现故事，呈现主题，传达情感、思想和用意等，是具有多重属性的艺术样式。

有图画或者有图文就一定是绘本吗？答案是否定的。绘本内容丰富、种类繁多，涵盖的形式和领域非常广泛，是一个包容性很强的概念，但并非所有带图画的读物都可以称为绘本。带图画的读物中既有以图画叙述故事为主的图画书，也有以文字叙述故事配以插图的插画书，还有一个字也没有只靠图来讲故事的无字书等多种类型。

（二）绘本的特质

1. 绘本是图画或者图画和文字的组合

图画往往在绘本中占据了一定的空间优势，对故事或主题的表达具有决定性的作用；文字虽然占据的页面空间不如图画大，但作为表达的主体也有着举足轻重的作用。

2. 绘本中图画和文字的关系复杂而迷人

国内外的学者们关于绘本中图文两者之间是怎样的关系都有过探讨。有一种说法是图画和文字是“共存”的关系，但更多的人认为绘本中文字和图画是相互作用、相互依存的关系。绘本通过图和文的相互关联和相互作用来传达信息、表达思想，而非仅仅依靠某一方面(当然，无字书除外)。玛利亚·尼古拉耶娃等将图画和文字的关系分为对称、加强、补充、对应、矛盾五种关系。苏菲·范德林登认为图文关系可以划分为冗余、合作、分离关系。乔安妮·金在《儿童文学的叙事符号》中提到，图画书的语言视觉关系有五种类型：①文本和图画是对称关系；②文本靠图画来说明；③图画增强文本的内容；④文本承载主要信息，插画可有可无；⑤插画承载主要信息，文本可有可无。[①]

3. 绘本没有固定的规格或版式

绘本的表现形式丰富多元，图文设计、内部结构和呈现方式都有着形式万千的变化。一本优秀的绘本不只是具象地呈现文字和图画，绘本中页数的安排、页面的布局、信息的传递、图文位置的排列，甚至开本大小、纸张选择等都会影响到绘本的意义表达。因此，读者在阅读绘本时需要全面感知绘本，体会作者在绘本中传递的思想、主旨和用意。

二、绘本的起源和发展

（一）早期的图画书

17 世纪之前，儿童读物并不常见。早期的儿童书籍多以识字书、启蒙书的形式呈现，人们教儿童进行阅读并不是为了快乐和兴趣，而是带有一定启蒙教育的功利性和目的性。在早期的儿童读物中也会配有一些插画或者配图，这些图画以木刻画或版画的形式出现，其作用更多体现在装饰页面而非讲述故事。

人们一般认为，捷克教育家 J.A.夸美纽斯 1658 年出版的《世界图解》（图 1-1，也译作《图画中见到的世界》）是世界上最早的带有插图的儿童读物，可以将其看作是最早的图画书。这是一本以木版画和文字结合的儿童百科全书。这本书第一次将文字和图画结合在一起，尝试通过图文的结合，建立起文字符号与图像画面的可视化联结，以图画的形式来表现和命名世界上全部主要事物以及人的一生中的各类活动，意在让儿童通过读图来识别和习得语言，认识世间万物。1744 年，英国出版商约翰·纽伯瑞出版的《美丽小书》被认为是第一本面向儿童的图书，他尝试在书页中插入图画，为儿童提供娱乐。[②] 这本外观小巧、设计精美的童书深得孩子和家长喜爱，由此打开了儿童出版物的大门。

图 1-1　《图画中见到的世界》（[捷克]J.A.夸美纽斯，上海书店出版社）

（二）现代绘本的发展

19 世纪彩色印刷技术发明，插画家们开始专门为儿童创作书籍，大量的儿童图书涌入市场。1782 年，英国诗人威廉·考柏创作了幽默叙事长诗《痴汉骑马歌》（又译为《约翰·吉尔品趣事》），这首诗讲述了布商约翰·吉尔品的故事，在当时的英国大受欢迎。辜鸿铭曾将《痴汉骑马歌》翻译为五言诗，读起来自然流畅、生动传神。1878 年，伦道夫·凯迪克为《痴汉骑马歌》绘制插图，诙谐幽默、朗朗上口的诗歌加上生动有趣的插画使其成为当时插

① 丹尼斯·I.马图卡.图画书宝典[M].北京：北京联合出版公司，2017：166.

② 丹尼斯·I.马图卡.图画书宝典[M].北京：北京联合出版公司，2017：14.

画书的典范。其中,约翰骑在马上驰骋的插图后来成为美国凯迪克奖的标志。伦道夫·凯迪克一生短暂,共创作16本书,莫里斯·桑达克称其作品"预示着现代图画书的创始。他巧妙地将插画和文字相结合,首次实现了图文互动。文字省略的地方由插画来叙述,插画省略的内容由文字来表达。这标志着现代图画书的诞生。"①

19世纪70年代英国儿童书籍插画家凯特·格林纳威开始注重插画的装饰手法和书的载体。1878年,她用绘画和诗句结合的方式创作了《窗户下》,探索书中视觉资源的利用。1928年新生代插画家婉达·盖格(Wanda Gag,1893—1946)出版的《100万只猫》(*Millions of Cats*)被认为是第一本具有创新性设计的现代图画书。书中图画设计和文本相互补充,极大地拓展了故事的叙述空间,斩获1929年美国纽伯瑞儿童文学奖银奖。20世纪中叶,绘本传入日本,引起儿童图画书在日本的浪潮。近些年我国也在日益关注并引进和创作大量绘本,以丰富儿童的阅读体验,开拓儿童的绘本世界。

三、绘本的结构

当人们拿到一本绘本,往往会被它精美的设计所吸引。一般情况下,绘本从装订形式来看,可以分为精装绘本和平装绘本。精装绘本的封面和封底均为硬皮,价格稍贵,便于保存和收藏;平装绘本则为软皮,较为轻便,价格便宜。如图1-2所示,绘本从结构上可以分为

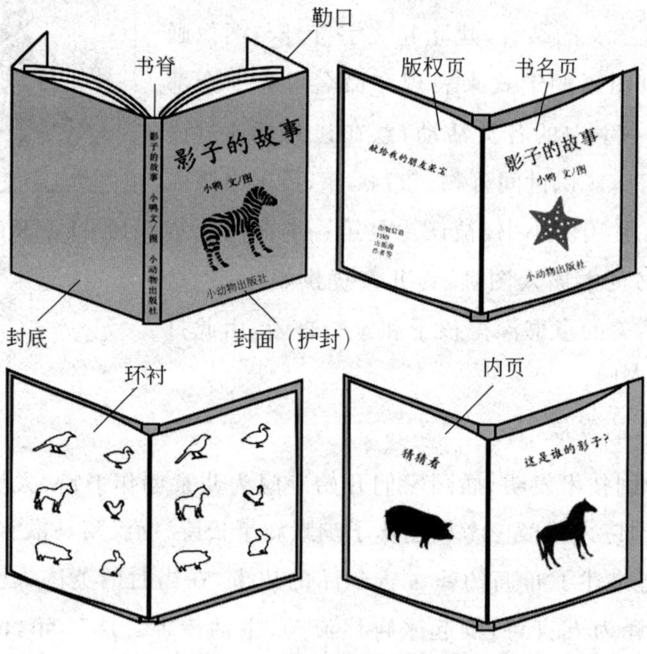

图1-2 常见绘本的结构

① 丹尼斯·I.马图卡.图画书宝典[M].北京:北京联合出版公司,2017:18.

以下部分。

1. 封面和封底

封面和封底是一本书的外观，构成了绘本的正面和背面。通常，封面上有书名、作者、绘者、译者、出版社等基本信息。一般情况下，封面还会有图画，封面的图片大多取自绘本内页中的某一幅图，当然也有例外，如《巴巴爸爸》系列绘本的封面图片就是单独绘制的。精装绘本的硬质封皮上有时会有一条浅浅的沟槽，方便读者翻阅。

好的封面对于绘本来说非常重要，是一本绘本的点睛之笔，吸引着读者打开内页进行阅读。有时候，人们仅从封面的图文信息中就能推测出故事的主人公，或者推论出可能会发生的故事。有的则需要封面和封底一起看，如图 1-3 所示，封面和封底会连在一起构成一幅完整的图画，《讨厌黑夜的席奶奶》《花婆婆》《蚂蚁和西瓜》《月下看猫头鹰》《鸭子骑车记》《14 只老鼠》系列绘本都是如此。

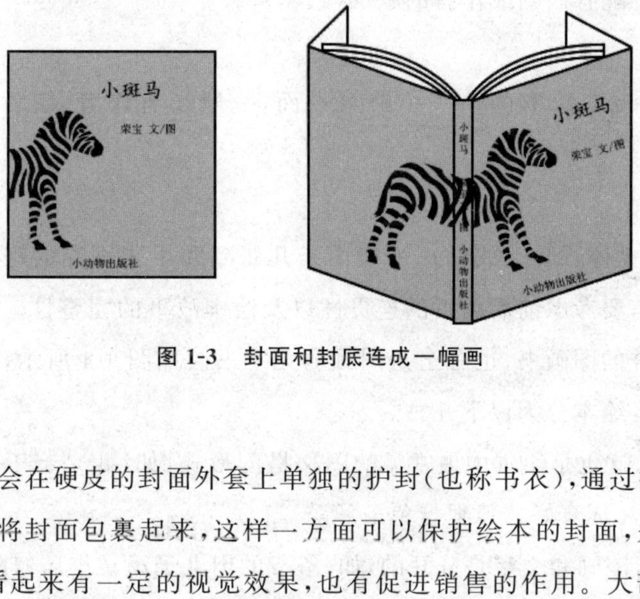

图 1-3　封面和封底连成一幅画

2. 护封

有的精装绘本会在硬皮的封面外套上单独的护封(也称书衣)，通过护封左右两侧向内折形成的前后勒口将封面包裹起来，这样一方面可以保护绘本的封面，另一方面也能起到装饰作用，让绘本看起来有一定的视觉效果，也有促进销售的作用。大部分护封上的图文和硬皮的封面图文是一样的，也有的绘本有一些特殊的设计。在绘本的前后勒口上一般会有绘本简介、作者简介、绘本评价、所获荣誉等信息。

3. 书脊

当绘本在书架上整齐、有序地排列开来时，人们往往只能通过图书侧边的信息来查找和挑选图书，这个侧边就是书脊。书脊又称为书背，上边会以文字形式简要注明绘本的基本信息，如书名、作者、出版社等，方便读者查阅。值得注意的是，如果绘本封面和封底采用连图画面，那么在书脊上最好也有相应的图画部分，不然会造成前后画面的分割，影响视觉效果。

4. 环衬

环衬分为前环衬和后环衬,其中前环衬是连接封面和内页的跨页,后环衬连接封底与内页。环衬通常一半粘到封面或封底上,另一半是活动的,前后呼应像是一对翅膀因而也被称为蝴蝶页。一般来说,相比于内页,环衬不容易吸引读者的目光,容易一翻而过。有的绘本环衬页面是纯色的,纯色环衬一般用作故事基调或背景渲染,如《菲菲生气了——非常、非常的生气》《巫婆的扫把》等。也有不少绘本的环衬上有图画,许多环衬上的图案和绘本的主题或者故事情节是相呼应的艺术设计,环衬的图案会暗示绘本中的某些元素和场景,如《好饿的毛毛虫》《隧道》《小威向前冲》《母鸡萝丝去散步》等。

5. 版权页

版权页一般是在环衬背面,与书名页相对。版权页上会有绘本出版的具体信息,如书名、作者、绘者、译者、出版社、发行方和出版方、出版年月、版次信息、ISBN 号、开本、定价等,有的版权页还会配有插画或作者的献词(致谢)。

6. 书名页

书名页通常会占据绘本的第一个跨页右面,一般印有作者、绘者、译者和出版社的名字。

7. 内页

内页是绘本的主体,即正文部分,一般由十几张到几十张不等的跨页组成。在构思和制作绘本时,作者需要考虑前后内页的连贯性以及绘本故事的完整性。绘本内页设计形式多样,既有图文结合的图画书,也有全是图画的无字书。如图 1-4 所示,根据内页图文设计的不同搭配,可以将绘本分为以下几种。

(1) 图文合页,这也是绘本中最常见的图文搭配形式,如《我是霸王龙》《朱家故事》《今天运气怎么这么好》《你真好》《狐狸与兔子》等。

(2) 图文分页,图画和文字是分开的,如《爷爷的肉丸子汤》《小岛》《鼠小弟》等。

(3) 有图无文,完完全全依靠图画来讲故事,如《小红书》《大风》《七号梦工厂》《海底的秘密》《雪人》等。

图文合页　　图文分页　　有图无文

图 1-4　不同的图文搭配形式

四、绘本的分类

按照不同的分类方法，可以将绘本作不同的划分，例如：按照绘本的装订包装，可以分为精装绘本和平装绘本；按照绘本材质，可以分为纸质绘本、布质绘本（如为婴儿设计的布书）、特殊材质绘本（如用木质、塑料、泡棉等材料制作的绘本）和电子绘本；按照绘本的作用和功能，可以分为玩具书、认知书、活动书、桥梁书等；按内容和题材，可以分为动物绘本、生活绘本、传统故事绘本、歌谣绘本等。在本书中，绘本分为以下五类。

（一）认知类绘本

在心理学中，“认知”一词一般会涉及儿童的感知觉、注意、记忆、思维和言语的发展。认知类绘本中的“认知”更多地指向儿童对于人、事、物、关系、活动等世间万事万物的认识和理解。虽然绘本从最初的设计、绘制上并没有刻意地想要让读者认知些什么，但儿童会在阅读绘本的过程中自然而然地了解和掌握有关事物的属性、数字、数量、大小、形状、颜色、空间、时间等基础性的知识和概念。

认知类绘本，有的是专门就某个主题展开故事，有的则在故事中渗透了相关的知识内容，让儿童在阅读故事的同时对颜色、大小、形状等这些基础概念有所认识和了解。认知形状的绘本如《神奇变变变动物园》；认知数字和数量的绘本如《123 到动物园》《恐龙特工队》《向 0 敬个礼》等；认知单词和字母的绘本如《蚂蚁变戏法》《字母 Z 的故事》；认知空间的绘本如《佩泽提诺》；认知时间的绘本如《今天是星期一》《好饿的毛毛虫》；认知相对关系的绘本如《反正》……多数家长希望幼儿通过绘本学习更多的知识、常识，因而认知类绘本也是家长十分喜爱的绘本类型。

在认知类绘本中，“桥梁书”是较为特殊的一种，是由图画为主转向文字为主的过渡型绘本，也可以称作是培养儿童阅读技能的入门读物。《字的童话》（图 1-5）以中国文字为创意起点，把中国文字的趣味与变化融合在幽默温馨的童话故事里。这套书用有趣又实用的方式，向广大读者传递文字的意义与认字、理解字并应用好字的方法。这套绘本透过童话，不仅能够让孩子感受中国文字的趣味与变化，激发孩子多元思考。更能激发儿童对中文阅读的兴趣，让孩子从纯粹的图画阅读开始转向文字的阅读，让孩子开心地记忆、理解、认识字。让儿童从轻松有趣的童话开始，体验中国文字的千变万化，跨过阅读的门槛，展开书香阅读的美妙征程。桥梁书一般语句较短，每

图 1-5　《字的童话》（林世仁文，章毓倩绘，贵州人民出版社）

页文字行数不多，配有插图。有的桥梁书也会根据儿童不同年龄阶段的特点和规律，采用“分级阅读”的形式设计，帮助儿童提高阅读能力。

（二）生活类绘本

生活类绘本，顾名思义，涉及幼儿生活方方面面，可以拓展幼儿的生活认识，培养良好生活习惯，促进幼儿的社会性发展。

例如，《小熊宝宝》系列可以让婴幼儿了解吃饭、游戏、睡觉、洗澡、散步等生活中各个方面的内容；《肚子里有个火车站》可以让儿童知道不良饮食习惯带来的危害，养成良好的生活饮食习惯；《是谁嗯嗯在我头上》让儿童认识生活中各种各样的“便便”；《生气汤》《菲菲生气了》帮助儿童认知情绪，了解化解“坏情绪”的办法；《彩虹色的花》让儿童学会与人相处时要互相帮助，懂得分享。大多数家长认为绘本的内容要丰富、有趣、积极健康，具有一定的教育意义。一位家长在访谈时说道：

“我为孩子买过一套歪歪兔系列的绘本，里面有好多很有趣同时又教孩子养成良好习惯的内容，我孩子很喜欢看，而且从书中学会了男孩要站着小便和便后要洗手等好习惯。我觉得这样的书挺好的，我想多买一些类似这样的绘本。”

（三）文学类绘本

文学类绘本主要包括童谣诗歌、文学故事、民间传说等。

我国传统童谣语言精练，蕴藏着民族的传统文化，是儿童认识理解社会、爱家爱国的重要途径。童谣对儿童的听觉灵敏度、动作节奏感、语言表达等都具有重要的启蒙教育价值。《一园青菜成了精》就以北方民谣为背景，充满智慧的幽默。这个童谣通过对小葱、韭菜、大蒜、辣椒、茄子等蔬菜精准有趣地刻画，巧妙地蕴藏了青菜的特性，让人读出意料之外的儿童趣味。该绘本结合中国元素中武打的场面，将蔬菜形象化，在视觉和内容的表现上都充满了幽默的因素，无不使儿童在阅读过程中获得积极的情感体验。除了中国传统童谣、诗歌外，文学故事、民间传说也是文学类绘本的重要组成部分。例如，童话类故事绘本有《阿诗有块大花布》《萝卜回来了》《小蝌蚪找妈妈》《伴我长大经典童话》等；民间传说类绘本有《百鸟朝凤》《长江边的传说·鲤鱼石》《羊姑娘》《大灰狼娶新娘》等。

（四）互动类绘本

互动类绘本侧重儿童与绘本的互动，读者不仅仅可以阅读绘本故事，更能够通过有趣、好玩的设计“玩”绘本。较为常见的互动性绘本有玩具书、翻翻书、洞洞书、粘贴书、触觉认知书等。例如，《有个老婆婆吞了一只苍蝇》《约瑟夫有件旧外套》《走开，绿色大怪物！》这类绘本在页面设计上会裁剪出一个别致的“洞”，幼儿可以通过翻翻、看看、摸摸获取乐趣。翻翻书是利用书页中内嵌的翻动功能让儿童在阅读过程中可以通过“翻翻”来发现隐藏的画面，产生意想不到的效果。有的翻翻书的内容较为复杂，会在活动的“小窗”下面设计一些科普知识类的内容，如乐乐趣出版的《解密系列》绘本。还有的翻翻书类似猜谜语有一定的挑战性，让儿童翻翻和猜猜，有助于发展儿童的想象力和思维力，如绘本《猜猜看是什么?》系列。此外，还有内含联动机关的绘本，如在《变色龙捉迷藏》中，儿童可以通过转一转、拉一拉等动作来和绘本互动。

（五）特殊绘本

特殊绘本是一类设计较为特殊的异型绘本，如立体绘本、折页绘本、散页绘本等。

立体绘本是特殊绘本中最具代表性的一种，也是儿童非常喜爱的绘本类型。立体绘本最大的特点是“立体”二字，采用三维的页面设计，每翻动一页，书中的某个部分就可能会腾空而出，跃然纸上，这种动态的变化效果对于读者来说具有一定的视觉冲击力。一般来说，立体绘本设计较为复杂，价格略贵。

如图 1-6 所示，还有很多绘本会采用折页设计，即当一个页面不能满足画面需求时，通过折页来延长画面，达到理想的视觉效果。根据不同的情节发展需求，折页的数量不等，一般有横向折页和纵向折页。横向折页常用于表现广阔的画面，如《我变成一只喷火龙啦》用横折页表现火焰的强大威力；纵向折页常用于表现高的物体，如《树真好》用纵向折页表现树的高大；有的绘本则会综合、灵活地使用折页以完成作者想要的效果，例如《爸爸，我要月亮》采用了多种折页表现场景。

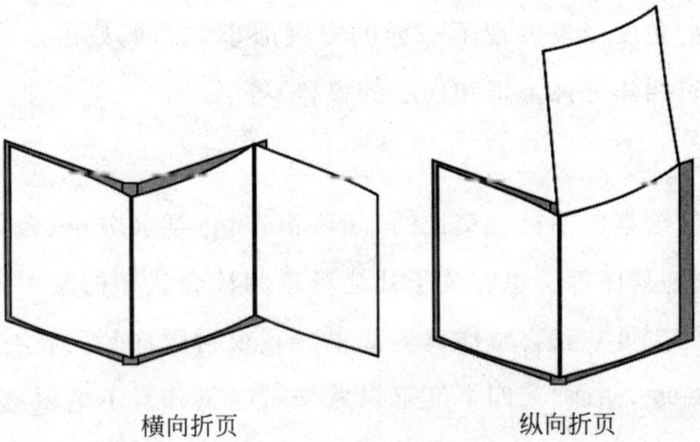

图 1-6　绘本折页示意图

相比之下，散页的绘本并不常见，较为有代表性的有约克·米勒创作的《推土机年年作响，乡村变了》，运用 7 张单个折页表现故事情节发展，这种设计具有一定的创新性。

五、绘本的主题

绘本的主题主要是针对绘本内容来说的，为了适应不同年龄、性格、兴趣的读者的需求，绘本的主题往往丰富多元。本书中将儿童绘本的主题划分为以下五种。

（一）个体成长

个体成长主题的绘本侧重让儿童认识自我，发展自己，学会坚强独立、敢于挑战，拥有自信和勇气，从而获得自我成长。有关个体成长的主题，包括情绪情感、想象创造、解决问题、发展思维等。例如，《生气汤》《啊！烦恼》《野兽出没的地方》《我的壁橱里有个大噩梦》《我好担心》《讨厌黑暗的席奶奶》《床底下的怪物》等都是从绘本故事中引导幼儿学会面对各种情绪，学习疏解生气、害怕、恐惧等负面情绪或脾气；《你很快就会长高》《阿虎开窍了》《精彩过一生》《小女儿长大了》《最想做的事》《嚓，砰！》《有个性的羊》《凯能行！》等绘本能够让幼儿从绘本中感受成长的力量；《阿文的小毯子》《聪明的小乌龟》《卡夫卡变虫记》《眼镜公主》《纸袋公主》等绘本给予儿童面对问题和解决问题的勇气。

（二）家庭生活

绘本中有关家庭的主题非常多，大致可以分成讲述家人的故事、体会亲情的温暖和描述家庭生活三种。其中，关于家人的绘本有《我妈妈》《我们的妈妈在哪里》《我的妈妈真麻烦》《爸爸，我要月亮》《我爸爸》《和爷爷散步》《爷爷一定有办法》《奶奶的梨树》等；关于表现亲人亲情的绘本有《小猫》《猜猜我有多爱你》《逃家小兔》《大猩猩》等；展现家庭生活的绘本有《要是你给小老鼠吃饼干》《我绝对绝对不吃番茄》《大卫，不可以》《阿立会穿裤子了》《鳄鱼阿鳄爱洗澡》《小鸡逛超市》《让我安静五分钟》《一个不能没有礼物的日子》等。当然也有绘本是从单亲家庭的角度出发展现不一样的家庭故事，如《妈妈的红沙发》《妈妈爸爸不住在一起了》《我的爸爸叫焦尼》《汤姆和伤心的鲁鲁》等。

（三）社会生活

社会生活主题的绘本包括社会交往的，如珍惜友谊，学会分享、合作、感恩、接纳、关爱、帮助他人、社会规则与秩序等。也有关于社会场景和社会认知的绘本，如《小蓝和小黄》《大手握小手》《最珍贵的宝贝》《我喜欢你》《玛德琳》《我最讨厌你》等描绘了友情的可贵；《鲁拉鲁先生的院子》《好好吃，谢谢！》《四个红苹果》《城市老鼠和乡下老鼠》《世界真好》等绘本让幼儿学会与人交往；《先左脚，再右脚》《我的妹妹听不见》《威威找记忆》《超级哥哥》让幼儿学会关爱他人；《忙忙碌碌镇》系列绘本中不但有很多生活常识，还有很多生活细节，既能增长知识也可以锻炼幼儿的观察力和想象力。

（四）自然科学

自然科学主题的绘本包括自然认知和科学认知两个方面。有关自然认知的绘本大多讲述动物、植物、自然现象，如《地上一百层的房子》书中众多的动物房子，使孩子了解到动物们的住处和生活习惯，同时独特的版式设计可以激发孩子的阅读兴趣；《我爱大自然》《森林大会》《流浪狗之歌》《小羊的宠物》《快乐的一天》《树真好》《黎明》《森林大熊》《小房子》《让路给小鸭子》等绘本让儿童了解自然生态中的人和自然的关系；《星空》《超级简单的宇宙史》《点灯闪亮礼物闪亮》《能量，很忙很忙》《水真神奇啊》《蜡烛燃烧的秘密》《亲亲科学图书馆》系列绘本可以帮助儿童了解简单的科学现象、科学原理等。

（五）生命教育

生命教育主题的绘本包括生命现象、健康医学、诞生、死亡、灾难与战争等。有的绘本让孩子充分了解自己的身体，如《牙齿掉了》《人体大研究》《屁股》《血液兄弟好样的》《阿——嚏，感冒了》《阿莫的生病日》《大狗医生》《肚子里有个火车站》；有的绘本探讨了生与死的故事，如《汤姆的小妹妹》《爷爷有没有穿西装》《外公》《獾的礼物》《曾曾祖父106岁》《我的外公》《小鲁的池塘》《再见，爱玛奶奶》等；也有的绘本会让儿童感知生命的可贵，如《一片叶子落下来》《小种子》《会爱的小狮子》等。

第二节　绘本在幼儿教育中的运用

一、绘本的教育价值

绘本作为图文结合的儿童文学作品，它的语言、图画及内容非常适合学前儿童阅读与欣赏，在传达知识、陶冶情绪情感、进行品格教育等方面适合学前儿童心理特点和接受水平，具有启蒙作用。

（一）绘本是富于幻想的，符合幼儿的思维特点

绘本的内容符合儿童的年龄特征和审美需要。皮亚杰认为，儿童思维呈现出典型的“自我中心”和“泛灵”特点，他们认为周围生活中的万事万物都是有生命的，他们对小动物说话，哄布娃娃吃饭、睡觉，在孩子的眼里有太阳公公、月亮姐姐、风婆婆、大树爷爷……他们赋予周围的一切以生命的色彩。绘本的世界与儿童的世界是相通的，绘本中小动物、小昆虫、一花一木，甚至是血液里的小细胞、嘴巴里的小细菌都有可能是有生命的，它们会说话，会交朋友，会哭会笑，不管情节多么夸张和离奇，儿童总能信以为真，乐在其中，畅游在绘本充满奇思妙想、无所不能的世界里。

（二）绘本是具体形象的，符合儿童的认知特点

皮亚杰认为，儿童的学习是具体的、生动的、形象的，他们凭借事物的具体形象或表象来产生联想，认识事物。例如，科学故事绘本《牙齿大街的新鲜事》讲述了两个牙细菌——哈克和迪克企图把牙齿大街变为“龋齿大街”，最后被牙齿警察和牙医赶跑，牙齿大街恢复

平静的故事。通过这个故事，儿童可以初步了解龋齿形成的原因和过程，要懂得保护自己的牙齿，不能让哈克和迪克在自己的牙齿大街里干坏事，懂得保护牙齿的重要性。

（三）绘本的语言是口头文学，符合幼儿语言学习的特点

婴幼儿时期的语言学习以口头语言为主，逐渐向书面语言过渡。绘本中的语言朴实、生动、明快，有时会运用重复、重叠、递进、反复、对比等表现手法，富有一定的韵律性和节奏性，能很好地迎合学前儿童语言发展的需求。例如，绘本《抱抱》是一本适合低幼儿童阅读的书，书中用“抱抱”“妈妈”“宝宝”这三个词勾勒出了一个情节简单的亲子温情故事。书中反复出现的“抱抱”饱含了极大的情感色彩，生动传神，让儿童感受到温暖的亲子之爱。

二、绘本的表现形式

（一）一个绘本有大千世界

绘本用绘画和文字共同讲述故事、传情达意。日本图画书研究者松居直先生认为图画书和书中图画、文字的关系为：图画书＝文×图。图文结合使得绘本容量大大增加，绘本呈现给读者更加丰富的内容。许多绘本表现为一本书融合了多领域的发展内容，教育者可以引领幼儿从不同角度解读绘本、开展活动，使幼儿获得多方面的发展。

一本绘本，包罗万象。无论在幼儿园还是在家庭，我国以传统民谣为素材的原创绘本《一园青菜成了精》都备受青睐；如图 1-7 所示，这是一个涵盖内容广泛，非常适合多角度、多元化阅读的绘本。再如绘本《好饿的毛毛虫》，毛毛虫变蝴蝶的故事在艾瑞克·卡尔笔下变得妙趣横生；鲜明灵动的画面、毛毛虫吃东西留下的洞洞、毛毛虫贪吃的形象等吸引着幼儿的阅读兴趣。不仅如此，《好饿的毛毛虫》还具有多方面的教育、审美意义：在这个绘本中幼儿可以感受优美的、富于节奏的叙述语言，欣赏鲜明形象的图画，发展对星期和数的认知和运用能力，还可以探索生命成长的奇妙过程。

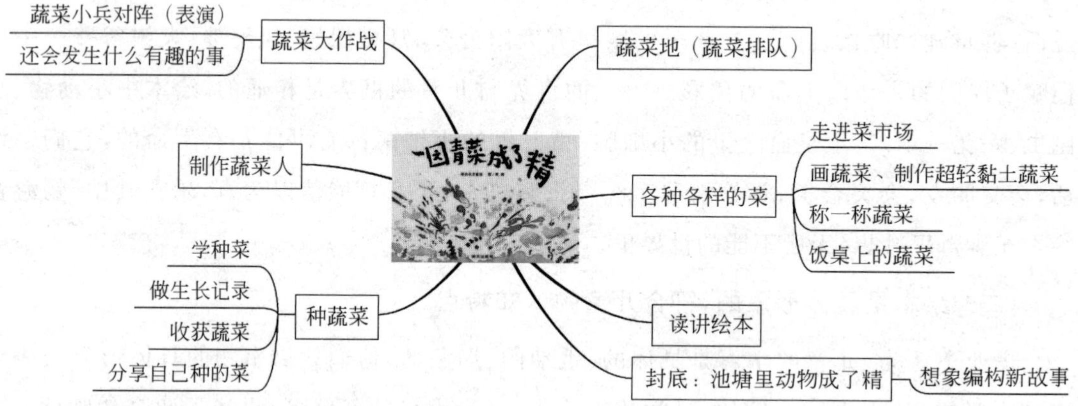

图 1-7 《一园青菜成了精》绘本内容分解

（二）系列绘本内容丰富、广泛

在绘本世界中，有一些绘本是以某一人物或角色为主人公的系列故事，如“鼠小弟系列绘本”“小熊宝宝系列绘本”“青蛙弗洛格系列绘本”等，这些系列绘本包容性更强、内容更丰富、涉及领域更广。例如，在“小熊宝宝系列绘本”中，主角小熊宝宝憨态可掬，以小熊为主角发生了一系列有趣的事，这些小事涵盖了幼儿生活的各个方面：吃饭、睡觉、洗澡、穿衣、问候、交友等。以这一系列绘本的阅读为线索，设计开展绘本活动，使幼儿在阅读中像小熊一样学穿衣、安静睡觉、交朋友、排排队、礼貌问好、做蛋糕，获得多方面的活动经验和能力，又在各种活动中体验绘本故事的趣味，感受绘本人物的形象、情感，培养幼儿的阅读兴趣和阅读能力。

（三）不同绘本，表达同一主题

主题是文学作品想要表达的中心思想。有很多绘本虽然故事不同，但表达了同样的教育主题。根据主题的不同，绘本可以分为生命教育类、情绪情感类、科学探究类、生活健康类等，再进行细分，如情绪情感类可以分为爱、自信、勇敢等，生活健康类可以包括卫生习惯养成、礼貌养成、规则养成等各方面，卫生习惯养成又会包含刷牙习惯、洗手习惯等诸多方面。其中，每一主题的绘本也会有很多，如《小熊不刷牙》《鳄鱼怕怕牙医怕怕》《老鼠牙医地嗖头》等都是通过绘本故事表达讲卫生、勤刷牙的重要性，促进幼儿刷牙习惯的养成。如果将这些绘本组合在一起，开展相关主题的综合活动，幼儿对这一主题的认识会更深刻，主题教育会取得更好的效果。

（四）不同绘本故事，表现同一题材

题材是指表现作品中心思想的素材。采用同一题材的绘本，因为不同作者看事物的角度不同，而对同一事物、现象进行了不同的解读，使得同一题材有了不同的精彩。美丽的、充满生机的大自然是文学作品永恒的主题，是文学作品描绘、思考的对象，许多绘本也从儿童的角度审视着自然。而对自然的发现、探索也是幼儿的生活内容、幼儿的兴趣所在、幼儿发展的源泉之一。树叶春生秋落，吸引着幼儿，也吸引着绘本作者的目光，以树叶为题材的绘本可真是不少——《一片叶子落下来》《树叶跳舞》《风中的树叶》《五颜六色的叶子》《红树叶　黄树叶》《树叶尺子》从社会生活、艺术想象、科学知识等不同角度看树叶。这些关于树叶的绘本，可以说为有关树叶的绘本活动提供了丰富的素材和更广泛的活动思路。同样，关于其他题材，如月亮、食物、节日、书的绘本也非常多，都可供选择做相关的绘本活动。

三、绘本在幼儿园教育中的运用

（一）在环境创设中运用绘本

绘本是图文结合的艺术，蕴含着丰富的艺术表达。绘本中的插画不仅起到表现情节、

讲述故事和美化画面的作用，对于幼儿园来说，绘本中丰富的视觉信息和语言信息更是环境创设的重要灵感来源。幼儿园教师要善于把绘本中的插图、排版、布局等元素利用在班级、走廊和幼儿园其他地方的环境创设上。

一方面，在绘本的画面设计中需要秉承统一原则，即协调页面的整体性，使画面看起来协调统一，例如使用相同或相近的颜色、形状、纹理等。基于此，在幼儿园的环境布置上也应当避免杂乱和无序，力求为幼儿创设一个协调、舒适的环境。另一方面，可以利用绘本中的艺术风格。艺术风格是指具有一定特征性和识别性的艺术印象。绘本中常见的艺术风格有卡通风格，例如《金发女孩和三只熊》《巫婆奶奶》等；表现主义风格，例如《千万别去当海盗》在卡通风格的基础上融合了夸张的表现主义效果；印象派风格，例如杨志成的《狼婆婆》就利用了光和影互动来渲染故事；民俗风格，如《赶牛车的人》《一园青菜成了精》等；抽象派风格，如《小蓝和小黄》。此外，还有写实主义、浪漫主义和超现实主义等多种艺术风格。教师可以根据幼儿的特点和需求、课程的特点和需求以及儿童的兴趣喜好等选择适合的风格进行环境创设，运用绘本中的故事情节、插画造型等丰富班级环境。

此外，生活环境是重要的教育资源，应该通过环境的创设和利用，有效地促进幼儿的发展，为幼儿的探索活动创造宽松的环境，让每个幼儿都有机会参与尝试和探索，通过户外活动环境、室内活动环境以及公共活动环境支持儿童身心健康发展、个性化发展和社会性发展。

（二）在幼儿园课程中运用绘本

绘本作为一种特殊的儿童读物，有其自身独特的形态，可以带给儿童多方面的体验和发展。绘本可以让孩子了解一些知识，唤起他们对新鲜事物的好奇，打开通向未知世界的大门；绘本可以帮助儿童养成良好的习惯，学习认真刷牙、收拾物品、自己的事情自己做；绘本可以让儿童收获一些感动，感受人与人之间的美好；绘本可以让儿童拥有乐趣，一丝丝激动，一丝丝紧张，在一遍又一遍的反复阅读中体验“惊讶”带来的欢乐；绘本更多地会带给孩子们欢乐，或许会心一笑，或许哈哈乐个不停，儿童总能在绘本中找到能量，获得快乐。

南云治嘉认为绘本可以划分为教育用绘本、教养用绘本、玩耍用绘本、知识用绘本和游戏用绘本，其中教育用绘本分为智育、体育、德育和情育，并希望通过关于知识的教育让孩子变得聪明，通过增强体质的教育让儿童变得健康，通过培养孩子关爱他人和大自然的教育让儿童变得温柔，通过培养孩子感动于美好事物的教育让儿童能够因爱而感动。[①] 现今，如果我们将绘本看作是促进儿童成长的一种媒介，那么就可以考虑在幼儿教育中如何对绘

---

① 南云治嘉．吸引力！绘本设计[M]．龚娜，译．北京：人民邮电出版社，2015：83.

本资源进行合理的开发,使其能够更加有益于儿童的发展和教育。

基于儿童的发展特点和需要,以绘本作为媒介,可以通过各种形式的绘本教育活动促进儿童认知、情感、道德和社会化等多方面的发展。在这些活动中,儿童可以获得关于生活的、自我的、社会的、自然的、科学的、数学的、艺术的等多方面的知识经验,学习语言,发展智力,形成良好的个人品质和一定的社会能力。

(三)在幼儿园日常生活中运用绘本

幼儿园日常生活包括入园、离园、盥洗、进餐、户外活动等多种环节,是幼儿掌握基本的生活技能、养成良好的生活习惯、培养自我服务技能的重要途径,蕴含着丰富的学习机会和发展契机。一日生活中的学习是一种耳濡目染、潜移默化、身临其境的自然学习过程,生活环节中的学习目的明确、内容易懂,与幼儿的实际生活需要息息相关。

由于绘本具有贴近孩子实际生活、易于孩子理解的特点而受到孩子的喜爱。同时,绘本中呈现出的故事情节、图画内容等都可以成为孩子们认识世界、增长生活经验的有效途径。例如,在《别让太阳掉下来》(图 1-8)这一绘本中,小动物们在山上玩耍了一整天,从清晨太阳升起到傍晚太阳"掉"下去,再到第二天太阳再次升起。在太阳"掉"下来的时候,他们用了捆、撬、托、顶、举、撑、抓等各种方式重新让太阳升起。一个个阻止太阳掉下来的可爱小动物就像一个个天然的、稚嫩的孩童,在有趣的故事阅读中帮助孩子理解太阳升起与落下的自然规律,增加孩子们的生活经验与知识。

图 1-8 《别让太阳掉下来》(郭振媛文,朱成梁图,中国和平出版社)

幼儿园的生活环节涉及儿童生活世界的衣食住行等方方面面,也可以通过绘本来帮助和引导幼儿学习一些基本的生活技能。例如,"小熊宝宝系列绘本"包括《你好》《过生日》《睡觉》《收起来》《排好队一个接一个》《我会穿短裤了》等内容,涵盖了幼儿生活的各个方面,如吃饭、睡觉、洗澡、穿衣、问好、交友等。这些绘本可以让幼儿知道如何问好、打招呼,讲话要有礼貌,吃饭不挑食,玩完玩具要收好,人多了要排队等基本的生活常识。

每个绘本都围绕一个小故事展开,有开始、有高潮、有结束,引人入胜,无论是生活类还是社交类,抑或幻想类都是借助具体事件告之道理、发泄情绪、解答疑惑、丰富情感。通透幼儿的精神世界,疏散现实生活的压力,带来幼儿真切的身体放松,获得一种满足感。这种精神的满足与一日生活带来的身体满足异曲同工,相互补充,共同充盈幼儿的生活和灵魂。

四、绘本在家庭教育和社会教育中的推广

(一) 绘本在家庭教育中的推广

绘本对家庭教育的价值

1. 绘本对于家庭教育的价值

松居直在《幸福的种子》中提到“父母应当怎样让孩子亲近书本,做一个爱书人呢?孩子的成长是每天不断努力积累的过程,这种努力是无形的,所以教孩子爱书的最好方法就是由父母来教导”。怎么“亲自”教导呢?首先是不假他人之手,其次是满怀爱心,最后是充满感情的语言。他认为图画书是“大人读给孩子听的书”“大人拥有较丰富的人生体验和读书经验,在阅读时能充分体会作者的心情和思想,并通过文字想象故事所描绘的世界,甚至对某些内容产生共鸣,深受感受……如果满怀爱心地念书给孩子听,必定能将文字转化成生动、温暖的话语,并将这些话语传入孩子的耳中和心中……这是幼儿自己看书时无法体验的……对孩子的心理和智能的成长都非常重要,而且读的人对书的了解愈深、共鸣愈强烈,听的人(孩子)愈能深入书中,丰富自己的经验”。

家庭和幼儿园是实施幼儿教育的两个至关重要的场所,对阅读习惯和兴趣的养成起到重要作用。《幼儿园教育指导纲要(试行)》(以下简称《纲要》)指出家庭是幼儿园重要的合作伙伴,应本着尊重、平等、合作的原则,争取家长的理解、支持和主动参与,并积极支持、帮助家长提高教育能力。实践证明,家园共育能取得教育的一致性,能有效培养幼儿良好的行为习惯和生活态度。绘本是幼儿图书的重要组成,量大、质优。绘本图文结合的形式适合识字甚少的幼儿,丰富的内容和趣味也使绘本深受欢迎,绘本阅读应是幼儿图书阅读的主体,其丰富的内容也与幼儿生活、学习、游戏等方面息息相关。以绘本为支撑点,开展家园合作是家园共育的一项内容,也可以创新家园共育模式,促进长期、稳定、有序的家园合作、家园共育活动的开展。

2. 家庭中绘本的选择

经济社会不断发展,网络媒体对于绘本的宣传及推荐逐渐增多。在选择绘本时,很多家长会根据孩子的年龄特点、喜好和能力水平选择适宜的绘本,也有的家长会基于绘本因素如绘本的类型、内容、价格、作者、国家、封面、获奖情况以及广告推荐等考虑如何选择绘本。阅读时安静的氛围有助于提高孩子的专注力,如果条件允许,家长可以给孩子提供固定的亲子绘本阅读场所,使孩子更好地专注于亲子绘本阅读活动。

3. 家庭中绘本的阅读

家长在同孩子进行亲子绘本阅读活动时可以采用读图、朗读、点读或跟读的方式和孩子一起进行亲子阅读。其中,“读图”是指导幼儿看图片,按照绘本的顺序进行阅读;“朗读”是以绘本的文字为主,用朗读的方式阅读绘本中的文字故事;“点读”是指根据幼儿的兴趣

和喜好，挑选儿童指定的有意思的地方进行点读；“跟读”则是在阅读后让孩子结合绘本的图片文字进行跟读。在亲子绘本阅读活动中，家长可以运用一些阅读技巧来同孩子一起进行这项亲子活动，例如变化语调、语气和语速，绘声绘色地阅读绘本；模仿故事中角色的言行举止；联系生活实际帮助孩子理解内容；创编故事结局或改编故事等来增加绘本内容的趣味性。在亲子绘本阅读活动结束后，家长可以根据绘本的相关内容请孩子讲故事，续编、仿编或创编故事，进行绘本表演、绘画、手偶剧等。

（二）绘本在社会教育中的推广

在我国，对新生一代的教育包括家庭教育、学校教育和社会教育三个方面。其中，社会教育指社会中一切能够影响儿童身心发展的教育活动。

首先，社会中有各种各样的社会公益性场馆，如图书馆、博物馆、科技馆、美术馆等，在这些社会公共场所中蕴含着非常多的教育资源，教师可以合理利用这些场馆中的教育资源。教师要积极主动地去发现，为绘本在社会教育中的推广创设必要的条件。

其次，图书馆、美术馆等社会公益性机构也可以根据自身特点组织与绘本相关的活动。例如，深圳少年儿童图书馆自 2010 年起针对家长需求设计“故事妈妈”培训课程，开展家庭亲子阅读指导，并在 2011 年开展了“喜阅 365 亲子共读计划”，该计划由“喜阅推荐书目”“喜阅 365 微博”“喜阅故事时光”“故事讲读人研习班”等项目组成。重庆图书馆成立童话森林绘本馆，并推动“快乐阅读推广周末读书会”活动，邀请父母和孩子一起参加亲子阅读、亲子游戏、亲子角色扮演、家庭大比拼活动。

最后，政府相关部门也可以为绘本在社会教育中的推广给予一定的支持。1992 年，英国推出“阅读扎根运动”，向新生儿父母赠送一个礼物袋，内含两本绘本、阅读指南及图画书邀请函，主要传达的是养成亲子共读的习惯。[①] 1995 年，德国开始推行婴儿读书计划，免费向 9 个月大的婴儿家庭赠送一个礼包（内有故事书、童话诗和图书证），鼓励父母到国家婴儿图书馆借书，培养儿童对图书的喜爱，提高儿童未来的读写能力。[②]

思考与实践

1. 你看过哪些绘本？在什么情境下看的？
2. 在你读过的绘本中，你喜欢哪几本？说说你的理由。
3. 走访图书馆、书店、绘本馆等，浏览、挑选你觉得优秀的绘本，简要分析一下。
4. 分析一个绘本的教育价值，思考在幼儿教育中如何运用这个绘本。

---

① 方素珍.绘本阅读时代[M].杭州：浙江少年儿童出版社，2013：47；109-111.

② 李生兰.幼儿园与家庭、社区合作共育的研究[M].上海：华东师范大学出版社，2014：51.

第二章　绘本与儿童发展

【内容导航】

绘本是通往儿童世界的桥梁，它有着五彩缤纷的视觉效果；绘本阅读开启了一场新的旅程，带领儿童走进不同的世界。多样的绘本带给儿童多元的体验，对儿童语言、认知、情绪情感、社会性、道德、审美等各方面的发展都有着重要作用。走进“绘本与儿童发展”，感受绘本与儿童千丝万缕的联系。

【学习与实践目标】

- 了解儿童发展的基本内容。
- 理解绘本对儿童各方面发展的意义。
- 能在熟悉绘本的基础上分析绘本的儿童发展价值。

【知识框架】

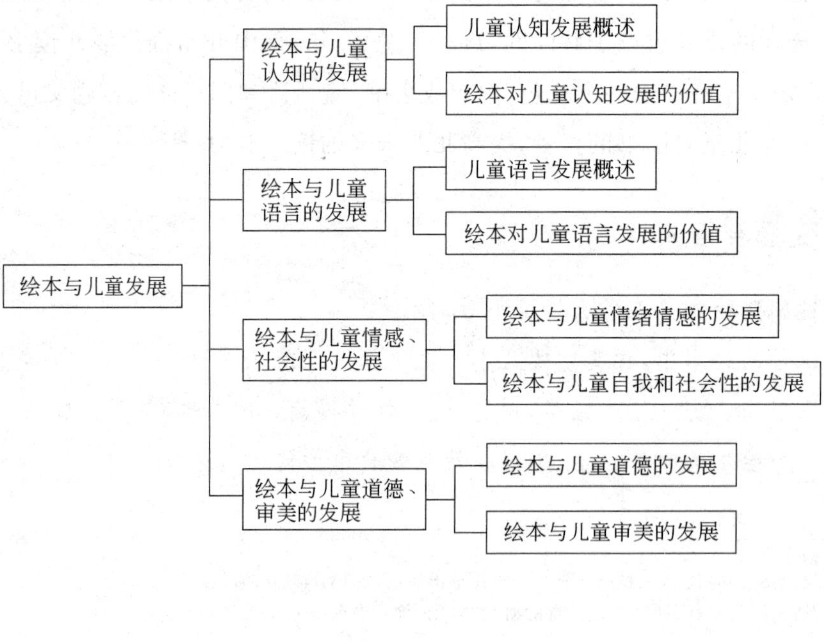

第一节　绘本与儿童认知的发展

一、儿童认知发展概述

（一）感知觉的发展

感知觉是指感觉和知觉。其中，感觉是刺激物作用于感觉器官，经过神经系统加工所产生的对该刺激物的个别属性的反映；知觉是直接作用于感觉器官的事物的整体在脑中的反映，也是人对感觉信息的组织和解释的过程。[①] 例如，人能够通过眼睛看到事物，通过耳朵听到声音，通过鼻子闻到味道，通过嘴巴品尝滋味，这都是人的感觉。当人看到苹果，就能察觉到它的形状、大小、颜色、味道、软硬等整体特征，这是知觉。

婴儿期是儿童生长发育的第一个高峰期，儿童体格生长迅速，神经系统发育也非常迅速。新生儿出生后15天左右可开始注视活动的玩具，喜欢看脸的外形；3个月的婴儿视觉集中时间为7～10分钟，并且能主动搜寻视觉刺激物；3～5个月时婴儿能固定视物，看到75cm左右远的物体；7～11个月开始出现深度视觉，能看到小的物体；12～18个月时，能区分各种形状，并对展示的图片有兴趣；2～3岁时可注视小物体及图画且能维持50秒左右；3～4岁时能临摹几何图形；5岁时能区别各种颜色。听觉方面，新生儿能区分声音高低、音响种类，2个月时能辨别不同人说话的声音，以及同一个人带有不同情感的语调；1岁之前婴儿通过倾听成人，对听到的语音产生识别，倾听能力在与人交流的基础上发展，促进语言的学习。触觉方面，2～3岁的儿童已经能辨别各种物体的属性，如软、硬、冷、热等；5～6岁时能区别同样体积而不同重量的两个物品。

（二）观察、注意、记忆的发展

知觉是人体对各种物质属性的综合反应，其发展与视、听、皮肤等感觉的发育密切相关。观察是知觉的高级形态，也是一种有目的、有计划的较为持久的知觉过程。儿童观察的发展，最初是无目的观察，逐渐转向有目的的观察。随着观察的发展，儿童观察时间逐渐延长。首先观察到事物的表面明显的部分，然后才观察到隐蔽和细微的部分，最后到能从整体观察事物内在的联系。培养儿童的观察能力，对儿童认识客观世界具有重要意义。

注意是指当人的心理活动集中于一定的人或物时的状态，是一切认识过程的开始。儿童注意的稳定性较差、容易分散、注意的范围不大、注意容易转移。5～6岁时能较好地独立

---

① 李红.幼儿心理学[M].北京：人民教育出版社，2013：102-103.

控制注意力。培养儿童的注意力要加强注意目的性教育、排除外来干扰、避免在儿童专注的时候进行提问和对话。记忆力方面，儿童的记忆呈现三个特点：①无意记忆为主，有意记忆逐渐发展；②机械记忆为主，理解记忆逐渐发展；③形象记忆为主，词语记忆逐渐发展。

（三）想象和思维的发展

想象是在客观事物的影响下，通过语言的调节，在头脑中创造出过去未曾遇到过的事物的形象、景象，或将来能成为现实形象的思维活动。想象带有明显的间接性和概括性。1～2岁的儿童开始了想象的萌芽；3岁左右的儿童出现想象游戏。学龄前期儿童以无意想象和再造想象为主，即儿童想象的主题多变、想象与现实不能分离、具有一定的特殊性和夸张性。

思维是客观事物在人脑中概括的、间接的反映，也是借助语言实现的，属于认知的高级阶段。儿童的思维是在与周围现实世界之间相互作用中逐渐发展起来的。随着年龄增加，儿童不断接触外界，接受教育，发展语言，进行多种形式的学习和训练活动。儿童思维的发展经过直觉行动思维、具体形象思维和抽象概念思维三个阶段。直觉行动思维是婴幼儿主要的思维方式，他们无法脱离具体物体和行动而思考。学龄前期儿童以具体形象思维为主，他们主要依赖事物的具体形象或表象进行思维，并不依靠对事物内部或本质的理解，表现为具体形象性和进行初步抽象概括的可能性。学龄前期的后阶段，儿童逐步通过学习分析、综合、抽象、比较、概括等技能来掌握各种概念，使思维具有一定的目的性、方向性、灵活性和批判性，在此基础上逐步发展独立思考的能力。

二、绘本对儿童认知发展的价值

（一）绘本促进儿童感知觉的发展

绘本可以很好地促进儿童感觉和知觉的发展，对于儿童来说，打开绘本就是打开各种感觉器官的通道，来获取有关页面的图文信息。

1. 绘本利于儿童视觉发展

视觉是人类最重要的感觉，人类获得的外界信息中80%是通过视觉获得的。读绘本需要用眼睛看，绘本中的图画或文字所呈现的造型、颜色、线条、边框和纹理等都可以给儿童提供足够多的视觉刺激。对于婴儿来说，3～4个月时能分辨彩色与非彩色，喜欢明亮鲜艳的颜色，尤其红色。因此就有专门针对婴儿的高度对比书出现，如图2-1所示，目前市场上有很多类似的颜色、形状对比卡。

2. 绘本利于儿童听觉发展

儿童阅读绘本更多的是用耳朵“听”绘本，通过成人的讲解来听故事，因此讲读者的声音、语调、语气，绘本中的词汇、词义、句子，都会进到儿童的耳朵里。对于儿童来说，会说话

图 2-1　黑白卡

之前必须要会“听”话，因此听故事对于儿童的听觉发展是非常好的。

3. 绘本利于儿童触觉发展

绘本可以促进儿童触觉的发展。虽然大部分绘本更多地触发儿童的视觉和听觉系统，但也有不少绘本会有助于儿童触觉的发展。早期阅读专家认为，儿童的“啃书”行为是儿童阅读能力发展的重要行为，处于口欲期的婴儿可以通过嘴和手的动作来“认识”绘本，于是就有了能经得起小宝宝们的“啃咬”和“撕扯”的纸板书、布书这种特殊材质的绘本。另外，还有一些互动性、游戏性的绘本，如洞洞书、翻翻书、立体书、触摸书、洗澡书等都可以发展儿童触感。幼儿可以通过手的触摸来感知绘本的质地、形状、大小、软硬等，如绘本《拍拍小兔子》就可以让宝宝摸一摸兔子的毛，翻翻小兔子的书，闻闻花朵的味道，将手指伸进戒指的洞洞里，最后挥挥手和小兔子说“再见”。

（二）绘本促进儿童观察力、注意力、记忆力的发展

绘本可以锻炼幼儿的观察力、注意力和记忆力，培养幼儿空间想象力和形象思维能力，有些绘本游戏还能培养幼儿的动手能力和创造能力。

1. 绘本有助于发展观察力

孩子们最喜欢阅读绘本中各种各样、多姿多彩的图画，而绘本中每一幅图画的细微之处都能够帮助孩子发展他们的观察力、专注力。例如《错了？》（图 2-2）这一绘本中，孩子们生活中的常见物品都变得格外特殊，眼镜变成了八个镜片，短裤变成了八条裤腿……这些好像都错了。可是，这些看似与众不同的日常用品，放在我们日常生活中就显得格格不入，甚至被认为是错误的。但是用在蜘蛛、海马的身上，却是恰到好处！在阅读这本书的过程中，孩子们可以通过观察、对比，找出每一页中“错了”的物品，有利于培养孩子的观察能力。

图 2-2　《错了？》（杨思帆著绘，广西师范大学出版社）

2. 绘本有助于发展注意力

注意具有两个基本特征——选择性和集中性。选择性体现在能够从各种可能的行为中选择有关事物或动作,保持意识的针对性。例如,婴儿倾向于注视有着人脸画面的图案,喜欢鲜艳的颜色,因此很多绘本会在页面布局和色彩搭配上根据儿童的兴趣和需求进行设计。

如图 2-3 所示,当儿童看到绘本(a)时会首先注意到颜色不同的那只小猪;看到绘本(b)时,则会将注意力放在个头较大的小猪上面。绘本中新颖、活泼、生动又富于变化的图案、形状、线条、颜色,以及有趣、动听的故事内容容易引起他们的兴趣,因此儿童在阅读绘本时往往注意力会较为集中。

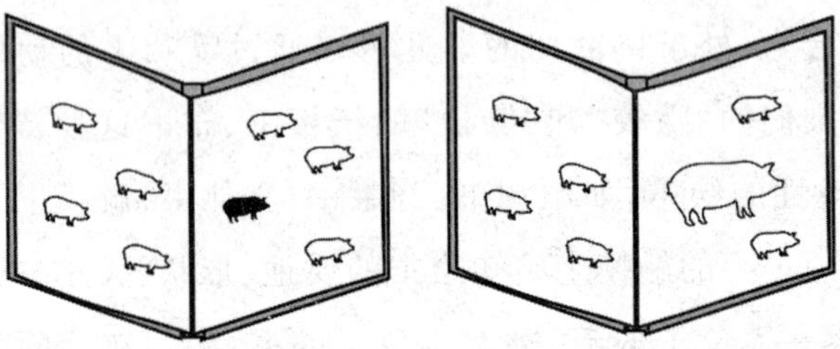

(a)　　　　　　(b)

图 2-3　绘本中的图案设计

3. 绘本有助于发展记忆力

很多时候儿童的记忆力惊人,他们可能只需要较少的接触时间或者学习时间,就能够将绘本中的故事情节和语言存入自己的大脑。学前儿童思维是具体形象的,而以图画为主的绘本则充分体现了直观性特点,这有助于儿童将在绘本中见到的图案与词汇联系起来。儿童记忆的内容和效果很大程度上依赖于事物外部的特点,所以绘本中鲜艳的颜色、新奇的内容总是能够吸引儿童的兴趣。同时,注意和记忆关系密切,可以通过形象生动的图案帮助儿童理解故事,培养儿童在积极的思维过程中发展记忆力。

图 2-4　《猜一猜我是谁?》(赖马著,河北教育出版社)

成人给儿童讲读绘本时,通常也会让儿童说一说故事中的人物和情节,复述、改编或表演故事,这种活动可以使儿童保持良好的情绪,有助于记忆力的发展。赖马创作的《猜一猜我是谁?》(图 2-4)图画书里有 33 个小动物,绘本中的每一页都暗含各种数字游戏,整本书利用在十以内的数字的倒数来讲述故事,既制造了紧张感,又能让孩子认识到数字的奥妙和有趣。在孩子们阅读的过程中,图画和文字交叉不断提供线索,小读者可以像侦探一样,观察、对比、记忆前后每一页内容中出现的重复线索，猜猜找找。在绘本阅读结束后，如果孩子们还猜不出来，可以通过特别的线索提示、重叠法、排除法等，引导他们发现答案，从而培养儿童的专注力和记忆力。

（三）绘本促进儿童想象力和思维能力的发展

1. 绘本有助于儿童想象力的发展

4 岁前后是儿童想象力发展的关键期，他们需要具有想象力的作品，为孩子提供充满想象力的图画书，是非常有利于儿童想象力发展的。对于发展儿童想象力，绘本称得上是“最佳选手”了。例如在绘本《被窝大冒险》中，儿童会跟随三位小主人公，开启奇妙的想象之旅。这本书讲述的是“成长的烦恼”——害怕黑暗的故事。姐姐带着弟弟妹妹睡觉，因为害怕，三个主人公一起披着被子去关灯，一起去喝水。为了赶走害怕，他们一起盖着被子假装去大海探险，去太空遨游……在故事里，三个孩子通过想象和游戏的方式赶走了恐惧，终于安然入眠。在这个字数不多的绘本中，儿童可以肆意地打开想象力的宝盒，体验大胆的想象带来的乐趣。

2. 绘本有助于儿童思维能力的发展

培养儿童思维能力，应该加强对儿童的教育和引导，在方法上采取启发式，结合儿童现有的知识水平，引导并促进其自己思考解决问题的能力的发展。例如绘本《安的种子》中以“本”“静”“安”三个小和尚种植千年莲花种子为线索，描写了一个有关自然规律的故事。故事所展现的是一种“顺应的智慧”，这种智慧来自对自然规则的认识、尊重和适应的华夏哲学，帮助儿童在阅读故事的过程中思考其中蕴含的自然规律，促进其思维能力的发展。

此外，绘本有利于提高幼儿的知识水平和扩大幼儿的视野。绘本中包含很多社会、家庭生活、自然现象、科学知识、健康医学等方面的知识，幼儿可以通过对故事中人物关系、故事情节和主题的理解，逐渐掌握社会生活中各种人物的行为准则，并随着绘本课程的开展，幼儿的生活知识和社会知识得到丰富，学习能力和技巧得到发展，可以更好地感知和认识周围生活。从这个意义上来说，绘本是幼儿认识世界的重要途径之一。

第二节　绘本与儿童语言的发展

一、儿童语言发展概述

语言是人类特有的一种高级神经活动，是表达思想、观念，交流情感，进行思维的重要工具。语言由语音、语法、语义等构成。儿童的语言发展分为语言准备期及语言发展期两个阶段。从 1 岁左右能说出真正被理解的词开始称为语言发展期，在此之前为语言准备期。

语言准备期先经过反射性发声阶段，再到牙牙学语阶段。在反射性发声阶段，婴儿通过啼哭与成人交往，1个月以后的哭声具有分化性，母亲能区别表示饥饿、疼痛的哭声。进入牙牙学语阶段后，约5个月婴儿以发音作为游戏出现元音和辅音的结合，如ba、pa、ma等，虽无表意意义，但婴儿从中得到快乐，如果父母表现出喜悦的表情时，更能调动婴儿发音的积极性；9个月时，牙牙学语达到高峰，婴儿学会调节和控制发音器官的活动，为以后真正的语言发展创造了条件。

婴儿为语言理解的准备可分为语音知觉准备与词语理解准备。语音知觉是指婴儿对语言的刺激是非常敏感的；词语理解是指婴儿听到成人的问话、指令等开始表现出相应的反应，例如问“爸爸在哪里”，婴儿头会转向爸爸。

语言的发展阶段分为语音的发展和口语中句法结构的发展。在语言发展的最初阶段，婴幼儿可能有发音上的错误，在学习及成人示范的过程中逐渐纠正。在口语中句法结构发展方面，幼儿在12～18个月开始使用不完整的单词句，即用一个单词表达比该词更丰富的内容。例如，幼儿说“饭饭”可以表示“我要吃饭”，也可以表示“这就是饭”；电报句时期，儿童开始将单词组成简单的句子，例如“妈妈吃”“爸爸走”等。2～6岁，儿童会经历语言学习和语言表达的爆发期，他们逐渐学会使用复杂的句子，儿童在学会语言的过程中也学会语言技能，包括听和说两方面的技能，从而达到交流的目的。

二、绘本对儿童语言发展的价值

绘本丰富儿童词汇，有益于儿童语言表达

（一）绘本可以丰富儿童的词汇，有益于儿童语言表达

绘本在幼儿园常用于语言领域的教育，由此可见绘本在幼儿语言发展过程中的贡献。语言的学习包括语音、语调、语法、词汇、句子等，教师在阅读绘本过程中，标准的发音、清晰的语调、丰富的词汇不仅带来倾听的美感，而且会促成幼儿的模仿。在这种基础上，幼儿的表达是极易出现的。幼儿时期的表达不只是用来社会交往，更多时候是心理活动的一种反应。如出声的自言自语就不是用来交往，而是在自我游戏或者遇到困难时发出的声音。这种自言自语是幼儿语言由外部语言变成内部语言的一个过渡阶段。在说说唱唱中，幼儿的词汇得到丰富，语言表达能力随之也得到了提高。

朗朗上口的儿歌、童谣绘本故事，给幼儿带来了无穷的乐趣，如果能将节奏和旋律明快优美的童谣或绘本故事运用到课程教学实践中，能有效地调动幼儿的积极性。例如，《老童谣》系列绘本（图2-5）收录了很多民间童谣，如《一月菠菜才发青》《这么好的天儿》《春牛登门》《扑通扑通跳下水》《小哥睡》《布谷鸟》等。

图2-5 《老童谣》（山曼主编，王祖民图，明天出版社）

幼儿在读绘本时随着唱歌谣："泥蛋，泥蛋，搓搓，里面住个哥哥；哥哥出来打铁，里面住个姐姐；姐姐出来梳头，里面住个孙猴；孙猴出来点灯，烧了鼻子眼睛。"(《搓泥蛋》)这些诙谐幽默、富有童真童趣的童谣不仅愉悦了情绪，也提高了幼儿言语的表达能力。儿童文学评论家刘绪源曾说："读这些过去的童谣，确实有一种特别悠长的滋味。他们充满天真的野趣，是那么即兴、洒脱、随意、豁达、无拘无束、兴味盎然，他们可以不按常理说话，常会跳出意想不到的句子，但痛快好玩，让人忍俊不禁，这正是儿童思维的产物。"①

（二）绘本有助于形成韵律感和节奏感

绘本能够促进儿童语言能力的发展，不仅能够帮助儿童练习发音和语言表达，而且有助于儿童形成韵律感和节奏感。

一方面，低龄幼儿喜欢"练习"。"练习"的表现是重复，练习跑(一圈一圈地跑)、练习爬(上去下来反复进行)、练习说(重复说相同的一句话)。绘本创作者深深明白这个道理，所以很多绘本中会呈现重复性的词语、短语、句子或者段落。例如在绘本《棕色的熊、棕色的熊，你在看什么?》中，通过一问一答的句子，儿童可以感受语言的韵律和节奏，学习词语和句法，学习各种动物的命名。"棕色的熊、棕色的熊，你在看什么?""我看见一只红色的鸟在看我。""红色的鸟、红色的鸟，你在看什么?""我看见一只黄色的鸭子在看我……"这样的绘本，充满各种各样的颜色和动物，富有创意的贴画造型，富有韵律、节奏轻快、朗朗上口的一问一答，配以形象生动的彩色图画，吸引着儿童的兴趣。

另一方面，节奏和韵律也体现在绘本的故事结构中。绘本《好饿的小蛇》(图 2-6)被彭懿称为具有"两拍子结构"的图画书，两个画面一重复，画面和文字差不多。随着小蛇遇到苹果、香蕉、饭团、葡萄、菠萝，故事描述变为"好饿的小蛇，扭来扭去，在散步……它发现了，一个圆圆的苹果、一根黄色的香蕉、一个三角形的饭团、一串紫色的葡萄、一个带刺的菠萝。你猜猜，好饿的小蛇，会怎么样?"随后的一页文字都是"啊呜——咕嘟！啊——真好吃!"小蛇的肚子也变为跟前一页食物外形一样的形状。儿童阅读这个绘本，不仅可以练习短句，还能感知一些形容词，如"圆圆的""三角形的""紫色的"，一些量词，如"一个""一根""一串"。②

图 2-6　《好饿的小蛇》([日]宫西达也著，彭懿译，二十一世纪出版社)

① 刘绪源.绘本之美[M].济南：明天出版社，2016：89.

② 彭懿.世界图画书阅读与经典[M].南宁：接力出版社，2011：33.

第三节 绘本与儿童情感、社会性的发展

一、绘本与儿童情绪情感的发展

（一）儿童情绪情感发展概述

情绪是一种原始的、简单的情感，持续时间短暂，外部表现特别明显，容易观察；情感则是需要是否得到满足时产生的内心体验，是一种比较高级和复杂的情绪，常与社会需求相联系，持续时间长，外部表现不显著。新生儿的情绪反应，一种是愉快的，如吃饱、环境暖和；另一种是不愉快的，如饥饿、疼痛。婴幼儿的情绪表现具有短暂、强烈、易变、真实、外显、容易冲动等特点。良好的情绪表现为高兴、喜悦、愉快、依恋。安全的依恋有助于培养婴幼儿对自己、对父母、对同伴的信任感和积极的探索能力。处于幼儿期的儿童与外界环境接触机会增多，好奇心和模仿能力增强，自主性、独立性、感知觉都不断发展，逐渐产生羞愧、自豪、骄傲、内疚、同情等心理。成人要给予儿童生活上的关心、爱护，保证充足的睡眠和有规律的生活制度，提供营养丰富的食品、足够的玩具和图书、舒适的衣物，通过游戏活动帮助儿童表达和探究其感受，鼓励儿童谈论自己和他人的感受，愉快的家庭生活经历、融洽的家庭气氛、合理的家庭地位都有助于儿童情绪情感的发展。

（二）绘本对儿童情绪情感发展的价值

1. 绘本有助于幼儿积极情绪和情感的发展

儿童在阅读绘本的过程中，享有充分的自由，可以凭借天马行空的想象去理解绘本中的感情、思想，形成良好的个性心理。专注于绘本的儿童，情绪放松、稳定、积极，情感真挚。成人可以通过创造良好的条件、提供自我表达的机会和语言来帮助儿童发展良好的情绪；可以让儿童在绘本中学习使用合适的词语表达和描述感受；鼓励儿童参加社会活动，让儿童在实际交往中学习、理解并尊重每个人的需求、观点和感受等。例如，《10 只小青蛙》系列绘本可以让幼儿懂得珍惜友情、团结互助、互相关爱、齐心协力、自信勇敢、懂得付出、敢于战胜困难等。

2. 绘本能帮助儿童疏解负面情绪

儿童有时会出现愤怒、恐惧、害怕、紧张、焦躁、愤怒、妒忌等不良情绪，当儿童有消极情绪的时候，可以借助绘本疏导和排解，获得心理上的舒缓和安宁。例如，《生气的亚瑟》《生气汤》《菲菲生气了——非常非常生气》《野兽出没的地方》等绘本可以帮助儿童排解生气、愤怒的情绪。3 岁前后的儿童，恐惧多来自物体、动物、黑暗等。绘本《被窝大冒险》和《你睡不着吗？》讲述的是一个主题——害怕黑暗。随着年龄的增长，恐惧会减少，愤怒在增加。

当儿童的安全感、别人对自己的爱、自尊心不能满足时，可能会引起儿童的焦虑，儿童通过愤怒可以发泄自己的愿望，并引起别人的注意。

绘本《阿兔的小瓷碗》讲述了一只小兔子不小心打碎了妈妈最心爱的碗。为修复小瓷碗，阿兔在陶瓷小镇尝试了拉坯、利坯、上釉、画坯、烧窑等补救措施，最终获得了兔妈妈的原谅与拥抱。在阅读这本书时，儿童可以切身体会到阿兔为弥补自己的过失而付出的种种努力，相信可以帮助孩子们在自己做错事时减少恐惧、害怕的情绪，愿意积极尝试解决问题。

二、绘本与儿童自我和社会性的发展

（一）绘本与儿童自我的发展

自我是每个独特的个人生理和心理特征的总和，包括自我意识、自尊、自我认同感、情绪、意志等多方面。

1. 绘本帮助儿童认识自我

自我意识是指个体对自己作为客体存在的各方面的意识，包括自我认识、自我体验和自我监控。自我认识指向个体对自身的观察、分析和评价；自我体验指向个体的自尊和自信；自我监控是指个人主动地提出目标，以实际行动与环境相互作用的过程，包括自我检查、自我监督和自我控制。①

绘本有助于促进幼儿人格的发展，培养人的健全品格；通过各种教育活动和游戏活动，幼儿可以对自己的生活环境有一个大体的认识，知道自己是谁，生活是什么样子的，培养对自我和社会的认同感。如果问3～5岁的儿童这样一个问题："你是什么样的人?"他们会如何回答？发展学家认为儿童大多数会回答他们的一些特征、拥有的物品或令人骄傲的行为等，例如"我的头发短短的""我有一个超酷的小汽车""我会骑自行车，没有辅助轮的那种"。关于如何认识自己，儿童或许也能够从绘本中找到答案。

绘本《活了一百万次的猫》讲述了一只猫的故事："有一只100万年也不死的猫。其实猫死了100万次，又活了100万次。是一只漂亮的虎斑猫。有100万个人宠爱过这只猫，有100万个人在这只猫死的时候哭过。可是猫连一次也没有哭过。这只猫曾经是国王的猫、水手的猫、马戏团魔术师的猫、小偷的猫、一个孤零零的老太太的猫、小女孩的猫……直到有一回，猫不再是别人的猫了，成了一只野猫。猫头一次变成了自己的猫。猫太喜欢自己了。"在绘本中，这只猫一直都在跟随不同的主人生活，这只猫和普通的猫不一样，没有乖巧、听话的样子，没有温顺、撒娇的时候，而是什么都无所谓，没什么感觉也没什么热情，直到它变成了自己的猫，才真正"看到"了自己，喜欢自己。对于儿童来讲，认识自己是他们成

① 李红.幼儿心理学[M].北京：人民教育出版社，2013：275-277.

长路上必须要经过的一道门，观察、了解、分析、评价、体验、调控都需要对自己的身体、家庭、想法、主张、力量、责任等有所思考。

2. 绘本帮助儿童增强意志

意志是自觉地克服困难来完成预期的目的、任务的心理过程。婴儿时期出现了意志最初的形态，3岁前后孩子会出现“自己来”的行为，这是意志行动开始发展的标志。积极的意志品质包括自觉、坚持、果断和自制，消极的意志品质包括依赖、顽固和冲动。培养儿童具有坚强、积极的意志和自制力，可以通过游戏活动进行。在幼儿表现出独立意愿时，积极引导，提供幼儿自己动手和做决定的机会，培养其人格独立性，培养责任感。

图2-7 《勇敢的心》([美]罗伯特·布莱克著，陈红杰译，外语教学与研究出版社)

有时候，儿童可以从绘本中找寻到意志。罗伯特·布莱克(R.J. Blake)创作的《勇敢的心》(图2-7)讲述了一只已经10岁但依然有着顽强、勇敢、坚韧意志的雪橇犬阿琦的故事。阿琦获得过许多荣誉，却从来没有得过雪橇犬比赛第一名。赛道全程1850多千米，崎岖的赛道一路都是冰雪，困难重重。阿琦因为脚受伤不得不离开队伍，但它在即将放弃比赛的时候挣脱了志愿者的手，转身消失在冰天雪地中。在故事的最后，阿琦赶上了雪橇队并帮助迷路的雪橇队走出困境……正如同名电影《勇敢的心》一般，这本绘本可以让儿童感受勇敢、坚强的意志带来的振奋和超越。

(二) 绘本与儿童社会性的发展

社会性发展是指个体在与他人的关系中表现出来的观念、情感、态度和行为的发展变化。社会认知、社会交往、社会行为的发展都与儿童的社会性发展息息相关。社会认知是在儿童发展过程中与自我平行发展的另一面，即儿童对他人和人际关系的认知和发展。社会交往，即人际交往，是人与人之间通过一定的方式互相接触和影响的过程；社会交往是儿童由生物人转向社会人的前提，也是儿童社会化的基础。儿童的社会行为是各年龄阶段心理行为发展的综合表现，其发展既受环境的因素影响，又与家庭、学校、社会等因素有关，同时还受个体气质、健康状况等因素的制约。

1. 绘本让儿童感受交往的乐趣

对于儿童来说，他们进行社会交往的对象大多是亲人、教师和同伴。随着年龄增大，儿童接触面不断扩大，他们对周围人和环境的反应更趋完善。成人可以在日常交往中促进儿童自信心建立与独立性发展，在游戏中帮助儿童建立专注、耐心的品质，引导儿童关心与尊重他人，表达自己的意愿，并学习与他人进行合作、交往。

李欧·李奥尼创作的第一本绘本《小蓝和小黄》很受孩子的喜爱，这本书是用颜色讲述人际交往和友谊的故事。最让人耳目一新的就是小蓝和小黄这两个主角了，它们不是人，也不是动物，就是一块蓝颜色和一块黄颜色，它们是好朋友，还有一些其他颜色的朋友。在这本书中，儿童可以找到自己的影子，体会小蓝和小黄的喜怒哀乐，感受人与人之间心灵的契合带来的乐趣。

绘本《萝卜回来了》讲述了一个温暖的冬日故事。在一个大雪天，小兔子出门找吃的。它找到两根萝卜，一根留给自己，另一根送到了驴的家。驴从外边觅食回来，看到了萝卜，就把萝卜送去了山羊家；而后山羊又将萝卜送到了小鹿家；几经辗转，最后萝卜又回到了小兔子的家。在这个故事中，几个主人公没有太多的语言交流，但是通过这一根萝卜，却可以让读者感受到人与人之间的温暖。

2. 绘本帮助儿童化解冲突和矛盾

社会交往中不只有感动、温情、高兴，也有矛盾和冲突。有时，绘本故事里暗含的社会交往的逻辑和友谊感人的力量会对孩子形成潜移默化的影响。在绘本中，儿童通过模仿，学着协调各种矛盾和关系，学习控制自己的情绪、调整自己的行为以及解决冲突和争端，学习如何与别人友好地相处等，乐于助人、分享和合作，这都是良好的心理品质发展的开端。

绘本《南瓜汤》中，作者海伦·库柏以温馨的画面讲述了三个好朋友在交往中发生矛盾和冲突，最后化解的故事。猫、松鼠和鸭子居住在树林里的小白屋，他们盖一床被子，亲密无间，分工合作熬南瓜汤。有一天，三个朋友产生矛盾，鸭子为了像松鼠那样搅汤而与大家争执起来，负气离开了。鸭子走后，松鼠和猫做的汤没有原来三个一起做的汤好喝，他们流泪了，然后去寻找鸭子，为鸭子担心、着急。最后，三个朋友重新聚在了一起，共享一锅世界上最好喝的南瓜汤。《我的秘密朋友阿德》则探讨了社会交往中的孤独。约翰·伯宁罕通过对阿德这个神秘的朋友的描绘，展现出幼儿内心的孤独和隐隐的希望，也许有些孩子看到阿德，也会想到自己的“秘密朋友”吧。

第四节　绘本与儿童道德、审美的发展

一、绘本与儿童道德的发展

（一）绘本帮助儿童形成道德感，提高辨别是非的能力

在很多绘本作品里，包含着对道德观念与精神的追求，赞美敢于挑战不畏惧困难的精神，赞美诚实善良、勤劳勇敢和机敏的智慧……所以绘本故事能潜移默化地使人的心灵得

到感染和促进良好品德和积极个性的形成，使民族精神和品德得到传承与弘扬。绘本故事善于采用对比的手法将善恶、美丑、勤劳和懒惰等进行对比，人物形象鲜明生动，有的是歌颂与赞美的对象，如聪明机智的黑猫警长、勇敢的小象、知错就改的鼠小弟、诚实的短耳兔等；有的是批判与辨识的对象，如胆小的老鼠、狡猾的狐狸、自以为是的小狼等。这种爱憎分明的倾向性更容易使认知辨识能力较低的幼儿获得明确具体的是非观念，幼儿通过欣赏这些绘本掌握初步的道德原则，提高辨别是非的能力。

（二）绘本中蕴含许多道理和行为榜样，供儿童模仿学习

幼儿期是人生重要的奠基阶段，也是道德启蒙的阶段。品德教育是否能够有效实施，教育内容和教育方式很关键。儿童认知依靠具体形象思维，对于语词信号的接收能力较弱，理解和掌握事物依赖于具体的实物、图片。所以对于年幼的儿童来说，纯粹的道德说教效果较差，品德教育需要借助绘本结合具体的事件，抓住生活中的教育契机开展品德教育。借助于具体事件和绘本，将道德意识、道德行为、道德意志化为具体的可操作的事件，对于幼儿是容易理解和做到的。

绘本中蕴含着许多为人处世的道理，如社会交往、互相帮助、爱护弱小等，使幼儿受到教育和启迪，培养其良好的品格，有助于幼儿形成良好的品德和坚强的意志，帮助儿童学习人生道理。在绘本《打破杯子的鼠小弟》中，鼠小弟不小心打破了杯子，它害怕被妈妈批评，于是编出一个又一个理由，想为自己开脱。正当他为自己的小聪明感到得意时，却在众目睽睽之下又一次打破了杯子。最终鼠小弟勇敢地承认了错误，对妈妈说“我把杯子打破了”。这个故事既有浓厚的趣味性，又使幼儿明白不能撒谎，敢于承担错误，知错就改，做一个诚实的人。再如，《小黑鱼》《会开冰箱的猫》《拔萝卜》等绘本告诉幼儿如何应对困难——互相帮助、团结协作，发挥集体的力量。对于幼儿道德品质的引导和培养，空洞的说教、强硬的训斥并不可行，我们可以将人生道理，美好的行为、语言和品行渗透在绘本中，为幼儿提供行为榜样，供幼儿模仿，让幼儿在活动和游戏中不知不觉地提高道德认识，理解评判是非、善恶、美丑的行为准则，发展初步的道德评价能力，促进道德行为的发展。

二、绘本与儿童审美的发展

绘本是图文结合的综合性的艺术表达，绘本在语言运用、创作手法和艺术综合等方面具有非凡的艺术表现力。绘本中既有自由、奇特的故事情节的美，又有富有创意的绘画艺术的美，还有或朴实自然或生动有趣的语言的美，这些无不激发着幼儿对于美的体验和感受。里尔克认为“艺术乃是一种生活方式、一种忠实于自然本能，因而忠实于童年时代的生活方式。这种存在方式中有着某种朴素天真的本能的东西，它类似于那个以欢乐的信心为

其特征的未被意识到的(无意识的)最佳时期，即童年时代的那段时期”[①]。

(一) 绘本引发儿童感受故事情节的美

对美的感知能力存在于儿童的本能当中，也是儿童所渴求的。朱自强认为“审美中起决定作用的是情感和想象力”，而绘本正是培养和启发这二者最好的材料。他给幼儿阅读《拔萝卜》——“小老鼠拽着小猫，小猫拽着小狗，小狗拽着小孙女，小孙女拽着老奶奶，老奶奶拽着老爷爷，老爷爷拽着大萝卜，拔呀，拔呀”时，有的孩子不禁伸出手，身体随着节奏做出用力拔东西的动作。朱自强认为，“幼儿之所以会在故事的最关键处表现出‘身心一元’的感受，是因为他们悟到这个故事的魅力所在，感受到了‘拔呀，拔呀’这重复的简单节奏所具有的意味和魅力。这个节奏是整个故事的内在呼吸节奏。一次次的‘拔呀，拔呀’——这种在困难面前不断努力、锲而不舍的精神不正是人的本质力量的体现吗？”[②]

幼儿对于外部的一切都怀有最纯真的包容心，他们内心柔软，以开放的态度，接纳一切能使他们感到惊奇和喜悦的事物；无论是现实还是幻想，他们运用超越理念的审美快速投入其中，运用想象去体验故事的惊喜。《萝卜回来了》讲述的是在下着雪的冬天，小白兔从雪地里找到了大萝卜送到小猴家，小猴找到了花生作为食物把大萝卜转送给小鹿，小鹿同样找到了青菜作为食物就把大萝卜转送给了小熊，最终小熊找到了土豆就把大萝卜又转送给小兔。就这样萝卜兜兜转转又回到了小白兔的家。故事情节中萝卜的传递也是朋友间温暖的传递，让孩子们欣赏情节之美的同时感受到友情的珍贵与温暖。

幼儿跟随绘本内容展开想象，体会到故事别样的“美感”。这种美感是“开放的”“包容的”“超越世俗的”。“当成人费心劳神地将作品中的人物分成正面的与反面的、可以仿效的与必须防止儿童效法的时候，孩子们却能透过这种知性的划分，以审美的方式穿透到这些形象的内部，从中取合于自己心性的、积极而有趣的部分……在文学的审美中，美是不会欺骗人的。或者，也可以说，儿童的自然的选择，总是有其合理性，它们总是迎向未来的。”[③]

(二) 绘本引发儿童感受绘画艺术的美

美国画家乌利・舒利瓦茨创作的绘本《黎明》采用水墨画晕染的技法，描绘了美轮美奂的黎明时分大自然的湖光山色的自然景象。这本绘本故事灵感来源于唐代文学家柳宗元创作的一首山水诗《渔翁》，美国《父母》杂志评论这本绘本“色彩和光线都是如此真实，读者几乎可以感觉到自己的瞳孔随着光线的增强而缩小，是一次精准而又极富感染力的艺术之旅”。[④] 绘本中的造型、视觉效果、色彩、构图、媒材等方面的设计都可以给幼儿视觉的冲击

---

① 诺尔曼・布朗.生与死的对抗[M].贵阳：贵州人民出版社，1994.

② 朱自强.经典这样告诉我们[M].济南：明天出版社，2016：200.

③ 朱自强.经典这样告诉我们[M].济南：明天出版社，2016：204.

④ 彭懿.世界图画书阅读与经典[M].南宁：接力出版社，2013：157.

和享受。绘本内容与儿童的生活密切相关，例如，在绘本《花格子大象艾玛》系列中的主人公艾玛是一只不同寻常的大象，它的身上有各种各样好看的颜色，一块红、一块蓝、一块黄、一块绿、一块紫、一块白……这头大象爱开玩笑、充满童趣，在它身上发生了一个个好玩好笑的故事，绘本的画面，色彩丰富、形态生动，很受孩子们喜爱。

（三）绘本促使儿童体验语言的美

在绘本《谢谢你，世界》中，儿童能切身体会语言韵律的美。这本令人赏心悦目的绘本没有向读者呈现具体的故事，作者通过精彩细腻的图画呈现来自 8 个不同国家的孩子的一天，他们经历着相同的幸福时刻：问候朝阳，荡起秋千，放飞风筝，被妈妈裹进舒适的被窝……作者通过欢快而富有韵律的文字和精彩细腻的图画，向世界表达谢意——“谢谢你，太阳，唤醒了清晨，把天空粉刷得五彩缤纷。谢谢你，天空，闪烁着蓝光，我要荡高秋千去触摸。谢谢你，秋千，让我犹如火箭，飞跃鸟群、林木和草地。谢谢你，草地，舒缓我的脚步，让我随着微风起舞。谢谢你，窗子，引入洁白的月光，那是星空朦胧的睡意。谢谢你，星星，闪闪发光，你的光亮像妈妈的眼睛……”刘绪源认为在这本绘本中有一条有趣的线索，那就是文字。文字一旦被有声有色、充满感情地念出来，那就成了声音，这声音里有很多孩子喜爱的成分，这就是吸引他们的奥秘所在。[①]

思考与实践

1. 怎样理解绘本与儿童发展的关系？
2. 选择一个你喜欢的绘本，分析其儿童发展价值。
3. 帮助儿童发展情绪的绘本都有哪些？请举例说明。
4. 请你创编一个包含儿歌和童谣的绘本故事。

① 刘绪源.绘本之美[M].济南：明天出版社，2016：59.

第三章　幼儿绘本课程的基础要素

【内容导航】

绘本中蕴含丰富的课程资源，有着独特的教育价值。在幼儿园中，尝试将绘本与课程相融合，既为幼儿园课程注入了新的活力，又能构建别具一格的绘本课程。本章将围绕幼儿绘本课程的目标、内容、组织和实施、评价等基础要素展开讨论，带领读者深入了解幼儿绘本课程的基本架构。

【学习与实践目标】

- 知道幼儿绘本课程的基本要素。
- 理解幼儿绘本课程目标设置应注意的问题。
- 理解幼儿绘本课程的内容的来源。
- 了解幼儿绘本课程的组织、实施和评价。

【知识框架】

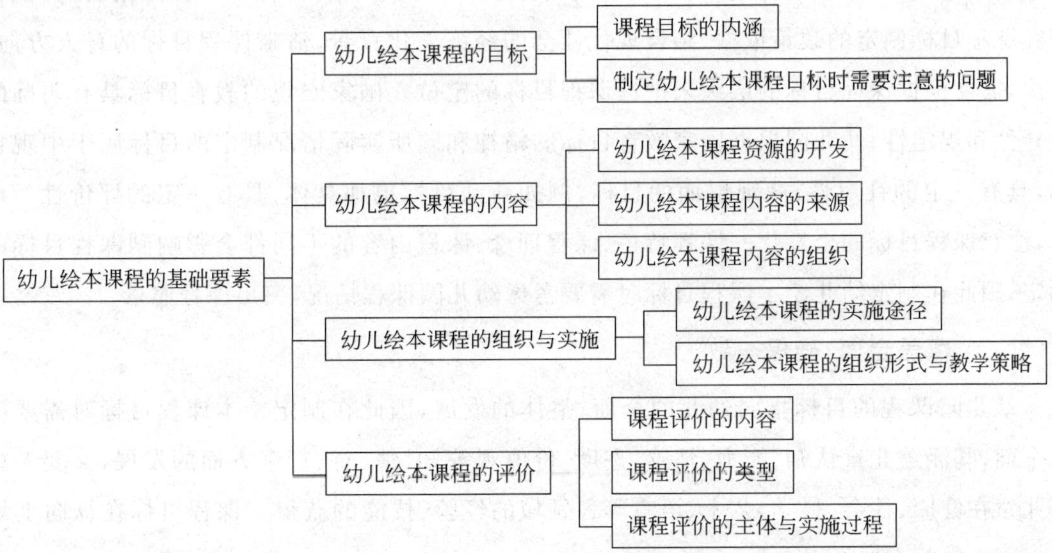

第一节　幼儿绘本课程的目标

一、课程目标的内涵

课程目标是课程想要实现的具体目标和预期结果，规定了通过课程的学习，儿童可以获得哪些方面的发展以及在各个方面发展的程度。课程目标反映了课程的价值取向，既是统领幼儿园整个教育过程的“灯塔”，也是课程开发与实施过程中的“指挥棒”。课程内容、教学方法、教学手段等都需要基于课程目标而选择和确定，一般情况下，可以采用“筛选法”或者“参照法”来确定课程目标。

布卢姆等人在《教育目标分类学》中将教育目标划分为认知、情感、操作三大领域。①认知目标：指对知识的回忆、再认、理解和运用，由低级到高级共分为识记、理解、运用、分析、评价、创造六个层次。②情感目标：侧重兴趣、态度、价值观方面的变化，包括接受或注意、反应、评价、组织、价值与价值体系的性格化五个层次。③操作目标：也称动作技能目标，包括感知、准备、有指导的反应、机械动作、复杂的外显反应、适应、创新。

二、制定幼儿绘本课程目标时需要注意的问题

（一）把握方向，明确定位

制定课程目标时，首先，需要明确课程目标的方向性，即以国家或地方的相关政策文件的精神和价值取向作为确定课程目标的最主要的依据。在确定幼儿园课程目标时需要深入学习《幼儿园工作规程》《纲要》和《3～6岁儿童学习与发展指南》等纲领性政策文件，认真研究课程目标制定的政策依据，结合现代社会的经济文化背景，清晰课程目标的育人方向。其次，需要根据课程目标的层级来把握课程目标的定位。国家宏观的教育目标具有明确的指导性和规定性；幼儿园根据国家教育目标的精神和园所实际情况制定的目标属于中观目标，具有一定的针对性；微观层面的目标，例如活动目标更加具体，具有一定的评价性。最后，注意课程目标的个性化。课程特色、课程理念、课程内容的不同都会影响到课程目标的确定，因此在制定幼儿绘本课程目标时需要考虑幼儿园课程情况，突出课程愿景。

（二）覆盖全面，确保一致

幼儿园课程的目标指向幼儿的全面、整体的发展，因此在制定绘本课程目标时需要覆盖全面，既涵盖儿童认知、能力、情感、态度、价值观等知、情、意、行多方面的发展，又要考虑到儿童在健康、社会、科学、艺术、语言等各领域的经验、技能的获得。课程目标在纵向上划

分为不同的层级目标，各层目标之间具有一定的连续性和递进关系，因而在确定学年目标、学期目标、月目标、周目标和具体的活动目标时需要考虑各级目标之间的逻辑一致性；也就是说，课程目标的细化工作需要确保目标自上而下的价值取向和教育要求的一致性。

（三）科学合理，表达清晰

制定绘本课程目标时，需要综合考虑儿童各年龄段的发展水平和教育要求。首先，从儿童的年龄维度来考虑，课程目标要和儿童年龄相对应。其次，课程目标对应儿童的发展结构，要根据儿童知识、能力和情感态度三个领域的表现来细化目标。再次，根据儿童的发展领域，即儿童在身体、动作、认知、社会、语言、数学、科学、音乐、美术等方面的发展情况来确定课程目标，既要考虑到儿童发展的阶段性，又要考虑儿童发展的个别化。最后，在目标表述方面要注意具体、明确，避免含混不清、不切实际。

第二节　幼儿绘本课程的内容

课程内容是儿童的学习内容。在幼儿绘本课程中，课程内容既有知识、经验的学习，又有认知技巧和能力方面的培养，例如发现、探索、归纳、解决问题等。对于教师而言，设计绘本课程内容时，需要考虑“教什么”和“如何教”两个问题。

一、幼儿绘本课程资源的开发

在确定课程内容之前首先需要开发可利用的课程资源。课程资源是课程设计、实施和评价等整个课程编制过程中可利用的一切人力、物力以及自然资源的综合，包括教学材料和学校、家庭、社会中有助于提高学生素质的各种资源。[①] 幼儿园的课程资源，一般包括教材和可利用的环境材料。对于幼儿绘本课程来说，绘本是最重要的课程资源之一。在课程开发过程中首先需要建立丰富的、可供选择的绘本资源库，即调研现有市面上的绘本资源有哪些，对这些绘本进行分析和评估，结合课程目标和儿童的喜好、需要等确定可用的绘本教育资源，并对绘本资源库进行整理、归类，分析、研究如何将现有的绘本资源转化为有效的课程内容。

二、幼儿绘本课程内容的来源

（一）以目标为依据确定课程内容

课程内容是实现课程目标的手段，回答“教什么”的问题。课程内容的确立首先要符合

① 上海市教育委员会教学研究室.幼儿园课程图景[M].上海：华东师范大学出版社，2019：151.

课程目标的要求，有助于课程目标的实现。选择课程内容要有目标意识，也就是说当教师在对绘本资源进行筛选、整合和分析时，要考虑绘本和各个年龄段的儿童的教育目标是否相关联，或者考虑绘本对儿童“核心经验”的支撑度。

（二）以幼儿生活为中心设计课程内容

以幼儿的生活为背景，在不同的生活场景中选择和确定课程主题与活动内容，主要来源于三个方面：①幼儿园一日生活中的生活事件，如班级中的环境布置、玩具材料，儿童日常的学习、游戏、户外、区域等活动中的轶事等；②幼儿家庭生活中的生活事件，如外出旅行、拜访亲友、家庭聚会等；③自然、社会生活事件，如自然环境、四季变化、节日庆典、社会环境、典型的社会人物和社会事件等。

（三）以幼儿兴趣为中心选择课程内容

幼儿的兴趣是驱使幼儿学习的重要动力，教师可以从儿童的兴趣中发展“学习的契机”；当教师发现、追随儿童的兴趣并将其融入课程内容时，会极大地促进儿童在课程中的主动性和参与度。当幼儿真正对物品、动物、植物、昆虫、自然现象、原理、关系或某件事情产生兴趣时，他们会主动观察、探索、思考、发现、创造和表达，不需要老师费尽心思地带着儿童去学习。

三、幼儿绘本课程内容的组织

（一）按年龄阶段组织课程内容

在课程资源中，可以根据绘本的适读年龄进行大致归类，根据小、中、大班儿童的不同年龄特点，匹配适宜不同年龄段的绘本资源，例如低幼绘本更适合作为小班儿童的课程资源使用。有很多绘本适读年龄较为广泛，就可以进一步分析这类绘本在不同年龄段可挖掘的侧重点，例如绘本《好饿的毛毛虫》，小班的侧重点是“食物”，中班的侧重点是“时间、数量”，大班的侧重点是掌握“自然科学知识”等。在组织课程内容时，要注意课程资源的有效利用，如同类资源多样化利用，不同资源组合式利用等。

（二）按领域组织课程内容

“领域”是指将课程内容按照其内在的逻辑和性质划分为不同的学科范围。《纲要》将幼儿园的教育内容划分为五大领域——健康、语言、科学、社会、艺术，并指出幼儿园教育的领域也可作其他不同的划分，各领域的内容相互渗透，从不同的角度促进幼儿的发展。按领域组织课程内容时，可以考虑绘本资源和幼儿园领域教育的整合，一方面，充分挖掘绘本资源在健康、语言、科学（包括数学）、社会、艺术（包括音乐和美术）各领域的教育价值；另一方面，可以开发同一本绘本资源在不同领域的教育价值。

（三）按主题组织课程内容

主题是组织课程内容的重要形式，要围绕某一中心话题或主题，选取相应的课程资源来组织课程的内容。就幼儿绘本课程来说，可以从各类绘本中寻求开展绘本活动的主题，并寻找与各个主题关联度较高的绘本资源。例如以“月亮”为主题，可利用的绘本资源有《爸爸，我要月亮》《月亮，生日快乐》《月亮的味道》《皮埃尔摘月亮》《月亮的影子》《南瓜月亮》《嫦娥奔月》等。在以主题组织课程内容时，需要注意课程内容的开放性和整合性，运用绘本的特色、场景、故事、人物、情节、思想等创造性地组织课程内容。

第三节　幼儿绘本课程的组织与实施

一、幼儿绘本课程的实施途径

课程的组织和实施是根据课程目标具体落实课程内容，确定“如何教”的过程。组织和实施课程，需要关注课程内容的计划安排、组织形式呈现等问题。教师组织课程时，要注意课程内容中的各个部分出现的先后顺序、时机以及各个学习内容之间的“统整性”；在实施课程过程中，教师要根据本地、本园、本班的实际情况和条件创造性地开展教育工作，灵活运用多种教育方式和手段开展有利于儿童发展的各种教育活动。如图 3-1 所示，幼儿绘本课程的实施途径如下。

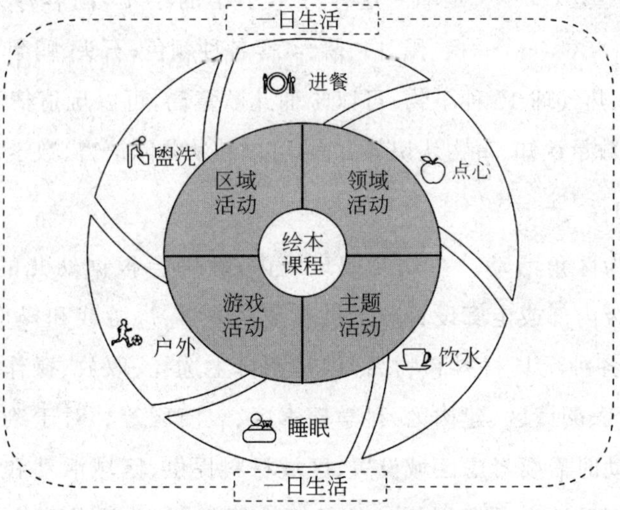

图 3-1　幼儿绘本课程的实施途径

（一）领域活动

领域活动

领域活动是幼儿园中常见的教育组织形式，一般包括健康、语言、科学、社会、艺术 5 个领域。教师根据各个领域的特点，选择适宜的教育内容，有目的、有计划、有组织地开展教育活动。各个领域教育活动范围相对独立，但并不是完全分割的状态，彼此相互渗透、有机联系，共同促进儿童认知、情感、身体、道德、社会性等方面的发展。

提起绘本教育或绘本教学，很多人的第一反应就是绘本阅读。在幼儿园教学活动中，运用绘本最多的当属语言活动。幼儿园班级里常常见到孩子们围坐成一圈，津津有味地听老师讲生动有趣的绘本故事。除了语言教育，绘本还可以整合艺术、语言、科学、健康和社会等各领域的知识，在其他领域教育中派上用场。

图 3-2 《好神奇的小石头》（左伟文/图，中国少年儿童出版社）

例如，左伟创作的绘本《好神奇的小石头》（图 3-2）是一本适合低幼的洞洞书，这本书图画色彩明丽、生动；文字简洁顺口；内容有趣，创意十足。封皮是一块大石头和一圈彩色的小石头，每翻开一页，小石头就会发生变化：灰色的小石头变成了一只小老鼠，黄色的小石头变成一个大鸭梨，粉色的小石头变成一辆小汽车……不同颜色的小石头依次变成了咖啡色的小刺猬、绿色的小青蛙、橙色的小蘑菇、黑色的母鸡、白色的企鹅、蓝色的鲸鱼、红色的热气球等。小石头每一次变身都会配有一两句简单的儿歌，让人不禁轻声跟唱。这样一本小小的绘本，内容涉及灰、黄、粉、棕、绿、橙、黑、白、蓝、红等各种颜色；石头、鸭梨、汽车、刺猬、青蛙、蘑菇、母鸡、企鹅、鲸鱼、热气球 10 种事物；可以吟诵儿歌童谣，可以玩猜猜看的创意游戏。这些内容涉及颜色认知、数量认知、事物认识等方面，可以和幼儿园语言、数学教学活动相结合。

（二）区域活动

区域活动也称为区角活动。在幼儿园班级内，教师会根据幼儿的身心发展特点和需求、兴趣、喜好在班级内部或走廊设置若干供儿童自主学习、游戏和操作的活动区。每个区域中会提供给儿童各种玩具材料和物品，供儿童自主选择、取放、操作和活动。在幼儿园，常见的区域有生活区、阅读区、建构区、科学探索区、表演区等。对于绘本在区域中的运用，教师在设计区域活动时需要考虑区域设置、区域材料提供、区域活动和儿童经验的适应性、儿童和区域材料的互动性以及区域活动的目标性等问题，关注儿童个体的差异，让儿童基于区域的环境和材料开展自主性的学习或游戏。

区域活动有利于儿童个别化的教育，其自主、自由的特点可以满足儿童的不同兴趣和需要，可以弥补和平衡教师主导的集体教学活动的不足。幼儿进行区域活动时可以自主选择活动对象、活动内容、活动形式与方法，这可以使幼儿获得充分的自主权，也是教师充分观察、了解幼儿，支持幼儿自主发展的好时机。

在区域中实施绘本教育，可以使幼儿获得自由、快乐的情感体验，专注认真的学习态度，在实践与操作中培养幼儿的合作学习能力，在持续探究中让幼儿学习知识与技能，在思考、展示和提升中积累经验。例如，绘本《葡萄》（图 3-3）讲述了狐狸大叔种葡萄的故事——狐狸大叔种了一园子葡萄树，它想种出来最多、最甜的葡萄，于是去图书馆查资料、上网搜索，还去咨询葡萄专家，最后得出了一个结论——要想种出来最棒的葡萄，要有爱。怎样才算有爱呢？狐狸去问大家，得到了许多答案，它记下了大家的话，每天给葡萄树浇水、施肥、捉虫、搭架、放音乐、跳舞，然后耐心等待……最后收获了一大筐好吃的葡萄。这个绘本故事可以跟哪些区域活动相关联呢？“葡萄的生长”可以和科学区、自然区结合；狐狸遇到了问题去图书馆查资料，可以将阅读区打造为宝宝的“图书馆”，让幼儿体验在图书馆看书、借书、还书的过程；这个故事也适合放在表演区，让小朋友们演一演。

图 3-3　《葡萄》（郑正祺文/图，明天出版社）

（三）游戏活动

游戏是儿童最适宜的活动方式，对于发挥儿童的主动性、创造性、想象力和思维力具有重要的作用。游戏类型多种多样，按儿童的社会性发展水平看来，有独自游戏、旁观游戏、平行游戏、联合游戏、合作游戏；按认知特点来看，有练习性游戏、象征性游戏、结构性游戏、规则性游戏；按游戏的内容来看，有语言游戏、运动游戏、表演游戏、建构游戏、角色游戏、益智游戏和自由游戏等。幼儿园中开展的游戏活动既有规则性游戏又有自主性游戏，有室内游戏也有户外游戏。

儿童喜欢绘本，也喜欢游戏，教师在设计、组织儿童游戏时可以融入绘本中的元素。例如《落叶跳舞》是一本“落叶”书，适合在秋冬时候讲读——“沙沙沙，起风了，轻轻地，风停了，我们是奇妙的落叶呦，静悄悄的冬日树林，我们欢快地起舞。悠悠地飞起来，自在地滑下去。转啊转，转圈圈，慢慢地停下来……”这本绘本文字不多，但是由落叶组成的“小人人”和“小动物”们形态各异、表情丰富，非常具有观赏性，教师可以结合绘本中的“落叶”元素设计树叶拼贴画、树叶拼图、树叶彩绘、树叶脉络图等创意美工游戏。

再如，不少绘本中暗含了“捉迷藏”和“猜猜看”游戏。绘本《这是谁？》里有一棵粗壮的大树，大树后边藏了小动物们，读者只能通过露出的部分猜究竟是哪个小动物，幼儿通过细致地观察画面，根据自己的记忆力和想象力，可以猜到露出了长长胡子的是谁，耳朵长长的又是谁。类似主题的绘本有很多，《捉迷藏》《谁藏起来了》《找到你了》《小袋袋捉迷藏》暗含了幼儿喜爱"躲猫猫"的游戏，教师在讲读完绘本故事后可以和小朋友一起玩"躲躲藏藏"的游戏；结合《猜猜我是谁》《猜猜是谁的屁股》《谁的尾巴》可以和幼儿一起玩"翻翻猜猜"的游戏；根据《我的地图书》《弗洛格找宝藏》《海盗从不换尿布》《迷路的森林》，可以结合"宝藏""地图"等元素设计"寻宝游戏"。教师在设计绘本游戏时，要根据幼儿的年龄适当调整游戏难度，例如对于中大班的孩子来说，可以在游戏中增加一些障碍和挑战等，以激发儿童的活动兴趣。

（四）主题活动

主题活动是指在集体性活动中，以一个主题为线索，围绕主题进行活动与交流的活动。具体到幼儿教育，主题活动是幼儿园教学组织的一种形式和手段，因其可以促进幼儿获得完满的学习经验和健全的人格而独具魅力。[①] 主题活动可以打破学科、领域的界限，具有综合性、开放性的特点，教师可以根据幼儿的兴趣和需要选择适宜的主题，并依据该主题针对性地设计、组织和实施一系列活动；活动中，幼儿的学习内容与该主题密切联系、有机结合，幼儿积极探索，能够获得较为完整的知识经验或技能。

幼儿园常常组织各种各样的主题活动，如科技月、环保月、植树节、母亲节、阅读日、爱眼日、睡眠日等。课程的主题丰富多样，例如节日主题有中秋节、重阳节、端午节、春节等；自然主题有动物、植物、自然现象、地理、科学等；生活类的主题有交通工具、建筑物、饮食、服装、物品等；文学类的主题有故事、童话、诗歌、童谣、传说、历史、人物等。以"中秋节"为例，可以开展的活动有：认识中秋节（别称、时间、意义等）、中秋节的起源（传说、故事）、中秋节的风俗（赏月、月饼、赏灯）、中秋节的文学作品（童谣、儿歌、故事等）。师生共同经历丰富、多元的探索活动，可以让幼儿获得关于主题的较为完整的经验和技能，从而促进幼儿身心全面和谐地发展。

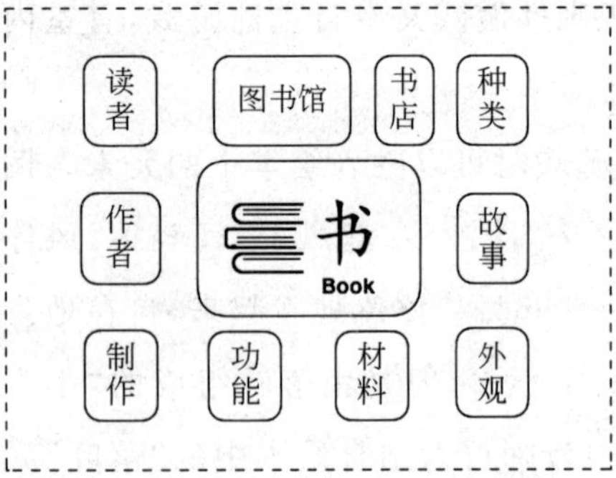

图 3-4　关于"书"的关联性主题

绘本常常带有鲜明的主题，教师可以从绘本主题中找寻灵感和思路，展开幼儿园的综合主题活动框架和内容的设计。例如，著名绘本作家安东尼·布朗创作了很多优秀绘本，《形状游戏》中的"形状"可以成为绘本活动的主题。如图 3-4 所示，《我喜欢书》中的"书"也可以成为一个绘本活动主题，即以"书"为主题展开线索，设计跟"书"相关的主题活动。

① 陈福静.幼儿园主题活动的设计与实施策略[M].北京：中国轻工业出版社，2016：2.

二、幼儿绘本课程的组织形式与教学策略

（一）幼儿绘本课程的组织形式

1. 集体教学

集体教学是以班级为单位进行的教学活动，也是正规教学活动常用的组织方式。在集体教学活动中教师面向的是全体幼儿，在集体教学中可以结合个别教育活动和小组合作活动。

2. 小组活动

小组活动是将幼儿分成不同组，在小组合作的情景下开展教育活动。小组教育活动的组织形式有利于幼儿合作共同完成任务，也有利于幼儿沟通交流能力的发展。小组活动常以分组形式进行，例如分组进行游戏，分组就某一绘本歌谣、童谣进行律动表演，分组完成绘本手工活动，分组进行创意绘本书制作，等等。分组的方法很多，既可以幼儿自由结组，也可以按兴趣分组，还可以按幼儿发展水平分组，主要根据活动任务而定。

3. 个别教育

在共同的活动主题与任务下，幼儿可以自由结伴；也可以单独活动，通过自主的操作来进行活动。个别教育活动有利于发挥幼儿的自主性，促进幼儿独立完成活动任务，使幼儿在自己的水平上获得发展；也利于教师观察每个幼儿的活动水平、个性差异，从而给予个别化的帮助和指导。例如通过绘本《彩虹色的花》开展个别化活动，教师带领幼儿到户外寻找各种花；美术活动中幼儿自己绘画、做手工，教师个别指导。

（二）幼儿绘本课程的教学策略

王策三认为“所谓教学，乃是教师教、学生学的统一活动；在这个统一活动中，学生掌握一定的知识和技能，同时身心获得一定的发展，形成一定的思想品德”。[①] 在这个过程中，就涉及教学方式、方法的问题。也就是说，在已经有了确定的预期目标（课程目标）和知识经验（课程内容）后，教师需要思考：如何组织有效的教学？采用什么样的教学策略？选择什么样的教育手段？

在选择教学方法时，教师可以遵循三个步骤[②]：①明确选择教学方法的标准。根据具体的教学目标、教学任务、教学进度和教学时间，教师的特点或现有的教学条件可以进行选择。②尽可能广泛地了解新的教学方法。③对各种可供选择的教学方法进行比较，包括特点、适用范围、优越性和局限性等。

---

① 王策三.教学论稿[M].北京：人民教育出版社，1985：88.

② 全国十二所重点大学联合编写.教育学基础[M].北京：科学教育出版社，2014：215.

第四节　幼儿绘本课程的评价

幼儿教育评价是对幼儿园教育价值作出判断的过程，它以幼儿园教育为对象，对其效用给予价值上的判断①。课程评价是教育评价的一种，是依据课程目标通过多种方式来评估课程的结果。课程评价是课程开发、生成、建构中的重要环节，会随着课程实施的过程而展开，侧重对课程开发与实施过程中出现的问题进行判断和评估，厘清问题的原因和解决策略，为课程的不断改进和发展提供有效的支撑。

一、课程评价的内容

（一）对课程的评价

对课程的评价包括课程计划、课程组织实施和课程效果三个环节，具体涉及课程目标、课程内容、课程实施、课程效果、课程评价等。对“课程目标”的评价包括课程目标设置的合理性、各级各类课程目标达成的效果和程度，目标表述是否合适、可行易落实等；对“课程内容”的评价包括课程资料和各种资源的收集、筛选和整合，课程内容的教育价值和吸引性，课程内容编排的科学性、合理性以及课程内容和课程目标的匹配度和一致性等；对“课程实施”的评价包括课程组织方案的合理性，课程实施策略的切适性，教育过程是否符合适宜性、互动性要求，课程实施者对课程决策的参与程度以及各种人员在课程实施过程中的参与程度等；对“课程评价”的评价包括评价资料的全面性，评价方法的适宜性，评价信息搜集、汇总渠道的畅通性等。

（二）对课程参与者的评价

1. 对儿童的评价

对儿童的评价可以从多元发展角度展开，包括幼儿是否对课程内容感兴趣，常对哪一类课程内容或活动事物感兴趣；能否认真地、持久地进行探究活动；能否理解绘本故事、儿歌等艺术作品内涵；能否根据事物特征进行分类和概括；能否发现学习或游戏中出现的问题、能否尝试解决问题；动作的协调性、灵活性，由大肌肉动作逐步发展小肌肉动作的情况；幼儿的创造欲望是否强烈、想象力是否丰富；是否知道合作、分享、谦让、助人，是否知道尊重别人、尊敬老人；自我评价是否完全依从成人评价逐步发展到进行独立的自我评价等。

① 霍力岩.学前教育评价[M].北京：北京师范大学出版社，2000：18.

幼儿成长档案袋[①]

幼儿成长档案袋是指幼儿教师采用为每个幼儿建立档案袋的方式，有目的地收集反映幼儿发展的相关材料，评价幼儿发展和为课程决策提供依据的一种行为。强调用幼儿作品和生活中发生的事件生活性地、立体地反映幼儿的发展，倡导记录幼儿的点滴进步，强调对幼儿发展全过程的不断关注。

2. 对教师的评价

对教师的评价中，教师教学素养是最根本也是最关键的，包括：教师是否以亲和的态度建构安全、平等、温馨、丰富的学习环境；教学基本功是否扎实，教学语言是否生动活泼、富有启发性和感染性，能否激发幼儿主动学习的兴趣和热情；教具制作和使用是否恰当，演示操作是否准确、熟练等。

二、课程评价的类型

（一）质的评价和量的评价

1. 质的评价

质的评价是评价者对被评价者平时的表现、现实的状态或文献资料进行观察和分析，直接对被评价者做出定性结论的价值判断的过程，带有一定的现代人本思想和发展性评价的理念。质的评价多用观察法、谈话法、综合分析法等取得资料，更加关注"质"的方面的评价。质的评价的评价结果有时较为笼统，弹性较大，难以精确把握。教育活动是十分复杂的，存在着许多难以量化的因素。现代评价理论和实践发展的趋势就是将定性的评价和定量的评价结合起来，求得更客观和更全面的评价结果。

2. 量的评价

量的评价是以教育测量为基础，采用一定的数学方法，收集和处理数据资料，对被评价者做出定量结论的评价，具有客观化、标准化、精确化等特征。量的评价运用教育测量与统计等方法对评价者的特性用数值进行描述和判断。定量评价结果准确，使被评价者区分显著，但往往只关注可测性的品质与行为，忽视个性发展与多元标准，把丰富的个性心理发展和行为表现简单化为抽象的数量计算。

（二）形成性评价和终结性评价

1. 形成性评价

形成性评价是指贯穿于课程开发与实施阶段各个环节或整个过程的评价。这种评价

① 茹荣芳.幼儿园民间文化教育实践研究[M].北京：清华大学出版社，2017：238.

模式较为注重细节信息的分析，能够及时发现并反馈信息，寻找问题出现的原因，适时调整改进，使课程更加趋向合理，所以又称为“及时评价”。在课程实施过程中，可以利用形成性评价，在教学或学习过程中评价活动效果来调节课程中教和学出现的各种问题，以此作为完善课程和提高教学质量的依据。

2. 终结性评价

终结性评价又称总结性评价，是指在课程全部结束后对一个完整的教育过程的最终成果做出价值判断的过程。终结性评价侧重对课程整体的分析，通过评估教学目标和课程的目标的实现程度来判断课程的实施效果和有效性。终结性评价优点是简便易行，也较为客观。但由于是课程实施时结束之后才开始的评价，因而对课程实施过程中的问题解决不能起到及时调控的作用。

三、课程评价的主体与实施过程

（一）课程评价的主体

《纲要》指出，管理人员、教师、幼儿及其家长均是幼儿园教育评价工作的参与者。课程评价主体最好是全员、多元的，即园长、教师、幼儿、家长、课程专家、社区人士等全员参与。课程评价过程是各方共同参与、相互支持与合作的过程。

园长是幼儿园课程评价的组织者和实施者，园长的教育观念对课程的计划、组织、实施、运行和管理具有强大的影响力，在组织和实施课程评价时，园长应当关注作为教育实施者的教师的观念和感受，具有一定的包容性。教师是幼儿园课程评价最重要的力量，教师的评价贯穿在一日生活、学习过程中，这种评价是随时、随地发生的。教师的教育观念与课程评价紧密相连，只有教师拥有了科学的教育理念，才能进行适宜、合理、恰当的幼儿园课程评价。

幼儿是课程组织和实施过程中最实际的评价者。幼儿在活动中专注的神情、积极的活动、愉快的成长都是对教育最真实的肯定；相反地，幼儿神情的呆滞、行为的散漫、活动的无序都是对教育最真实的否定，因而幼儿园课程评价不能缺少和无视幼儿的评价。家长在幼儿园课程评价中所发挥的作用正在提升，幼儿园可以通过家长开放日、家长座谈会、家长调查问卷以及与家长的日常交流，使家长了解、参与幼儿园的教育活动，对幼儿园的各项教育活动给予评价。

（二）课程评价的实施过程

如图 3-5 所示，课程评价的实施可以分为准备、实施和反馈三个阶段。其中，准备阶段需要建立课程评价的团队，确定团队成员；确定评价的内容、方法和步骤并进行课程评价方案的编制；同时准备人力、物力、环境、场地、设备等方面的支持。在实施阶段，首先需要沟通协调好具体的评价事宜，然后通过多种渠道和方式收集各类信息，并对评价对象进行评议或评分，最终将所有的评价材料和资源进行汇集和整理。在反馈结果时，有集体反馈和个人反馈两种形式，可以根据园所实际情况选择合适的反馈方式。

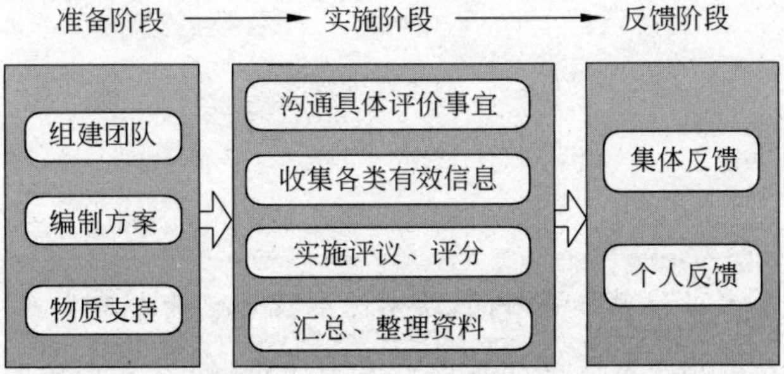

图 3-5　课程评价的实施过程

思考与实践

1. 结合实例说明你对幼儿绘本课程的基础要素的认识。
2. 结合具体的实例谈一谈，如何确定绘本课程的内容。
3. 绘本课程有哪些实施途径？
4. 怎样开展绘本课程的评价？

第四章　幼儿绘本课程设计与开发

【内容导航】

绘本资源有着丰富和独特的内涵，绘本课程设计与开发需要教师教育智慧与课程思维碰撞。本章以幼儿绘本课程设计与开发为主题，阐述幼儿绘本课程开发的内涵、理论基础、原则、流程等相关问题，为绘本课程设计与开发提供一定的思路。

【学习与实践目标】

- 理解幼儿绘本课程的特点。
- 了解幼儿绘本课程开发的理论基础。
- 知道绘本课程设计与开发的原则和流程。
- 理解教师和儿童在课程开发中的角色定位。

【知识框架】

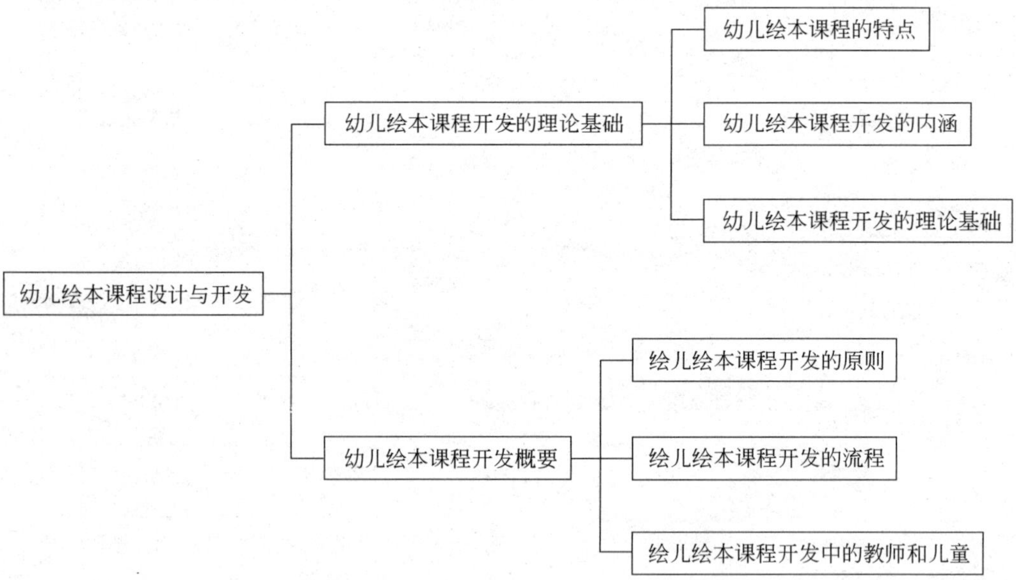

第一节　幼儿绘本课程开发的理论基础

儿童对周围的世界有着强烈的兴趣和好奇心，他们有探索和发现的动力，渴望获得关于世界新的经验和体验。成人需要为儿童创设适宜的活动环境、提供丰富的材料、开发多样的适宜儿童学习的活动，并能够在合适的时机给予儿童适当的引导。基于儿童的发展特点和需要，以绘本作为媒介，可以通过各种形式的绘本教育活动促进儿童认知、情感、道德和社会化等方面的发展。

一、幼儿绘本课程的特点

（一）活动性

幼儿绘本课程秉持动态、开放的课程观，以绘本文化为课程资源，强调开放、多元、生态、和谐的理念，注重课程中儿童与教师、儿童与儿童、儿童与环境、儿童与材料的相互作用。课程实施基于活动性的教育内容，通过集体教育活动、游戏活动、综合主题活动、区域活动以及一日生活环节中的多种活动，关注儿童在活动中的个体经验和智慧的发生，促进儿童成长。

（二）发展性

《纲要》多次提出“以幼儿发展为本”的教育思想，对于任何教育活动或教育过程来说，最终目的都指向儿童的发展。幼儿绘本课程，无论是教育目标的制定、教育内容的选择，还是教育方法和手段的确定都是以儿童的“发展”为出发点和归宿；尽力去发现每一个儿童的“最近发展区”，既考虑到儿童当前的发展水平，又要为儿童长远的发展做准备，使儿童身心能够得到充分而和谐的发展。

（三）整合性

儿童的经验是完整的，包括身体、认知、情感、个性、社会性各个方面。儿童在各类活动中获得经验、技能在某种程度上是相互联系的，这也是杜威所说的“经验的连续性”。杜威认为经验的价值在于连续地发展，因此在各种教育活动中，为了保持儿童经验的连续性，提倡教学活动的整合性，保证儿童经验之间的横向联系。各个活动内容之间以绘本为纽带，活动的内容不是孤立的，而是相互联系、相互渗透的，这有助于儿童对自然、个人和社会有更深入的认识。教师需要充分挖掘绘本资源的多元价值，设计综合性、拓展性的各类活动，同时注意不同的教育内容之间的有机联系和相互渗透，科学、合理地组织和实施各类教育活动。

（四）生活性

绘本蕴含和承载幼儿生活世界里丰富而广泛的一切，如生活中的人、事、物，以及联结所有人、事、物的连续或非连续的过程与环境。幼儿绘本课程的教育资源是经过加工、改造后的绘本文化转化而成的幼儿园课程资源，在对其进行改造的过程中，根据幼儿发展的特点和课程的需要，注意继承和创新相结合，既保留其独特的风格，又使其具有现代生活气息，充分发挥教育价值。教育目标指向儿童生活，课程内容来源于儿童生活，课程实施和评价是儿童生活过程的建构。幼儿通过观察、感知、互动、探究等方式，获得各个方面的发展。

（五）游戏性

游戏是儿童活动的主要方式，因此，绘本课程注重儿童活动的游戏性。儿童需要游戏，他们可以在游戏中学习和掌握未来生活中所需的经验、技能、规范和要求；儿童喜爱做游戏，在游戏中他们可以大胆地想象、夸张地表达、无拘无束地做他们想做的事情。因而游戏对于儿童来说，是最符合他们的心理特点和需要的活动。课程的游戏性主要体现在多样化的活动方式和多元的游戏设计，让儿童在获得游戏的乐趣和惊奇感的同时，能够发展语言、动作、想象力、创造力和思维力。

二、幼儿绘本课程开发的内涵

幼儿绘本课程是以绘本为出发点，确立课程目标，寻找绘本与幼儿课程之间的联结，将可利用的绘本资源作为儿童教育内容的来源，设计出适合于儿童经验，促进儿童全方面发展的一系列教育活动。在这些活动中，儿童可以获得关于生活的、自我的、社会的、自然的、科学的、数学的、艺术的等多方面的知识经验，学习语言，发展智力，形成良好的个人品质和一定的社会能力。

"开发"是指"一项计划、方案的具体细节的确定，或小说情节的完全展开"。课程开发可以看作"准备一项可操作的计划，以便去运用现有的教学大纲，包括教科书和教学材料的选择，或者也可以指编制出一套教学大纲及其配备资料，以供班级教学使用"。[①] 课程开发可以分为新编课程和改编课程两大类。幼儿绘本课程开发是由园长、幼儿教师、专家等组成的课程开发组依据教育目的和儿童的年龄特点、发展需求，以幼儿绘本为基础，收集、分析、整合相关的绘本课程资源，编制一套幼儿绘本课程计划及课程方案，以便幼儿园各年级开展教育教学活动的过程。

① 崔允漷.校本课程开发[M].北京：教育科学出版社，2000：53.

三、幼儿绘本课程开发的理论基础

（一）实用主义课程论的观点

实用主义哲学强调哲学立足于现实生活，以行动为手段，以效果为目的，是行动的、生活的、实践的哲学。20世纪初，美国哲学家、教育家杜威基于实用主义哲学的观点，在实践研究的基础上构建了以儿童为中心的课程与教学的思想体系。他提出了著名的关于教育本质的四个基本哲学命题——“教育即生活”“教育即生长”“教育即经验的不断重组或改造”“教育是一个社会的过程”。他重视儿童，尊重儿童，提出了“儿童中心”的教育思想，设计了以“经验”为基础的经验主义课程。在杜威的课程与教学体系中，包括目标、内容、实施、评价几个部分（表4-1）。

表4-1　杜威关于课程与教学的基本观点

课程目标	儿童、知识、社会
课程内容	主动作业；关于社会背景的科目；系统性的、理论性的各种科学知识
课程实施	从做中学：艺术活动、手工训练、科学研究等
课程评价	内在价值和工具价值的统一

1. 关于课程的目标

杜威认为儿童、知识和社会是确定课程与教学目标时必须要考虑的三个基本要素①。他重视儿童的兴趣，认为儿童天生具有“社交、制作、艺术、探究”四种本能，这是课程目标的基本来源。同时，他重视知识和社会对课程目标的影响，三者相互作用，动态统一。课程目标应基于儿童当下的兴趣、活动和经验，积极主动地适应社会，引导儿童生长、发展。

2. 关于课程的内容

在课程内容方面，杜威强调以儿童的生活经验为根基；只有经过儿童的主动选择并转化为儿童的经验，才能成为真正有意义的课程与教学内容。“经验”是杜威教育思想体系中最基本的概念，包括经验的事物和经验的过程两种意义。②经验可以分为直接经验和间接经验，对于儿童来说，学习的内容更多是直接经验。在杜威看来，课程的内容可以划分为三类：①主动作业，是指融于日常生活的，以游戏和工作为主的各种形式的活动，如烹饪、木工、纺织等；②关于社会背景的科目，如历史、地理等；③系统性的、理论性的各种科学知识，如数学、科学等。这三种类型的内容对应了儿童不同年龄阶段的学习。

3. 关于课程的实施

实施课程，杜威提出了“从做中学”的基本原则。即学、做结合，知、行结合，让儿童从经

①② 陈晓瑞，等.西方教育哲学流派课程与教学思想[M].北京：中国轻工业出版社，2008：87，90.

验中学习，从活动中学习。他认为儿童具有活动和做事的天然兴趣和欲望，他们会积极投入“工作”中，使用材料或工具来获得技巧，达到目的。“从做中学”包括艺术活动、手工韵律、科学研究等几方面的内容。

4. 关于课程的评价

杜威提出了内在价值和工具价值相统一的课程评价观。内在价值又称欣赏价值，是指事物本身的价值；工具价值又称比较价值，以要实现的目标为标准来权衡事物的价值。课程中的科目首先具有内在价值，也就是说，只要科目能被学生体验和欣赏，那就具有一定的价值；当在课程的框架中有足够多的科目时，就需要衡量每个科目的工具价值，并对其进行排序，建立价值等级体系，从而进行科目内容的筛选。

（二）建构主义理论关于课程和教学的观点

建构主义是认知结构学习理论在当代的发展，其思想来源于皮亚杰的认知发展理论、维果茨基的社会文化理论和布鲁纳等人的思想。皮亚杰的认知发展理论强调儿童和周围环境的相互作用，儿童通过与外部世界的相互作用，通过自身的主动活动来建构知识，获取经验。维果茨基强调社会过程的重要作用，即社会文化影响着个体的认知发展，儿童在和父母、老师、同伴的社会交往、合作、对话中获得知识技能和新的行为方式。基于维果茨基的理论，在课程中教师需要设计学习活动，在活动中提供指导性的意见、支持和帮助，并有意识地安排合作训练，促进和鼓励儿童之间的协作学习。

1. 建构主义的学习观

关于儿童的学习，建构主义者认为学习者在一定的情境即社会文化背景下，借助其他人（包括教师和学习伙伴）的帮助，利用必要的学习材料，通过意义建构的方式获得知识。[①]也就是说，学习是学习者主动地建构经验的过程。对于来自外界环境中的影响，儿童会根据自身的兴趣、需要、喜好、经验等去主动地辨识、过滤、选择和加工。

2. 建构主义的课程观

关于课程，建构主义者认为可以利用故事来营造环境和呈现问题，帮助儿童获得解决问题的知识和技能。主张用来自真实背景的问题来启发儿童的思考，支持和鼓励儿童尝试解决问题。课程的设计和编制可以是基于案例和项目的学习，课程始于课堂，同时面向社会的真实世界。

3. 建构主义的教学观

教学方面，基于建构主义的课程与教学的理论观点有三种较为典型的教学模式：支架式教学、抛锚式教学和随机进入式教学。三种教学模式的具体过程如表 4-2 所示，不难发现

① 全国十二所重点师范大学联合编写.教育学基础[M].北京：教育科学出版社，2014：205.

建构主义教学观的关键词有情境、问题、自主学习、协作、评价。

表 4-2　建构主义理论的教学模式①

教学模式	具体过程
支架式教学	进入情境→搭建支架、引导探索→学生独立探索→协作学习→效果评价
抛锚式教学	创设情境→确定问题→自主学习→协作学习→效果评价
随机进入式教学	呈现教学情境→随机访问学习→思维发展训练→协作学习→效果评价

（三）多元智能理论的观点

美国心理学家霍华德·加德纳在 1983 年提出了多元智能理论，认为儿童通过多种形式来学习和表现知识。加德纳认为人的思维包含各种智力类型，智能是多元的，包括语言智能、数理逻辑智能、音乐智能、身体运动智能、视觉空间智能、社交智能、自我智能、存在智能以及自然观察智能（表 4-3）。这几种智能相对独立，在人的智能总和中占据比例因个体不同而不同。

表 4-3　多元智能理论的智能结构释义②

类　型	含　义
语言智能	口语表达和书写能力，以及对口语和书面语的敏感程度
数理逻辑智能	完成逻辑、分析、数学和科学任务所需要的技能
音乐智能	音乐表演、作曲和音乐欣赏所需的技能
身体运动智能	有效地运用肢体来解决问题或进行创造性活动的技能
视觉空间智能	处理和描绘可见图像的能力
社交智能	感知他人并作出有效反应的能力
自我智能	个体认识、洞察和反省自身的能力
存在智能	思考人的最终命运的倾向性
自然观察智能	观察自然界的各种形态和关系的能力

实际生活中，人的多种智能表现为错综复杂、有机组合的特点，每个人的智能都有其独特的表现形式。多元智能理论的观点更新了人们对儿童的认识，也扩宽了教育儿童的方式。也就是说，儿童具有多方面的发展潜能，教育应当通过多种渠道、采取多种形式、在多种不同的实际生活学习情景下培养儿童的各种能力，除了传统的数学和语言之外，还应包括多种学习方式，不能偏颇于某一领域的学习。教师应该多方面观察并分析每一个孩子的优点和弱势，尊重儿童的个体差异，基于对儿童的全面性考察，选择和设计适宜的活动内容和教学方法，充分发掘儿童的发展潜力，培养综合智能素质，使教育成为促进每一个孩子充

① 改编自：全国十二所重点师范大学联合编写.教育学基础[M].北京：教育科学出版社，2014：206.
② 改编自：Eva Essa.儿童早期教育导论[M].北京：中国轻工业出版社，2012：239.

分发展的有效手段。

第二节　幼儿绘本课程开发概要

一、幼儿绘本课程开发的原则

（一）开发的民主性原则

幼儿绘本课程开发是基于绘本的课程开发过程，需要不断地发现、挖掘、分析、整合、筛选和确定各种教育资源和教育经验，开发主体一般是教师、专家或其他课程参与者。在绘本课程资源开发中，除了专家和教师外还必须充分重视幼儿及家长、社区人士的主体作用，应当将涉及课程的所有人都纳入课程的编制和决策过程，要鼓励幼儿、幼儿家长、社区人士发挥自身优势，以主体的身份积极参与课程资源开发和课程建设实践，表达观点和需求，提出意见和建议，使课程更加贴近社会生活实际和大众需要。

教师作为课程资源开发的主角，不仅要学会主动地和创造性地利用资源，而且要充分挖掘其他各种资源的潜力和深层次价值，寻求家长、社区专业人士（如图书馆、绘本馆专员等）的帮助和支持。园长、教师和课程专家共同研讨、制定课程蓝图，撰写课程方案的初步计划，鼓励儿童、家长和社区人士自觉、自发地利用可用资源，为实践、探索性活动服务，发挥自身优势，积极配合教师，共同参与课程开发，体现出课程开发的民主性、开放性和合作性。

（二）资源的适宜性原则

1. 课程资源以幼儿发展为本

幼儿绘本课程资源的开发需要以幼儿发展为本，在设计与实施的全过程中，透彻地理解儿童的发展以及绘本与儿童发展之间的关系，力求幼儿绘本课程与儿童发展的水平、能力、需求、兴趣、喜好相匹配。这涉及对儿童身心发展的年龄特征和规律的认识，以及对儿童的个体性发展水平的认识。在设计幼儿绘本课程时，要综合考虑儿童发展的共性与个性、多样性与典型性的问题。

2. 课程资源的结构要合理和平衡

幼儿园要因地制宜、因时制宜，尽可能地开发有益于绘本教育教学活动的潜在的课程资源。教师可以运用现代信息技术自觉、自发地寻找并整合绘本课程教学资源和资料，广泛地挖掘、搜集和利用园内外一切可能的课程资源，如绘本资源、教学参考书、教具、学具和音像资源。在课程资源的结构方面，既要考虑课程资源在各领域教育中的运用，包括社会领域、科学领域、健康领域、语言领域、艺术领域，又要考虑到游戏活动、户外活动、区域活动、综合性主题活动、节日活动以及一日生活中各个环节可利用的资源。

3. 重视家庭资源和社会资源

在课程开发中，幼儿园要重视使用家庭和社区的资源。日本、美国等国家都提倡充分利用家庭和社区资源对儿童进行教育，促进儿童在体力、认知、情感、社会性、语言、审美等方面的最佳发展。[①] 在家长资源方面，幼儿园要发掘家长的特长优势，主动与幼儿家长合作，邀请家长走进幼儿园，开发利用家庭资源为幼儿教育服务；在社会资源方面，既要“走出去”也要“请进来”，发挥社区人力、场所、环境资源的作用，着重开发博物馆、图书馆、美术馆、绘本馆等独特的社区资源的价值，带儿童走进社区开展教育活动。

（三）内容的生成性原则

在《生成课程》一书中，这样解释关于课程的生成性问题：生成课程要付出较多的工作，但也享受较多的乐趣。为什么要运用生成课程？玛格丽特·米德认为预先包装的、合理的、常规化课程常因为涉及许多变量而效果不好，她在美国早期教育学会(NAEYC)年会所做的一次演讲中描述这种状况为“超级的乏味”，意味着我们剥夺了儿童的热情和应答的机会；教师不应成为屈服的榜样，而应当成为明智地解决问题的榜样。[②]

幼儿绘本课程内容的生成性体现在课程的计划性与自发性关系上。教师在既定的课程计划中，可以根据班级里孩子的具体情况和教师在课程实践中发现的问题作出灵活性的调整。幼儿绘本课程开发和运作过程会伴随活动过程中一系列非预设性、不确定性和动态性的教育事件发生变化。课程内容的生成性需要充分发挥教师在课程发展过程中的能动性、创造性，依据现有的既定的课程资源，在师生间的互动、对话中发现幼儿新的需要和兴趣。基于科学的儿童观、教育观和教育实践中的顿悟、灵感和创造，跟随儿童的发展和学习需要，在具体情境中不断调整、发展、完善、生成新的课程。换句话说，课程开发的过程是一个行动研究的过程，教师在课程实施中不断发现问题，调整和改善教学内容和教学策略，解决的问题就是使课程目标、内容组织和实施与儿童的发展之间达成动态平衡。

（四）形式的多样化原则

1. 活动方式的多样化

多样化的活动方式是将幼儿个人学习、小组学习与集体学习有效地结合起来，引导幼儿主动学习。例如，集体教育活动可以按领域划分为健康活动、社会活动、语言活动、艺术活动和科学活动；游戏活动可以展开运动游戏、角色游戏、建构游戏、益智游戏、探究游戏、语言游戏、艺术游戏、科学游戏、数学游戏以及综合性游戏等；还可以通过区域活动、日常生

---

① 茹荣芳.园本课程开发与教师专业发展[M].北京：清华大学出版社，2014：34.

② 伊丽莎白·琼斯，等.生成课程[M].上海：华东师范大学出版社，2004：129.

活活动、节日和娱乐活动等丰富儿童的活动体验，让幼儿在生活化的情境中获得丰富的感性经验。此外，还可以开展亲子运动会、亲子共读、郊游活动、参观美术馆和图书馆等活动，将幼儿的学习延伸到家庭、社区、大自然。多样化的活动形式不仅能提高幼儿参与的兴趣，还可以发挥家庭和社区中的教育资源。

2. 学习方式的多样化

绘本资源的主题、特点、形式不同，幼儿体验、学习的方式也有所不同。有的绘本资源适宜和领域教育结合，例如，科学或数学类绘本可以结合绘本内容设计相应的科学活动。绘本《声音是移动的》通过图文结合的方式告诉读者声音是怎么来的、如何传播的，以这本绘本为素材，可以挖掘其多样化的教育形式。例如，让儿童跟随绘本内容听一听各种声音，如高压锅的噗噗声、流水的哗哗声、切菜的嗒嗒声、小汽车的滴滴声、小朋友咯咯的笑声等；还可以观察科学小实验感知声音的“振动”；了解耳朵的构造和作用；开展关于声音的“问答赛”等。有的绘本适合开展综合性的主题活动，例如借由绘本《下雨天》开展与“雨”有关的各种综合性的活动。有的绘本适合放在区域中，作为儿童自主阅读和操作的材料，如绘本《过年啦》是多种互动形式结合的立体书，儿童可以通过翻翻、拉拉、看看等动手又动脑的方式感受过春节、贴对联、穿新衣、发红包等节日体验。

（五）材料的丰富性原则

1. 在儿童的学习材料方面，丰富的课程材料能极大地激发儿童的学习兴趣

课程中的教具、学具、玩具等材料应尽可能丰富、多元。例如，在建构游戏中为儿童提供符合其年龄特点和能力水平的积木、拼图和拼插玩具；在表演游戏中提供戏剧化的服装、道具、帽子、鞋子、配饰等。对于幼儿绘本课程来说，教师要善于发现绘本与材料之间的关系，发掘材料的可能性。例如，绘本《好饿的毛毛虫》讲述了一只小毛毛虫吃啊吃，吃了很多东西后变成一只漂亮蝴蝶的故事。在这个绘本相关的活动中，教师可以尽可能地开发活动材料，如利用纸质材料（卡纸、瓦楞纸等）设计桌面游戏——毛毛虫拼图、毛毛虫转盘、影子配对、给毛毛虫喂食等；还可以用布质材料（不织布、棉布等）进行毛毛虫制作；还可以采用其他生活材料如彩色吸管、乒乓球、蛋托、一次性纸杯等设计更多的好玩有趣的活动。

2. 在教师的教学资源资料方面，注意加强现代信息技术与教学资源、材料的整合

一方面，教师可以通过信息技术收集、整合社会、文化、自然情景中能够激发幼儿学习兴趣和求知欲的素材，建立课程教学材料资源库，包括影音材料（绘本 PPT 材料、音频、视频等）、图片材料（图画、插画等）、语言文字材料（童谣、诗歌、故事等）。另一方面，通过信息技术对各种类型的材料进行科学分析和研究，将这些材料灵活运用于教育的实际操作之中，促进现代信息技术与幼儿园教学的整合。这既是现代教师应具备的基本能力，也是利用现代教学资源的重要途径。

二、幼儿绘本课程开发的流程

课程的开发和实施是一个复杂又严谨的过程，往往需要几年甚至更长的时间去完成这项工作。崔允漷认为课程开发的活动方式是一种多样化的框架。从开发范围来看，有全部课程、部分课程、单项课程和非定向课程；从开发主体来看，可以是教师个体、教师小组、教师全体、校外机构或个人等；课程开发的活动方式有选择、改编、整合、补充、拓展和新编等。[①]

课程开发过程中需要协调、整合幼儿园、家庭、社区等多方的力量和关系，以制定科学的、符合现代社会和现代儿童需求的课程方案。课程开发需要遵循基本的工作进程，按照一定的程序和步骤进行。如图 4-1 所示，幼儿绘本课程开发的基本流程如下。

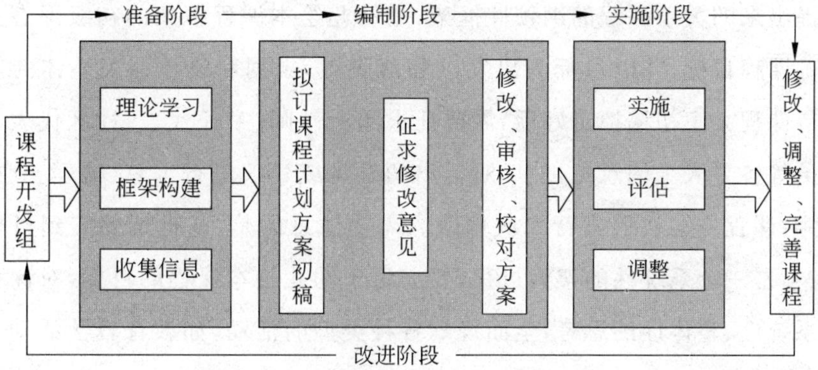

图 4-1　幼儿绘本课程开发的基本流程

（一）准备阶段

在课程开发的准备阶段，首先，需要确定课程开发组，这是编制课程方案的基本保证。开发组人员一般由幼儿园园长、骨干教师、课程专家、家长代表、社区代表等组成，各方根据自身的优势合理分工，相互配合，共同参与课程的开发与实施工作。其中，课程专家、园长和一线教师是课程开发的主体。在准备阶段，需要以先进的教育理论为指导，学习有关儿童心理学、教育学、课程论等理论知识，掌握课程开发与建构的基本知识和社会最新的教育理念和观点。其次，需要构建课程的框架的基本思路，如规划幼儿园总体课程、决定各类型活动的比例、制定季节性的作息安排、搭建课程资源库等。最后，还需要在此阶段开展信息收集、分析与整合的工作，包括课程现状信息、绘本资源的信息、教师及幼儿情况信息以及各种图书资料、设备信息等（表 4-4）。对于工作繁杂的幼儿园教师来说，这些理论学习和信息收集的工作无疑会占据大量的时间和精力，是一项有挑战性的任务。

① 崔允漷.校本课程开发[M].北京：教育科学出版社，2000：72-76.

表 4-4 课程信息收集与分析

类　型	主 要 内 容
背景信息	社会文化、家长期望、教育政策的变革、教育研究的发现、知识内容的革新、教法的改进等
课程信息	已有的课程基础、课程需求、课程现状和优缺点、课程资源等
教师信息	教师的能力、知识、态度、经验、价值观、综合素养等
学情信息	儿童的身心发展情况、经验与能力、兴趣与需求等
社区资源信息	人力资源、物质资源、环境场地资源等

（二）编制阶段

在课程方案的编制阶段，主要涉及拟订课程计划方案的初稿、征求修改意见和修改审核校对方案。其中，课程方案的初稿是在全面、深入、透彻地收集、整合与分析课程相关信息的基础上提出来的关于课程的纲领性框架，是幼儿绘本课程框架的初级形态。在课程框架中需要明确课程目标，并以目标为出发点和落脚点，规划和设计课程整体的活动安排和具体内容。待课程方案初稿拟定好后，需要征求园所教师、家长代表、社区代表、教育专家、教育行政人员等各方人士的意见，然后对提出的意见或建议进行汇总、梳理、分析、判断、筛选和研讨，并对课程方案初稿进行二次修改。需要注意的是，从框架落实到目标制定再到形成方案，应当是一个系统性的架构过程，要立足于幼儿绘本课程的目标，对课程各方面和各环节进行系统性、整体性的思考，全面规划各种类型的活动，如教育教学活动、游戏活动、区域活动、生活活动、家园活动等。

（三）实施阶段

在课程方案的实施阶段，教师需要完全领会课程方案计划的精神和文本内容，利用整合好的绘本课程资源和其他教育资源，把新的教育理念转变为教师的教育教学行为，并在日常生活和各类教育活动中不断对自己的课程与教学进行反思，对已有的知识和经验进行重组使其能够适应课程的要求。这就需要教师在实践中学习、在行动中反思，为后续课程的改进、调整提供有力的支持。在组织和开展课程的过程中，教师需要实施课程、进行课程评价、及时调整课程和记录相关信息。

（四）改进阶段

在课程实施一段时间后，需要对课程的开展情况进行阶段性的追踪评估，发现课程中出现的方方面面的问题，及时调整、改进和完善课程方案，使课程更加符合幼儿园的实际情况和儿童发展需要。幼儿绘本课程的开发是持续性、动态性的行动过程，是以先进的理论为指导，理论联系实际，在实践中对教学活动进行诊断和评价、研究与分析，经过反复的探索与实践，从而引发课程的不断变革和完善。在课程改进阶段，无论哪个环节，教师都要面对从理论到实践的转换,因而教师的课程意识包括课程设计意识、目标意识、开发意识、评价意识和创新意识等都能够得到极大的提升;同时,教师的教学能力、研究能力、解决实际问题的能力、课程开发和建设能力也会在循环往复、螺旋上升的课程建设中得到锻炼和提高。

三、幼儿绘本课程开发中的教师和儿童

(一) 幼儿绘本课程中的教师

1. 教师是课程资源的发现者

作为课程资源的发现者,教师要认识到绘本对儿童发展的优势以及绘本资源在幼儿园课程建设中的价值,挖掘潜在的教育资源,积极、主动地探寻与课程相关的绘本,将搜集到的绘本资源整合起来,建立绘本资源库。比如建立关于"身体健康"的绘本资源库时可以搜集《我们的身体》《身体有个小秘密》《解密人体》《肚子里有个火车站》《牙齿大街的新鲜事》《可爱的身体》《DK 儿童人体百科全书》《屁股》《我的身体,这是什么》《从头到脚》《嗨,身体的各位》《我的弟弟出生了》《我是女孩,我弟弟是男孩》《小威向前冲》等与身体、健康相关的纸质绘本与电子绘本,为课程开发创设必要的物质条件。

2. 教师是课程资源的整合者

教师是绘本课程教育资源的整合者,承担着整合各方面教育资源的责任。在建立绘本资源库后,教师需要将这些绘本资源做归类分析,加以记录、整理、归类,建立专项资料库,以全面把握各种资源的表现形式和数量。例如前文列举的关于身体健康的绘本,从主题上可以分为身体结构、身体部位或器官、性教育、性别、健康习惯等;从材质上可以分为纸质书、电子书;从绘本表现形式上可以分为科普类、故事类、互动类、游戏类;从受众年龄上可以分为婴儿绘本、低幼绘本、幼儿绘本等。通过这样的归类、分析、整合,教师可以根据课程内容需要、儿童年龄特点、儿童兴趣需要、教学手段和条件的需要来灵活选择和利用适宜的绘本资源。

3. 教师是幼儿绘本课程的设计者

对于幼儿绘本课程的开发与实施,教师并不是单纯地执行课程,完成教学任务,而是要参与课程方案的编制,做绘本课程的设计者,参与课程方案的制定、实施、评价和反馈、修改和完善等各项工作。例如绘本课程资源库建设、课程总体规划、各类活动安排、不同季节作息安排、课程教学实施与评价、课程方案调整和发展等。

再者,教师需要把握和考虑以"班"为基点的课程设计和实施问题。《规程》指出,教师要"结合本班幼儿的具体情况,制订和执行教育工作计划,完成教育任务"。由于每个班级

的班级文化，儿童的发展水平、兴趣、喜好、能力、需要等各方面均存在一定差异，因此在班级内落实绘本课程需要教师对课程进行“再设计”和“再加工”，立足于本园、本班儿童，以幼儿为本，根据幼儿的实际情况和教育需求灵活调整课程方案的呈现形式和教学方法，发挥教师在课程建构中的创造性。

在扮演课程的设计者、建构者角色时，教师需要注意以下几个问题。

(1) 课程的全面性和系统性。在制订课程计划时，需要考虑学年计划、学期计划、月计划、周计划、日计划之间的系统性问题，避免课程内容的“碎片化”，同时还需要思考课程内容在家庭教育和社区教育中的延伸问题，确保教育影响的全面性。

(2) 活动的趣味性。教师设计的活动要能够寓教于乐，能激发儿童的兴趣，使其积极主动地参与各种类型的活动。例如在进行关于“美食”的活动时，教师可以先和幼儿一起阅读《环游世界做苹果派》，这本书讲述了一个小女孩环球旅行做苹果派的故事，她需要意大利的小麦、巴黎的母鸡、斯里兰卡的肉桂树皮、英国的牛奶、牙买加的甘蔗、美国佛蒙特州的苹果等。奇思妙想的故事、夸张有趣的情节会极大地引发儿童的兴趣，教师可以跟随儿童的兴趣设计各种制作美食的活动。

(3) 课程团队的协作性。通常情况下，一个班级会有三位老师执教，虽然分工有所不同，但每位老师都是儿童的教育者，对课程的实施都有着重要的影响。因此可以发挥团队协作的精神，构建班级、年级、园所中的“课程研发团队”，同时调动家长的积极性，使其共同参与课程建设。

4. 教师是教育活动的引导者

教师作为活动的引导者，不仅要注意为儿童创设良好的活动环境，提供适宜儿童活动的材料，还需要注意引导的时机问题，因人、因时、因地、因事而异，灵活指导；注意把握尺度，引导而非掌控，使教师的引导能真正促进儿童在原有的水平上获得发展。《规程》指出“根据幼儿的实际经验和兴趣，在游戏过程中给予适当指导”。当儿童在学习过程中遇到了新经验或新情境，或遭遇问题、困难时，教师可以通过提问、提供线索或建议的方式指导幼儿，为儿童提供支持性的引导。可以说，教师的有效引导是儿童进一步学习的基础，可以帮助儿童扩充已有经验，解决困难，走出困境。

5. 教师是教育活动的参与者

不同的教学活动中，教师扮演的角色有所不同。在集体教学活动中，教师是教育活动的组织者，教师需要根据教育目的和课程目标、教育内容和要求，有计划、有针对性地使用各种教学方法和手段，引导儿童在创设的环境中学习和主动建构经验；在小组的、个别的教育活动中，教师可以扮演参与者的角色，以平等的姿态和儿童一起活动，耐心倾听儿童的心声，满足儿童的兴趣，支持儿童的行动。当儿童遇到问题时，教师可以扮演支持者和参与者的角色，鼓励儿童发现和尝试解决问题，在活动中以平等的态度和儿童愉快地交往、相互作用，建立宽松、自由的关系。

（二）幼儿绘本课程中的儿童

1. 儿童是课程参与的主体

在课程中教师、儿童、教学内容和手段、教学方法、教学环境和材料是相互联系的。虽然儿童不直接参与课程的开发与设计，但他们的兴趣、需要、主动性、积极性都会影响到课程的组织与实施。在《项目教学法》的序言中曾提到过一个教学实例[①]，或许能说明这个问题。

两个班级的孩子都在进行着美术活动。其中一个班是制作木偶，儿童将模板上的枫叶的轮廓画到绿色或黄色的美术纸上，画上一张脸，黏上一根冰棍棒。另一个班，孩子用相似的纸剪了六张正方形的画，按故事发生的顺序把每张画黏到彩色美术纸上，用图画来讲述三只小猪的故事。在活动中，大多数孩子似乎都把画黏在了正确的位置，但有几个孩子黏反了。许多孩子似乎对胶水的性能比对故事的顺序更感兴趣。虽然两个班的孩子都饶有兴趣地参与了活动，但一个剪枫叶的女孩子对她的伙伴说："你知道吗？这傻极了。但我妈妈会喜欢。"

在这个案例中，虽然教师给儿童提供了各种活动材料，但儿童在活动中是不是真的能调动学习的兴趣、主动性和积极性，会直接关系到教学内容能否被儿童接受和认可，也会影响到他们的情绪、情感和行为。因此，教师需要注意儿童在课程中的主体地位，接纳并关注儿童在课程中的观点，细致观察、仔细倾听，和儿童一起参与教和学的过程，从他们的角度来思考和理解课程实践，从而提升儿童的学习体验。

2. 儿童是主动的学习者

在儿童的世界里，他们是主动的学习者，儿童有能力通过主动学习来获得经验。"儿童文化是诗性的、游戏的、童话的（或神话的）、梦想的，是好奇的、探索的……是转变的、生长的。"[②]高瞻课程的教育理念曾提出"主动学习"的概念，即"由学习者发起的学习"，意在激发儿童的学习动机，让他们在良好的活动环境中积极主动地参与活动，从而建构自身的知识经验。在绘本课程的开发与实施过程中，应当注意儿童学习的自主性，培养他们主动学习和探究的习惯。

---

① 莉莲·凯兹，等.项目教学法[M].南京：南京师范大学出版社，2007.

② 刘晓东.儿童文化与儿童教育[M].北京：教育科学出版社，2006：34-35.

思考与实践

1. 怎样理解幼儿绘本课程开发?
2. 多元智能理论对绘本课程的影响是什么?
3. 结合实例阐述幼儿绘本课程设计原则。
4. 如何理解教师与儿童在幼儿绘本课程开发中的角色定位?

第五章　多元视角下的幼儿绘本课程

【内容导航】

幼儿教育是一个开放的系统。园内，幼儿通过一日活动和课程获得发展；园外，幼儿从家庭和社区获得经验。幼儿园教育、家庭教育和社会教育互相联系，彼此影响。绘本除了运用于幼儿园的课程外，还可以运用在一日生活和家园合作中。本章将带领读者以多元的视角审视绘本在幼儿园一日活动和家园中的渗透与应用。

【学习与实践目标】

- 理解绘本在幼儿园一日生活中的运用。
- 知道绘本对家园合作的意义。
- 理解并掌握绘本在家园合作中的运用方式。
- 能够在分析绘本的基础上设计家园绘本共育活动。

【知识框架】

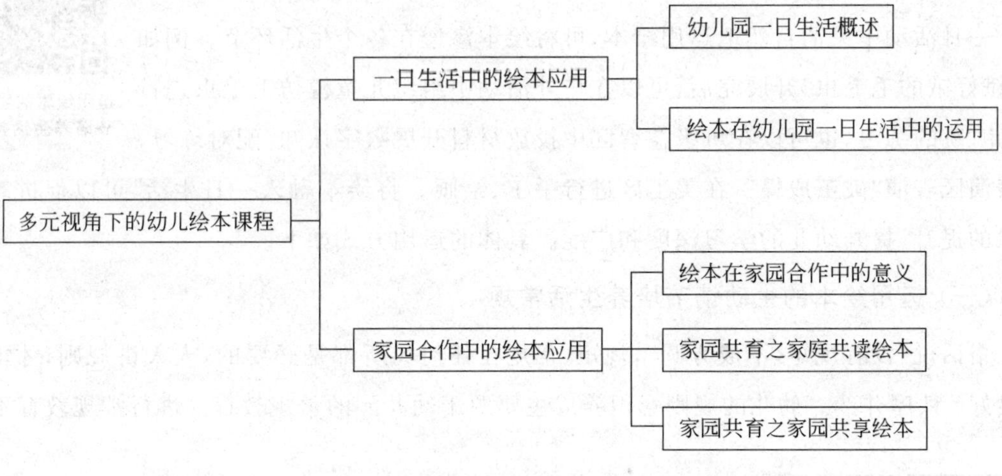

第一节　一日生活中的绘本应用

一、幼儿园一日生活概述

幼儿园的一日生活通常可划分为入园、盥洗、进餐、喝水、如厕、自由活动、午睡、离园及集体教育等环节。在诸环节当中,除集体教育活动外,其余都是为了保障幼儿身体健康,充满了浓厚的生活气息,统称为生活活动。① 幼儿园的一日生活蕴藏着教育契机,包含丰富的教育资源。一日生活的每一个环节都具有教育价值,应该充分挖掘每个环节的教育资源,把教育与一日生活紧密结合起来。

生活活动在内容上是丰富多彩的,在形式上是灵活多样的,有室内活动和户外活动,有集体活动和自由活动等。《纲要》指出幼儿园教育"应渗透在多种活动和一日生活的各个环节中",幼儿园要遵循"一日生活皆教育"原则。生活化的活动可以满足幼儿探索求知、体验表达的需要,能丰富知识,提高能力,促进幼儿发展。

有学者提出"幼儿园课程即幼儿一日活动的总和,一日生活管理针对各种活动进行组织安排,因此一日活动质量的高低也反映着幼儿园课程的质量"②。一日生活中的活动多样而繁杂,需要对各种活动的组织与安排进行整体优化。一日生活中的活动安排既要有相对的稳定性又要有一定的灵活性,这样既能培养幼儿的秩序感,又能满足幼儿多样化需要,保持幼儿在园生活的愉悦感与幸福感。

二、绘本在幼儿园一日生活中的运用

一日活动中灵活自然地运用绘本,可将绘本渗透在各个生活环节。例如《好饿好饿的毛毛虫》开展完后,可以在户外活动中组织儿童模仿毛毛虫进行爬、跑、跳的练习,也可以在班级益智区中投放材料开展数字认知、配对练习,在表演区表演"破茧成蝶",在美工区进行手工、绘画。将绘本融入一日生活,可以促进教育效果的提升,提升幼儿的学习深度和广度。具体的运用方式如下。

运用绘本的生动情节培养生活常规

(一)运用绘本的生动情节培养生活常规

俗话说"没有规矩,不成方圆",规矩、常规在任何场所都是必要的,人人讲规则,才能风气良好、秩序井然。幼儿的规则意识养成主要源于幼儿园的常规教育。进行常规教育不能

---

① 宋文霞,王翠霞.幼儿园一日生活环节的组织策略[M].北京:中国轻工业出版社,2012:10.

② 戴璐,王春燕.幼儿园一日生活管理现状分析[J].学前教育研究,2013(11):54.

只靠说教,更需要在一日生活中践行。喝水、吃饭、如厕、午睡时,教师都可以对幼儿进行相应的引导和约束,让幼儿知晓哪样是对的,哪样是错的,什么是应该做的,什么是不能做的。幼儿园的一日生活蕴含着巨大的教育价值,如常规培养、习惯养成、道德熏陶等,这往往需要日复一日的练习和积累。教师将生活中的基本规则和要求规范化和制度化,长久下来幼儿逐渐形成内化意识,自觉规范自己的言行,为以后的学习、生活打下良好基础。

幼儿常规教育要以正面引导为主,那如何给孩子说"不"呢?绘本就是优秀的教育素材。例如《狮子爸爸的茶会》《排队啦排队啦》《和甘伯伯去游河》告诉幼儿"规则"的力量,遵守规则才可以实现想要的结果;《大卫不可以》让幼儿知道踩板凳爬高、不讲究卫生、在家乱吵、不按时睡觉、在屋子里乱扔玩具、不收拾房间等都是不好的行为。绘本通过生动形象的图画和情节,利用幼儿爱模仿的天性,告诉他们基本的生活常规,让幼儿在轻松的氛围中养成好习惯。

(二)运用绘本的便捷性充实过渡环节

一日生活中活动类型多样,各活动之间的衔接直接影响到活动进行的质量。[①] 看似零散而短暂的过渡时间,实则在活动中发挥着至关重要的纽带作用。教师有必要关注活动之间的转换与过渡环节,抓住教育契机,采取有效策略,开展各种具有教育价值的活动。

幼儿园一日生活既包括生活活动如盥洗、午睡等,也包括教学、游戏等活动,不同类型活动间的转换与过渡更能体现幼儿园教师的教育智慧,反映幼儿园教师的专业素养。[②]《纲要》规定"尽量减少不必要的集体行动和过渡环节,减少和消除消极等待现象"。过渡环节可能只有几分钟,也可能是十几分钟,虽然时间比较短,但是如果不合理安排,幼儿可能会因为等待的无聊而互相打闹或进行比较散漫的自由活动,这样既显得没有纪律感,同时又有可能造成意外的伤害。所以可以组织幼儿阅读绘本,以此对幼儿进行集中管理。[③]

一般幼儿绘本篇幅较短,较为适合用于活动之间的过渡。例如午餐后到午睡前的时段不宜安排孩了做激烈的运动,以安静活动为主,幼儿可以做手工、看绘本,在五颜六色的图画中感受到生活的多姿多彩;午睡起床这段时间一般比较长,有的幼儿起床穿衣速度快,有的需要较长时间清醒,这段时间教师也可以选择适宜的绘本故事,读给已经就位的儿童听,顺便等待速度稍慢的儿童;排队如厕、喝水、等餐时间,可以跟幼儿一起回想听过的绘本故事,或者说说最喜欢的绘本故事。

(三)运用绘本的有趣故事发挥生活环节的教育价值

教育家陶行知提出"生活即教育",主张把教育与生活融为一体,一日生活皆课程。绘

---

① 朱细文.积极对待幼儿园一日生活中的过渡环节[J].学前教育研究,2004(2):46.

② 戴璐,王春燕.幼儿园一日生活管理现状分析[J].学前教育研究,2013(11):54.

③ 黄振华.解析幼儿园一日生活的过渡环节[J].中国校外教育,2019(6).

本因为独特的画面感、真实感可以应用于一日活动中的各个环节，使一日生活更具有教育意义。在各个生活环节中儿童可以掌握更多的技能和知识，例如4～5岁的幼儿要学会使用筷子、有顺序地穿脱衣物、不挑食等；5～6岁的幼儿要独立进餐、独立盥洗、独立刷牙、会整理自己的玩具及用具等。[①] 绘本用通俗易懂的语言、幽默风趣的图案和幼儿易于理解的情节向儿童展示生活中各个方面的小知识，有助于培养幼儿基本的生活能力。如佐佐木洋子编绘的《噼里啪啦》丛书，分别描绘孩子在刷牙、洗澡、游玩、吃点心等各种时候所碰到的问题，以风趣的方式教会他们人生最初的知识，帮助幼儿安排快乐的一日生活。

1. 盥洗环节

幼儿园的盥洗活动包括洗手、漱口、洗脸、梳头等。小班幼儿不懂盥洗的步骤和重要性；中大班幼儿容易洗漱不认真，打湿衣袖、鞋袜等。可以在盥洗环节引入相应主题的绘本，让幼儿形成正确、良好的卫生意识，培养好习惯。例如针对幼儿不喜欢漱口、刷牙这一现象，教师可以运用绘本《鳄鱼怕怕牙医怕怕》《没有牙齿的大老虎》《牙齿大街的新鲜事》让儿童了解刷牙的重要性，从而养成良好的清洁卫生习惯。

2. 进餐环节

进餐环节常常出现幼儿挑食、偏食现象，可以借助《好喜欢吃蔬菜》《我绝对绝对不吃番茄》《苦菜疙瘩汤》《蔬菜的本领》告知幼儿不吃蔬菜容易生病，吃肉又吃蔬菜才可以长得高、跑得快。关于良好的进餐习惯培养，可以借助绘本让幼儿通过故事知道哪些是吃饭的坏毛病，自觉养成健康的饮食行为习惯。例如《肚子里有个火车站》讲述了小女孩茱莉亚因为暴饮暴食、吃冰激凌等坏习惯遭到了肚子火车站里小精灵抗议、罢工的故事。关于饮食健康的绘本还有很多，如《我为什么要好好吃饭》《不可思议的外卖》《第一次做面包》《饭先生和菜小姐》系列(包括《饭扫光星球》《流口水星球》《神奇的蛋糕派对》等)。

3. 如厕环节

曾有教师遇到小班幼儿因为环境陌生而不习惯，拉不出大便的情况，于是老师陪同幼儿阅读《我要拉粑粑》，借助书中小动物自己上厕所的情节打消幼儿羞于表达的顾虑，与幼儿约定“有便意时可以悄悄告诉老师”，鼓励儿童想上厕所时要敢于表达，不久之后幼儿在幼儿园大便已经成为一件很平常的事情。跟如厕相关的绘本有《小猪拉臭臭》《大家来大便》《所有人都要嗯嗯》《宝宝会尿尿》等。

4. 午睡环节

午睡时小班幼儿经常遇到的问题是不会穿脱衣服，教师可以借助《穿衣服真麻烦》《阿立会穿裤子了》《光溜溜穿衣服》来告诉孩子为什么要穿衣服、怎样穿脱衣服。中大班幼儿的常见问题是不能较快安静下来，教师可以在这个时候给幼儿阅读优美的文学作品，播放

---

① 李子健，等.幼儿园园本课程开发的理论与实践[M].北京：人民教育出版社，2009：151.

轻柔的音乐，帮助幼儿入睡。

5. 入园、离园环节

入园意味着一天活动即将开始，教师为幼儿创设一个舒适的环境，有利于一天活动的展开。良好的晨间阅读环境是一个好的开端，能够让幼儿快速融入集体。离园活动时，教师可以鼓励幼儿阅读自己想看的绘本，如条件允许的话，幼儿可以将喜爱的绘本借阅回家，开展亲子阅读活动，促进家园合作。

第二节　家园合作中的绘本应用

一、绘本在家园合作中的意义

对所有人而言，阅读应成为一种生活方式，同样，阅读也应该成为孩子的一种生活方式，因为阅读的兴趣和习惯应该从小养成，长大后才更能爱阅读、会阅读。教育应当不断激发孩子们的阅读兴趣，让他们学会正确的阅读方法，并且创设一切有利于孩子开展阅读的条件，支持、鼓励他们去阅读。只有这样，阅读才可能成为孩子生活乃至生命的一部分，成为孩子成长的助力。

美国诗人惠特曼写过一首诗，名为《有一个孩子向前走去》，诗中写道：有一个孩子每天向前走去，他看见最初的东西，他就变成那个东西，那东西就变成了他的一部分，如果是早开的紫丁香，那么它会变成这个孩子的一部分，如果是杂乱的野草，那么它也会变成这个孩子的一部分。书籍是一个多元的世界，在孩子向前走去的路上，给孩子选择真、善、美的图书，让真善美变成孩子的一部分。读书是养心的智慧，种桃，种李，种春风，养花，养草，养心灵。学校、幼儿园是文化场所，如果能培养孩子读书的好习惯，那将会让孩子受用终身。

在家庭中，亲子绘本阅读活动是亲子活动的重要方式之一，能够引起儿童的阅读兴趣，使儿童提高阅读能力及培养阅读的习惯，支持幼儿多元智能的发展，起到阅读启蒙的作用。家庭亲子阅读是父母或其他抚养者和儿童在家庭轻松、愉快的氛围中共同阅读图书的亲子活动，在阅读绘本过程中亲子双方会体验到幸福感。

松居直认为家庭和幼儿园拥有共通的文化、语言和影像，对幼儿来说，是不可取代的成长动力。亲子绘本阅读不仅是早期阅读的重要形式，还是亲子互动的一种重要方式，它能够使孩子在父母营造的幸福、快乐的氛围中增进父母和孩子之间的感情。

二、家园共育之家庭共读绘本

亲子绘本阅读是亲子之间传递情感和知识的过程，更是孩子享受父母爱的过程，要让亲子绘本阅读成为一种家庭生活方式，让孩子在阅读过程中，品味书香、感受亲情、快乐成长。父母是鼓励孩子阅读的主要力量，通过幼儿园这一纽带，各个家庭独立、分散的亲子阅读活动可以联系在一起，促使绘本阅读的开展形式更加活泼、多样，绘本阅读的氛围更加浓厚。

家庭共读绘本，父母的伴读对于培养幼儿早期阅读的兴趣非常重要。父母柔和的声音、温暖的怀抱、独有的气味、慈祥的目光、开心的微笑随着故事情节深深印入孩子的脑海，以后生命中任何一天听到这个故事，感受到的都是父母的关爱和深深的幸福感，这种感觉对于幼儿拥有积极的人生观具有重大意义。

（一）家庭绘本朗读

朗读是阅读的一种重要形式，是运用普通话，将读物的文字、所要表达的内容讲出来。如果说，绘本的图画具有传情达意的功能，那么朗读则是读者表达对绘本的感受和理解的、传情达意的方式。曹文轩曾说有人问他："究竟有什么办法让孩子喜欢阅读?"他的回答是："朗读——通过朗读，将他们从声音世界渡到文字世界。"朗读表达着读者对文字、对图画的感受，表达着文字、图画蕴藏的语言韵味、思想、形象、情绪、情感，同时朗读也加深着朗读者自己和听众对所读内容的感受。绘本朗读有原文朗读、配乐朗读、分角色朗读等形式。

1. 原文朗读，品味书香

原文朗读是按照绘本本来的文字从正文开始读到正文结尾，一般开始之前也要朗读书名。阅读过程中不增减、不改变原文。原文朗读重在原原本本、原汁原味。朗读者边翻页边朗读，一般中间不停顿、不被打断，充分享受原文之美。

适于原文朗读的作品大多文字优美，文字能完整讲述故事。比如《一片叶子落下来》这本书，整篇文字或叙述或抒情，娓娓道来，浸润人心——"在春天的微风中，它们学会了跳舞；在夏日里，它们懒洋洋地晒太阳，让雨水给它们冲凉……弗雷迪真高兴他是一片叶子。他爱这根树枝，爱他这些轻盈的树叶朋友，爱他这高高在空中的地方，爱轻轻吹动它的风，爱温暖他的阳光，爱在他身上投下洁白、柔和的影子的月亮……"这本书用自然、真挚的文字，表达了对生命的思考。文中是树叶间的对话，是树叶的心情，何尝又不是人与人的对话呢！原文朗读让文字更有生命，文中的形象、思考在声音中展开来，随着孩子倾听进入孩子心里，虽然孩子现在不能深刻感受，但它会留存在孩子的记忆中、情感中。

由于幼儿识字不多，一般不能完成原文朗读。原文朗读更适于家长读、幼儿边听边看，除了享受图画的美以外，更感受文字的美、意境的美。像《一片叶子落下来》这样的作品，如果没有原文朗读，孩子基本从绘本中知之甚少；再如《黎明开始的地方》《花婆婆》《日月颂歌》《世界为谁存在》等。原文朗读时配以适宜的音乐是非常好的选择，能够增强绘本及朗读的感染力。有些绘本文字非常少甚至无字，也可以采用成人朗读方式讲给孩子听；如果家长深入读懂绘本，组织好语言，就能更好地支持幼儿理解绘本。

2. 亲子朗读，朗读之趣

亲子朗读，顾名思义是家长和幼儿共同参与的朗读，亲子朗读绘本让故事讲述更加绘声绘色、惟妙惟肖。亲子朗读形式活泼，家长和幼儿有更多的互动和情感交流，能够提高幼儿阅读兴趣和阅读能力，建立和谐温馨的家庭氛围，也有助于合作意识和能力的培养。

幼儿的语言表达尚处于发展过程中，他们识字有限，不容易记住并讲出长的、具有书面色彩的语句，所以那些语言口语化、形象简洁、富于节奏感、情节重复性强的作品更适合于亲子朗读。比如《好饿的小蛇》语言简洁、重复性强、富于节奏感，而且语言形象有趣。“好饿的小蛇扭来扭去在散步……它发现了……你猜猜，好饿的小蛇会怎么样？好饿的小蛇扭来扭去在散步……它发现了……你猜猜，好饿的小蛇会怎么样？”这样的绘本适合幼儿对绘本比较熟悉之后亲子共同朗读，在开始阅读的过程中家长可以注意幼儿对哪些部分感兴趣，共读时根据幼儿的兴趣把相应部分留给幼儿，慢慢地，幼儿讲得会越来越多、越来越生动。一般而言这个绘本中的“扭来扭去”“一个圆圆的苹果”“好饿的小蛇会怎么样？”“啊呜——咕嘟！啊——真好吃！”都是幼儿感兴趣的地方，他们甚至会夸张地表达。

还有很多绘本既可以原文朗读，也可以讲讲说说，比如《好饿的毛毛虫》《树真好》《猜猜我有多爱你》等。除了家长朗读和亲子朗读之外，幼儿也可以成为小小朗读者，孩子会在自主讲述故事中提升阅读能力。

（二）绘本剧表演

表演游戏是幼儿很喜欢的一种游戏方式，绘本通过图画的方式展现人物的动作表情，使绘本更易于转化为戏剧表演，表演的过程也是把阅读者对绘本的理解表现并且升华的过程。通过模仿绘本中各种角色的动作、表情、语言体会他们的心理和感情，在这一过程当中，表演者被带入了绘本的世界，也把观众带入了绘本的世界。

绘本剧表演让家长和孩子在亲子合作演绎绘本当中感受到亲情和快乐，也给孩子、家长表现自我，展示才华的舞台。演出作品的题材应是幼儿熟悉和喜爱的绘本，一个绘本适不适合表演，取决于幼儿阅读中表现出来的表演兴趣。大部分幼儿是天生的表演者，从他们自发的娃娃家游戏、从他们自发的表演喜欢的动画片可以看出来。当然继续挖掘幼儿的表演兴趣和表演才能也需要成人的加入和鼓励、引导，要赞扬他们的表演、提供道具等支持他们的表演，热情参加他们的表演等来增强他们的表演兴趣。

绘本表演既可以由一个家庭来完成，也可以由不同家庭共同完成，还可以和老师合作完成。从绘本选取到改编，以及背景音乐的选用、道具制作等都由家庭成员完成。绘本剧表演是不拘一格的，不一定是班级或幼儿园正式的表演舞台，也可以是简单地一家人边讲边演，还可以加上服装、道具、音乐等形成升级版。比如在《我们要去捉狗熊》表演中用小鼓等来制造气氛，蹑手蹑脚轻轻走时很轻地敲，紧张往回跑时急促地敲；《和甘伯伯去游河》《母鸡萝丝去散步》《一步一步走啊走》《猜猜我有多爱你》《拔萝卜》等都是很适合表演的绘本。

（三）亲子绘本制作

1. 亲子共同制作绘本，让幼儿感受到创作的乐趣

在完成绘本制作这一任务的过程当中遇到问题与解决问题，孩子的创造能力和解决问题的能力会得到明显的提升。亲子在共同创作绘本的过程当中需要注意的是，关注幼儿对问题的解决过程，给予充分的时间和机会让幼儿思考和动手操作，家长要陪伴孩子而不要代替孩子开展亲子制作。

绘本制作的题材可以来源于所读的绘本，如绘本仿作《好饿的小蛇》：后来，小蛇又去散步，还会看见什么、吃了什么、发生了什么事呢？题材也可以来源于生活，比如去图书馆时，妈妈说在图书馆要静悄悄的，那什么时候还要静悄悄的呢？一本静悄悄的绘本诞生了。再如，读了《点》我们可以做一本"点点的画展"创意书。孩子不会画画也没关系，绘本不一定是画出来的，还可以贴出来、涂抹出来，等等，开阔思路，发挥想象和创造，大家都会制作绘本。其实，孩子的制作不成书也是可以的，可以就是一页或几页，也许积累多了就成书了，也许和别的小朋友的作品能合成一本书。阅读《我的连衣裙》，你画了一条连衣裙，她画了一条连衣裙，不一样的连衣裙多了，不也可以成书吗？图 5-1 为幼儿在阅读《我喜欢》后仿作绘本。

图 5-1　幼儿自制绘本《我喜欢》（涂鸦为幼儿在像家长一样写字）

2. 读完绘本动手做一做

动手制作一则可以锻炼孩子的动手能力；二则在动手做的过程中，可以回味故事内容，增强阅读趣味。比如读完莫尼克的无字书《房子》，和孩子一起像小老鼠一样做一个纸房子，在房顶上开一扇爱心小窗；《999 个青蛙兄弟大搬家》里有一个有趣的情节，青蛙爸爸被老鹰抓上了天，妈妈和小青蛙们去救爸爸，一个连一个地挂起来成了一串，那就画画、涂涂、剪剪、贴贴做一串小青蛙吧，边贴还可以边演"爸爸，我来救你"，不是很有趣吗？读《彩虹色的花》，就做一朵彩虹色的花；读《风中的树叶》；做树叶贴画、书签；读《莎娜的雪火车》，用纸

杯做一个雪火车；等等。绘本中有丰富的手工资源，或简单或复杂一些，追随孩子的兴趣、激发孩子的兴趣，大胆和孩子去创作，会发现绘本阅读的更多有趣的事。

许多家长非常关注幼儿阅读，绘本阅读已经成为家庭阅读的主要内容。有的家长绘本阅读起步早、经验丰富，有的家长对绘本本身和亲子阅读没有多少经验和知识。幼儿园需要发挥自己的专业优势，在指导家庭阅读和促进家园之间、家庭之间的阅读经验交流中起到专业指导和纽带作用，带领幼儿和家长将家庭当中的亲子阅读变得“悦读”和“慧读”。以绘本为纽带开展家园互动活动不仅可以促进幼儿阅读能力的提升、阅读兴趣的培养，也让家园合作找到了适宜和有效的方式，使得家庭和幼儿园的教育理念、教育方式，在绘本阅读当中有更多的交流，促使幼儿园和家庭不断反思自己的教育行为，采取积极有效的干预措施，调动家长配合幼儿园活动的积极性。

总而言之，在家园共育共读绘本活动逐步开展的过程中，大多数家长看到孩子们阅读的兴趣增加以及在阅读中的收获，比如学到了知识、变得懂事，家长们也越来越发现阅读的好处。家长对亲子阅读的理解也得到提升，比如由前期的注重只识字，转化为侧重情感体验、阅读习惯的培养；在亲子阅读的内容方面，文学类的书籍明显增多、幼儿的家庭藏书明显增多、家长陪读的时间明显增长。这是绘本本身的魅力，也是阅读分享活动的促进作用，使得绘本阅读更加有趣有益。

三、家园共育之家园共享绘本

基于绘本的家园合作可以从绘本资源共享、共同开展绘本阅读活动和交流共享绘本阅读经验等方面开展。在共享绘本资源中提高绘本利用率，在共同的绘本阅读活动中丰富绘本阅读途径方式，在共享经验中提升绘本阅读水平。绘本阅读关注量的积累，要引导幼儿多读书、读好书，如果没有量的积累，即使读得篇篇是精品，孩子也难以形成良好的阅读习惯和修养。因此要提倡博览、广读，让孩子的阅读先有量的保证，再达到质的升华。

（一）建立家园绘本阅读轮换制度

建立家园绘本阅读轮换制度是合理利用阅读资源的重要举措。所谓阅读轮换机制是让幼儿交换阅读材料、共享阅读资源，进而丰富幼儿的阅读资源，提升阅读资源的利用率。一般它有一个好听的名字，叫“书香漂流活动”“绘本漂流活动”或“绘本小书袋活动”等。书香漂流活动是指通过幼儿园和家庭的共同组织让家庭、幼儿园当中的绘本资源能够在各个家庭的幼儿之间共享，是一个好书共享平台。绘本小书袋体现了幼儿阅读的数量和兴趣，还能支持幼儿培养秩序感、生活自理习惯和能力，幼儿为自己喜欢的书盖上小红花，也会促进孩子阅读兴趣的养成。

在绘本漂流活动中，还可以组织一些相关活动促进绘本漂流更有效开展，如每月适当更新图书、每月推荐活动、每月阅读榜活动、我是绘本朗读者等活动，组织家长和幼儿进行绘本交流。阅读榜如借阅数量排行榜、推荐指数排行榜、爱读宝贝排行榜等，榜单根据借阅卡登记数据、阅读记录卡数据完成。这些活动可以让家庭了解更多好书，交流阅读经验、营造浓厚阅读氛围、提高阅读积极性。

【家园活动案例】书香漂流

活动目标：

(1) 增进家庭、幼儿园间的图书共享与阅读交流，促进幼儿阅读更多优秀绘本。

(2) 体验分享的快乐，爱分享、会交流。

(3) 养成爱护图书和遵守规则的意识和习惯。

活动准备：200 种绘本图书技术单及其书单、简介；小书袋、借还书登记卡。

活动过程：

(1) 漂流书选择

① 调查幼儿及幼儿家长，列出每个家庭想读和推荐阅读的书单。

② 整理出心仪书单(表 5-1)。整理书单的目的是加入绘本漂流的是优质的、大家心仪的绘本，家庭和幼儿园可以根据书单提供漂流绘本。

表 5-1　心仪书单

序号	绘本名称	作者	想读数	推荐数	总 计

(2) 建立漂流图书室

① 漂流书简介。为了便于保护漂流书、管理图书漂流活动，漂流书采用闭架借阅方式。制作漂流书简介能方便读者了解图书，简介应包括绘本名称、提供家庭、图书数量、图书介绍、封面及摘选页面等，简介可以有电子版和纸质版两种。

② 漂流书登记。如表 5-2 所示，漂流书做好登记，并在每本书上写上幼儿姓名及书号，书号以方便查找为目的，如可根据书名首字母编号。

表 5-2　漂流书登记表

序号	绘本名称	作者	提供家庭	书号	备 注

③ 借阅登记卡。为每一本图书制作借阅登记卡，内容包括书名、书号、借还日期、推荐指数等。如能实现电子借阅会更便捷。

(3) 图书漂流规则

① 借还书。幼儿每周五借 2 本书，装入绘本漂流小书袋带回家阅读，下周五归还图书

并继续借阅，一般不中途还书。图书漂流中也许会出现遗失，如不慎遗失，不论新旧，购买归还。借还书须填写借阅登记卡。

② 爱护图书。珍爱每一本漂流图书，不涂抹、不破坏，发现破损及时修补，并告知老师。家长和幼儿一起填写“绘本小书袋”所附阅读记录卡（表 5-3）并保存完好，借阅、还书、家庭存放均使用绘本小书袋，利于养成及时整理、有序存放的习惯。

表 5-3　阅读记录卡

序号	绘本名称	作者	兴趣度	其 他

拓展阅读

图书漂流是一段文明美丽的奇妙旅程，它起源于 20 世纪六七十年代的欧洲，读书人将自己读完的书，随意放在公共场所，如公园的长凳上，捡获这本书的人可取走阅读，读完后将其放回公共场所，再将其漂出手，让下一位爱书人阅读，继续一段漂流书香。没有借书证，无须付押金，也没有借阅期限。这种好书共享方式，让“知识因传播而美丽”。如今，图书漂流的方式已不局限于投放户外一种，越来越多富有想象力的书友在投漂图书时，在投漂说明中设定了自己的漂流规则，使图书的漂流过程变得更加丰富多彩。

（二）设立家园共享绘本书架

纵然优秀的绘本层出不穷，但是儿童绘本往往价格相对较贵，对于一个普通家庭来说，跟随幼儿成长随时购买绘本也是不小的经济负担，一个家庭购买很多绘本不很现实。目前国内每个省市都设立了图书馆面对幼儿开放借阅，但是图书更新较慢，需花费时间寻找，一次借阅图书数量有限，手续也较烦琐，再加上路途限制，对于绘本需求量大的家庭来说未必可行。也有专门的绘本图书馆，在全国各省市都有实体店，提供借阅服务并送书上门，针对顾客需求有不同类别的会员服务。当然有些绘本也可以通过网络下载绘本电子版，但长时间观看电子屏幕不利于幼儿的视力发展。这种情况下，如果幼儿园可以设置共享书架，架上的书可以借阅的话，这该具有多么重大的意义啊！

松居直对幼儿园设立书架有自己独到的见解，他认为幼儿园书架上的书应该是孩子完全满意的书，“愿意伸手去拿的图画书”。3～6 岁幼儿喜欢的图画书大多集中在特定几本，这类书籍就要多准备四五套，保证多数孩子都能及时借到。即使一个孩子每次都借同一本书也没关系，小班幼儿最喜欢反复观看喜欢的图书，每次阅读都会感受到不一样的惊喜，这份心情比借上百本书都有价值。这样的一本书家庭里也应该备一本。书架上的书应是教师教学用书,幼儿翻到曾在课堂上同大家一起读过的书,回想课堂同学的发言、老师的表扬,该是多么不可思议!而且如果这本书也能被爸爸妈妈阅读,孩子必然会产生不一样的感觉,这本书就将幼儿园和家庭教育紧密结合在一起了。[①]

幼儿园设置的绘本共享书架这时候仿佛变成了连接幼儿园和家庭的一个渠道。幼儿园藏书虽较为丰富也有遗漏或不能经常更新,一个家庭拥有的绘本虽不多,但基本每个家庭都会有一定量的绘本,所谓集腋成裘,就一个班级来说,如果所有家庭、幼儿园班级的绘本能够共享,提供给幼儿的优质绘本资源将大大丰富起来。若能将父母的关爱裹挟在书本中,并带到幼儿园,幼儿一定会对幼儿园产生特殊的感情,这份感情便会催生幼儿的自信和对教师的依赖感。

(三)搭建家园共育共享平台

要使绘本朗读、绘本剧表演、绘本制作、绘本共享成为家园共育的活动,在各个家庭、幼儿园共享共促,在幼儿间传播交流,把阅读的快乐传递,需要有组织、有平台。家园共育共享平台可以有线上、线下的不同形式。

1. 开展线下绘本家园活动

家园共育共享绘本,教师可以邀请家长和幼儿开展亲子绘本制作、绘本阅读海报展示等活动,将一些适合在家庭开展的绘本活动编集成册,分发给家长,鼓励家长在家中与幼儿一起进行绘本游戏。家长可以从中学到绘本游戏的指导技巧,每天利用十几分钟的时间和孩子共同进行绘本游戏的表演。

幼儿园可以线下定期或不定期组织"绘本分享会""亲子绘本游戏""绘本剧表演""我是绘本朗读者""绘本制作展览""故事妈妈故事爸爸进课堂""幼儿园亲子阅读日"等活动,让家长有更多的时间和机会参与幼儿绘本教育,家园共聚分享自己创作的快乐、绘本阅读的快乐。还可以定期邀请幼儿教育专家,开展座谈会、家长讲座,开阔家长的视野,投入更多的绘本资源,提供幼儿游戏和阅读的空间,促进幼儿绘本教育推广。还可开展一些大型的读书活动,比如读书节、绘本嘉年华等活动,可以组织专家讲座、自制图书展、绘本剧展演、阅读星家庭、绘本推荐榜、大型绘本展板展览、爱心捐书等活动,丰富家园合作的绘本活动形式和内容,加大影响力度。

2. 开展线上绘本家园活动

在线上,组织者可以建立公众号、QQ 群或者微博超话平台。平台可以分朗读、制作、表演等不同板块,开设交流专区、阅读感悟区等专栏,供家长上传文字、图片、音视频等资料以便分享交流。面对事业繁忙或文化程度低的家长,教师可以在微信、QQ 等社交软件,分享

① 松居直.我的图画书论[M].乌鲁木齐:新疆青少年出版社,2019:65-70.

和推荐优秀的绘本游戏，还可以通过建立网上学习平台、设计并应用专题网络等模式，促进资源流动与共享，从而提高绘本教育的效率。[①] 幼儿园通过线上的主题交流会、绘本阅读沙龙、专家讲座、绘本阅读观摩、绘本阅读板等途径来分享阅读经验，帮助家长丰富阅读体验、掌握阅读指导的方式方法。

家园互动中的绘本阅读活动，有组织、有计划，才能有效地促进家园活动的开展。除了教师可以作为组织者之外，由家长来组织也是非常可行的。比如成立幸福阅读联盟，由全班幼儿家庭自愿组成，联盟活动委员会由部分有爱心、有阅读兴趣、有时间的家长组成，负责绘本活动的组织协调。

总之，家园合作共育共同开展多样化的绘本活动，可以使家庭和幼儿园的优势得到充分的发挥，使幼儿爱上绘本，使绘本成为儿童快乐成长的好伙伴。

思考与实践

1. 怎样将绘本融入幼儿园的一日生活？
2. 走访家庭，调研家庭对于幼儿绘本的需求。
3. 在家庭和社区中可以开展哪些绘本活动？
4. 请你选择合适的绘本，设计一个家园绘本共育活动。
5. 请你为幼儿园策划一次亲子绘本推广活动，撰写策划方案，并制作宣传海报。

① 文彬宁，刘思岚.关于绘本在幼儿园游戏活动中运用的思考[J].课程教育研究，2018(24).

实践篇

幼儿绘本活动实施

第六章　幼儿绘本与幼儿园领域教育活动

【内容导航】

幼儿绘本图文结合，看似简简单单，实则与幼儿园领域教育活动有着密切的联系。小小绘本包罗万象，其中渗透了健康、语言、社会、科学、艺术等相关内容。绘本能带给领域教育怎样的教育探索呢？如何利用绘本来组织、整合领域教学活动呢？本章将做详细解读。

【学习与实践目标】

- 理解绘本融入幼儿园领域教育的可行性和策略。
- 学习并掌握绘本与五大领域教育的融合方式。
- 能够在分析绘本的基础上设计绘本领域教育活动。

【知识框架】

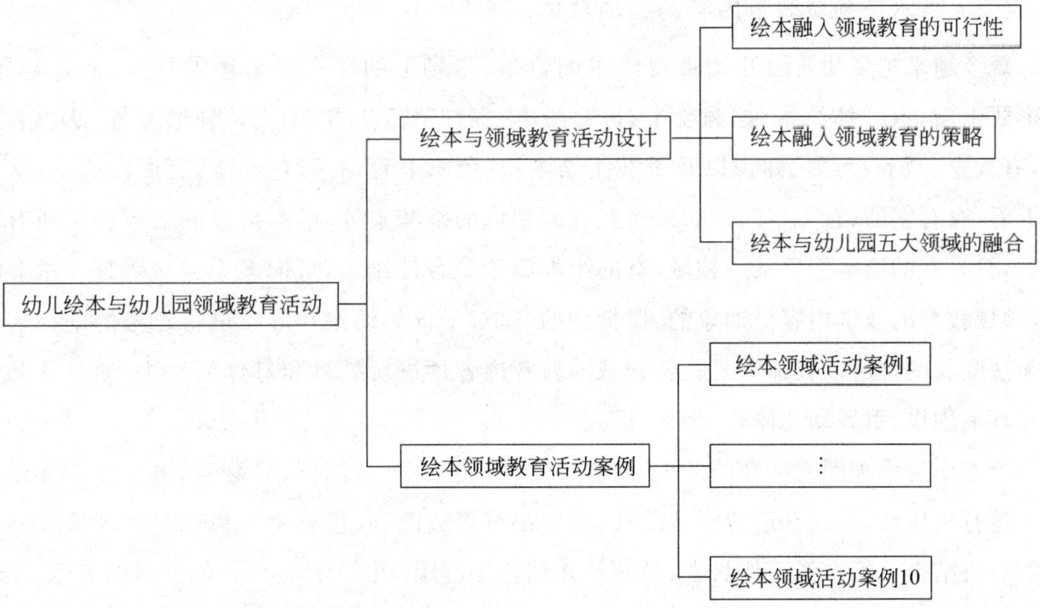

第一节　绘本与领域教育活动设计

一、绘本融入领域教育的可行性

（一）绘本和领域教育内容相辅相成

每个作家和画家创作绘本的初衷都是希望儿童能明白点什么，可能是道理，也可能是解决问题的办法，或者单纯就是让孩子开心一下。作者在创作绘本时往往是经过深思熟虑的，图画没有一笔是多余的，文字没有一个是无用的。绘本中有些意向是直观可视的，如形状、颜色、动植物、人的五官表情等；有的是只可意会的，如“人为什么要吃饭”“我为什么要遵守规则”“人死了去哪里”“吃进肚子的食物去哪了”等。这些事情或者道理如果直接讲给孩子听，即便他能重复出来，可能也很难弄明白究竟是怎么回事。这时绘本就可以轻松解决这个问题，它利用生动的形象、有趣的情节、儿童的语言，将深刻的事理变得浅显易懂，告诉绘本中蕴藏的秘密。

在幼儿园，运用绘本进行领域教育活动时，教师可以围绕相关领域的目标来设计适宜的活动内容。《好饿的毛毛虫》讲述了一条很饿很饿的毛毛虫，吃了很多食物，最后变成蝴蝶的故事。很多幼儿园利用这个绘本来做科学活动：绘本中食物的个数与星期后面的数相对应，可以使幼儿对数字有初步的感知；绘本里面用到很多量词，如“一根香蕉、一块乳酪、一条小黄瓜……”这也是一种学习；故事最后毛毛虫破茧成蝶，这也是科学领域的内容。

（二）绘本是领域教育内容的物质载体

现今越来越多幼儿园开始重视绘本的价值，市场上的绘本也是种类繁多、形式各异。从形式上看，有立体绘本、挖洞绘本、拼贴绘本、翻翻猜猜绘本、触觉认知绘本等；从内容上看，有教育、教养、玩耍、知识以及游戏类绘本；从色彩上看，有彩色绘本，有黑白绘本；从文字上看，有有字的，有无字的。如果按照五大领域的范畴来分，基本可以涵盖市场上所有的绘本，只是有的绘本侧重某一领域，有的绘本属于综合性绘本，可向多个领域延伸。很多时候，领域教育的教学内容是抽象的、概括性的，这对于依靠动作和形象进行思考的幼儿来说是无法吸收的。所以教师需要将各领域的教育内容揉进玩教具和具体活动中，通过活动设计和环境创设，引导幼儿体验、操作、探究。

绘本作为一种图文结合的艺术，内容丰富、种类繁多，可阅读，可翻看，可操作。无论是用来进行集体活动，还是进行区域游戏，儿童都可以边阅读、边思考、边想象，实现现实与梦幻的有机结合。绘本像一位长者，带领幼儿徜徉于健康、语言、社会、科学、艺术的海洋，发现其中的奥秘。可以说，绘本承载着各领域知识的精华，是幼儿园领域教育内容天然的物质载体。通过教师讲解和游戏操作，儿童借助多种感官吸收、消化，在不同绘本的切换之间感知世界的丰富多彩和各领域之间的差异，这可以为儿童将来的学习打下基础。

（三）绘本中的“情境感”有利于领域活动开展

无论是教师读幼儿听绘本，还是幼儿独自阅读绘本，都需要幼儿在头脑中实现这样一种转换——经过想象将一幅幅二维画面转换成三维立体场景，身临其境去体验、去感受。绘本内容和儿童共同创造的“情境感”能给幼儿莫大的惊喜，他们会自动化身为故事的角色，去体验角色的处境，感受角色的喜怒哀乐，获得角色带来的成就感和满足感。

例如讲述《肚子里有个火车站》的时候，幼儿将自己化身为勤劳的小精灵，当看到面条、冰激凌从上面落下来时，有的幼儿不自觉地护头、躲闪；故事结束，幼儿自然地知道了“吃饭不能太快”“吃饭要细嚼慢咽”“饭后不能马上吃冰激凌”等道理。在绘本《让路给小鸭子》中，多处采用了俯视的角度，幼儿阅读时有辽阔、自由的飞翔感觉；当马拉太太教小鸭子游泳、潜水、排队的时候，幼儿想起妈妈教自己吃饭、穿衣服的场景；当看到一群警察指挥交通帮助小鸭子们过马路的时候，幼儿既感到惊奇，又与小鸭子一样产生了“雄赳赳，气昂昂”的骄傲感。故事讲完了幼儿会觉得很温暖，既体会到亲子之间的爱，也有人和动物之间和平相处带来的满足感。

绘本中创设出的情景中是儿童所熟知、喜爱的，据此开展丰富多彩的多元绘本领域活动易于孩子们接受。例如，绘本《太阳和阴凉儿》（图 6-1）通过描述骄傲的太阳和阴凉儿玩捉迷藏游戏的故事来展示生活中常见的光影现象，其中体现的阴与阳、显与隐、动与静等，可以让孩子们感受到光影的依附关系。在阅读绘本后可以开展与光影相关的领域活动，帮助孩子们巩固认知经验。

图 6-1　《太阳和阴凉儿》（张之路文，乌猫图，青岛出版社）

（四）绘本教育的价值追求与领域教育目标相契合

在幼儿园，教育作用的发挥在于“引导”，尊重幼儿的需要和兴趣，用幼儿喜闻乐见的方式带领幼儿体验生活、认识自我、创造价值。幼儿园五大领域教育活动选取各领域中最精髓、最基本、最重要的知识，按照教育目的的要求，借助各种活动、游戏、玩教具，着重培养幼儿的基本素质，发掘幼儿的兴趣和特长，使其全面、和谐成长。

绘本教育以图文并茂的绘本为主要素材，其追求的不仅仅是语言领域的教育。巧妙运用绘本为幼儿认识世界提供一个独特的视角，这是绘本与社会、科学、艺术、语言、健康五大领域相互融合、相互渗透的一种有效途径。《指南》强调为幼儿后继学习和终身发展奠定良好的素质基础，促进幼儿体、智、德、美各方面协调发展。幼儿园绘本教学能够丰富幼儿的语言涵养，提高幼儿的审美能力，培养幼儿良好的习惯、品质，给予幼儿生活的启迪，使幼儿丰富情感、扩展思维和开阔眼界。①

二、绘本融入领域教育的策略

（一）一本专用，开展领域教育

绘本种类繁多，色彩鲜明，故事或在重复中递进，或在平缓中起伏，或在疑问中推进，或在曲折中升华。绘本中有童真、有童趣，内容贴近生活，重复性高，情节好玩有趣、出人意料。好的绘本读完给人以酣畅淋漓、豁然开朗、醍醐灌顶的痛快感与满足感，这种感觉的获得与绘本作者情感表达、论述方式、结构排版等方面都有关系，其中故事内容发挥了最大的作用。如前文所述，绘本反映的故事内容往往倾向于某一领域，如《好饿的毛毛虫》《小水珠的冒险》《是谁嗯嗯在我头上》就是典型的科学领域绘本，《国王生病了》《我为什么要好好吃饭》偏向健康领域，《小黑鱼》《猜猜我有多爱你》《大卫，不可以》属于社会领域绘本。所以教师需要根据教学目标和内容来设计和组织绘本领域活动，表 6-1 为绘本内容与领域教育契合的示例。

表 6-1　绘本内容与领域教育的契合

绘本例举	潜在目标	领域
《我绝对绝对不吃番茄》《我为什么要好好吃饭》《肚子里有个火车站》《鳄鱼怕怕，牙医怕怕》《牙齿大街的新鲜事》	培养儿童良好的饮食、卫生习惯	健康
《小黑鱼》《石头汤》《拔萝卜》《驴小弟变石头》《和爸爸在一起》《我爸爸》《我妈妈》《小老鼠亚历山大》《活了 100 万次的猫》	培养儿童的人际交往、社会意识	社会
《问问熊先生》《母鸡萝丝去散步》《谢谢你，世界》《语言图鉴》	培养儿童良好的语言习惯	语言
《好饿的小蛇》《我能变成什么》《变化的形状》《好饿的毛毛虫》《小水珠的冒险》《河流》	形成初步的数学和科学认知	科学
《色彩书》《奇幻的颜色》《花格子大象艾玛》《我的连衣裙》《黎明》	使儿童形成初步的审美意识与能力	艺术

（二）一本多用，进行多领域教学

有的绘本具有综合性的特点，如《巴士到站了》《环游世界做苹果派》《小蜡笔头》《活了 100 万次的猫》等可以和多个领域结合设计教育活动。“一本多用”即挖掘一本绘本多个领域的知识，开展多个领域教育活动。越来越多的幼儿园意识到绘本阅读发挥的作用应该更广泛，应该尽可能地挖掘绘本自身的教育资源，使绘本的内容涵盖多个领域，而不是仅仅局

① 王晓斐.绘本在幼儿园五大领域活动中的应用[J].陕西学前师范学院学报，2016(10)：54.

限于某一个领域。“一本优秀的图画书可以多维度地帮助幼儿在学习阅读中获得全面发展”，这是幼儿园教育的任务，也是绘本教学的重点和难点。

教师选定绘本后，要反复研读绘本，深入领会绘本的内涵和精神，从不同角度解读绘本并自然地融入实际的教育活动，利用绘本资源设计多种形式的绘本活动。如围绕绘本《石头、剪刀、布》可以开展体育游戏“石头、剪刀、布”，尝试用身体其他部位充当石头、剪刀、布，鼓励小组合作，体验集体智慧的力量；也可以开展科学活动，认识工具的外形、属性或其他特征；还可以开展以“判断比赛输赢最快方法”为主题的数学活动[①]。如表 6-2 所示，以绘本《我是霸王龙》为例，设计了多个领域的教育活动。

表 6-2　《我是霸王龙》

健康领域	体能活动：保护恐龙蛋 运动游戏：暴龙挑战赛；恐龙乐园
语言领域	恐龙报告；恐龙的故事
社会领域	恐龙的朋友；恐龙教室；恐龙家族
科学领域	恐龙为什么会消失；恐龙化石的种类；恐龙之最；神秘的化石；恐龙栖息地
艺术领域	美术活动：自制恐龙蛋；恐龙拼图；恐龙雕塑 表演活动：我是小恐龙；遇到你真好

（三）多本共用，开展整合式教学

多本共用常见的是以“主题活动”的形式展开活动，以某一主题为中心，整合多个领域绘本教学。有学者提出“整合式绘本教学”，即“以绘本为载体，选择1～2个领域教学资源为重点，制定教学目标，建构整合多领域教学脉络，促进儿童多元智能的发展”。[②] 还有学者提出“领域融合阅读”，即尝试破除领域单一化、主题单一化，同时改变对幼儿的权威型阅读和封闭式思维的教学模式。[③] 例如“恐龙”主题绘本活动可以选用《亲爱的，是我》《你真好》《我是霸王龙》《永远永远爱你》《遇到你真好》《恐龙救援队》等绘本组织各领域的活动。设计主题活动可以利用头脑风暴、主题网络图等方式构思活动内容和方式，有利于教师梳理绘本中富含的教育价值和资源，带领幼儿开展各类与绘本有关的五大领域教学活动以及游戏活动，从中了解幼儿的兴趣和关注点。这一部分内容会在后面章节呈现，这里不做赘述。

三、绘本与幼儿园五大领域的融合

很多绘本创作初衷来自现实需求，具有比较明确的创作方向，如为帮助幼儿适应环境

① 教学讨论：多领域呈现绘本课程[J].幼教合刊，2015：16-17.

② 左鑫鑫.绘本教学与五大领域的结合探析[J].成才之路，2017：34.

③ 焦晓茹.基于领域融合的绘本阅读实践探究[J].宁夏师范学院学报，2020(5)：95.

的改变而创作的《我爱幼儿园》《我上一年级啦》，帮助幼儿了解规则的《大卫，不可以》《和甘伯伯去游河》，帮助幼儿调节情绪的《野兽出没的地方》《苏菲生气了》等。很多绘本在内容上会在某个领域有所侧重，如《好饿的毛毛虫》《是谁嗯嗯在我头上》侧重于科学认知，《黎明》侧重于美术欣赏，《好脏的哈利》《国王生病了》侧重于健康习惯养成等。在幼儿园，组织和实施领域活动的过程中，教师要“从本地、本园的条件出发，结合本班幼儿的实际情况，制订切实可行的工作计划并灵活地执行”。

（一）绘本与健康教育

幼儿园健康教育需要与幼儿一日生活紧密联系，帮助幼儿形成正确的生活观念，促进幼儿身心健康发展。进行健康领域的教育时可以先将与该领域相关的绘本挑选出来，挖掘已有绘本中与该领域核心经验相关的知识点，再结合幼儿的认知水平、思维方式和发展需要，认真解读绘本与健康领域关键经验，制订适合幼儿健康发展的活动方案。

图 6-2 《火与石头》（王蕾著，继琼绘，天津人民美术出版社）

绘本能够通过贴近孩子们日常生活的故事告诉孩子们关于生活中健康、安全的相关知识。例如绘本《火与石头》（图 6-2），该绘本讲述了山神送给燧人氏一只金色的火鸟。从此，燧人氏带着这只神鸟四处游走，为人们取暖、烤熟食。但在火鸟生病之后，他因自责一气之下捡起石头扔出去，就在小石头与大石头碰撞的那一瞬间出现了火星。就是这偶然间的发现，让燧人氏知道了如何生火，从此人们开始了使用火的时代。这本书不仅让孩子了解到钻木取火的生火方法，还能让他们了解生食带有细菌，要吃熟食才健康的常识，利于对儿童进行健康教育。

在健康教育中运用绘本时，需要注意以下几点：①深度解读绘本内容，挖掘绘本最大教育价值。有的老师在讲述健康教育绘本时只是对绘本故事梗概进行讲述，形式类似于讲故事，没有充分发挥出绘本的健康教育价值。对绘本解读不够深刻，就会造成在绘本教学中不能把握重点内容，只是走了过场而没有达到实效。深度解读绘本首先要定位其所属领域，其次对绘本内容进行层次划分，最后挑选出有教育意义的内容精髓。②选取的绘本内容要符合幼儿的年龄特点和现实需求，绘本教学要照顾到幼儿的“最近发展区”。③将绘本内容与幼儿一日生活相结合，使绘本内容和道理落到实处。可以将绘本中经典的话语、图片打印后张贴于盥洗室、主题墙、区角处，真正做到“学以致用”“学即致用”。

（二）绘本与语言教育

幼儿园语言活动有谈话活动、讲述活动、语言游戏、文学活动和早期阅读活动等，在各类型的语言活动中都可以运用绘本开展教育活动。

1. 开展谈话活动发展幼儿谈话经验

每个孩子都有一颗好奇的心，总是喜欢问个不停。《蜘蛛先生要搬家》（图 6-3）从儿童的心理特点出发，用问和答的方式展开故事情节。它从“你说谁呀”开始，围绕着蜘蛛先生搬家的事件，讲述蜘蛛先生为什么要搬家，搬家的时间、方式、过程、结果等，展开了一系列的故事内容。这本图画书可以给孩子带来游戏般的阅读乐趣。成人和孩子可以一问一答来完成故事叙述，之后也可以让孩子们之间一问一答地表演故事。这种特别的故事叙述方式突破了成人平常的思维模式，以儿童读者为中心来建构故事情节，贴切儿童的阅读需要和阅读特点。

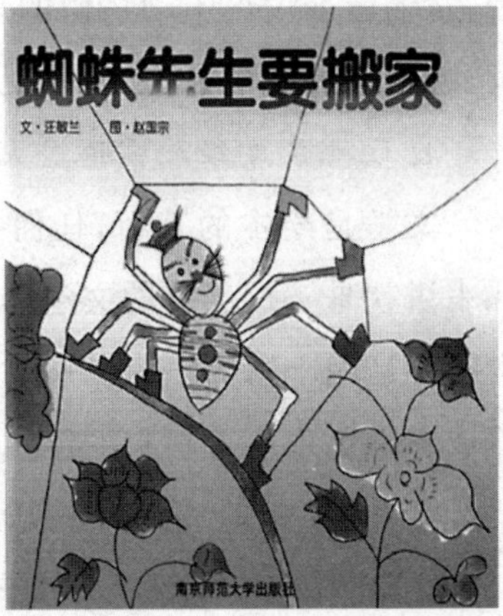

图 6-3　《蜘蛛先生要搬家》（汪敏兰文，赵国宗图，南京师范大学出版社）

2. 讲述活动指向幼儿语言能力培养

讲述活动有助于幼儿培养独立构思与清楚完整表达的意识、情感和能力，形成感知、理解和讲述故事的能力。例如讲述《石头、剪刀、布》故事，幼儿首先需要感知理解故事情节，然后教师鼓励幼儿运用语言进行复述，尤其是准确把握故事中的大量动词如“刮、扯、伸、瞅、抗、剪、搬、抱”等，围绕“你的……不就像……”这个反问句激发幼儿产生新的讲述经验，幼儿对反问句的强烈兴趣会延伸至区域活动和日常交流中，又巩固和迁移新的讲述经验。[①] 需要注意的是，教师要给幼儿提供在集体面前讲述的机会，引导幼儿从中获得满足感和自信心。对幼儿讲述不当之处，教师可以给予纠正并示范正确讲述的方法或技能，鼓励幼儿积极表达。

图 6-4　《动物园》（林颂英文，詹同图，朝华出版社）

3. 借助听说游戏发展幼儿语言经验

听说游戏是教师设计组织的、有明确的语言学习目标、有明确的语义内容、按一定规则进行口语表达练习的语言教学游戏。不同于幼儿在语言发展过程中自发地玩弄和操练语音、语词的语言游戏，听说游戏以培养幼儿倾听和表述能力为主，培养幼儿在语言交往中的机智性和灵活性。[②]

听说游戏有利于培养孩子在口头语言交往活动中快速、灵活运用语言的能力。在《动物园》（图 6-4）这本书中，

---

① 周劼.用游戏的精神，快乐地探寻世界的奥秘[J].幼教合刊，2015:17.

② https://baike.so.com/doc/39571-41330.html.

画面左幅为动物画面，右幅为介绍该动物的童谣，一共介绍了猫头鹰、长颈鹿、鸵鸟、老獾、鹭鸶、狐狸、老虎、翠鸟等20多种动物。绘本中的图画惟妙惟肖地展示出了小动物们的样貌，童谣精准说出了动物们的特性，孩子们读起来趣味横生。这本书可以让孩子们通过诵读、念唱童谣来增强发音、感受韵律和节奏，提升孩子们的语言表达能力。

4. 幼儿文学经验需通过大量的文学活动积累

文学是绘本的基石，任何一个优秀绘本都是图文的巧妙融合，每一次绘本阅读对于幼儿来讲就是一次美妙的文学体验活动。不同类型的绘本反映出多样性的语言，教师讲授绘本时要运用丰富的语言扩展幼儿词汇量，引导幼儿复述、改编、创编，培养阅读兴趣，使幼儿养成自觉获取语言材料的能力，提高幼儿灵活运用语言的能力。

绘本《我妈妈》是一本图画书，但看文字更像是一篇散文，配文的每一幅图画都很精彩。可是在集体阅读中，幼儿不容易摸到清楚的线索，难以发现高潮部分。有教师就大胆地删减了一些图画，将剩余部分划分为三组："第一组展示妈妈的能干——是厨师、园艺家、跳舞的仙子和歌唱家；第二组充满后现代特征，展现了妈妈的个性特点——美丽如蝴蝶、柔软似沙发、温柔像猫咪、强悍如犀牛；第三组图片是书的结尾——不管妈妈是怎么样的，最最重要的是我很爱她，她也爱我，永远爱我"①。经过这样的删改，幼儿欣赏线索更清晰，读起来更有趣，有利于幼儿将绘本阅读体验与生活经验相融合。

5. 幼儿园进行早期阅读活动有助于幼儿获得阅读技巧

绘本是幼儿园进行早期阅读的绝佳材料，阅读绘本可以激发幼儿学习语言的兴趣，使幼儿初步认识书面语言和口头语言的对应关系，掌握初步的早期读写技能。幼儿园的阅读课程从活动形式上主要分为专门性的阅读活动和拓展性的阅读活动，前者可看作"读绘本"，重点是引导幼儿走进绘本、读懂绘本，以集体教学活动为主，以阅读区的区角活动为辅；后者可视为"玩绘本"，引导幼儿走出绘本，迁移阅读绘本所获得的阅读经验，通过多样化活动形成自己的经验。

绘本《好饿的小蛇》，线索清晰、语言简洁、画面有趣，容易让人产生画面感，绘本内容具有潜在的规律性，即前一个画面出现线索后，后一个画面呈现结果，教师可以引导幼儿运用"仔细观察—想想预测—翻页验证"的方法进行阅读。这种阅读经验会给幼儿阅读《爷爷一定有办法》提供思路，有助于幼儿自主学习和深层阅读的探索②。需要注意的是，教师要创设有实际意义的文字环境，将语言学习融入主题活动，激发幼儿参与语言活动的兴趣。

（三）绘本与社会教育

与社会领域相关的绘本非常多。对比单纯的语言说教，借助图画和故事来讲道理的绘

① 石英.幼儿园文学活动中的阅读指导[J].文教资料，2008：122.

② 林雅芳.有效提升早期阅读质量的六大策略[J].幼儿教育研究，2020：33-34.

本更受幼儿欢迎;教师要做的是选择与幼儿年龄、水平、需求相符且能满足社会领域教学需求的绘本。例如:关于亲情的绘本《逃家小兔》《我爸爸》《我妈妈》《猜猜我有多爱你》;关于自我认同、自我评价及自信心的绘本《我喜欢我自己》《小猪变形记》;关于坚持自我的绘本《大脚丫跳芭蕾》;关于友情的绘本《我的友情要出租》《小鲁的池塘》《鸽子的天使》;关于合作分享的绘本《小黑鱼》《彩虹鱼》;探究生命、爱、死亡的绘本《爷爷变成了幽灵》《活了100万次的猫》《獾的礼物》;等等。[①]

一方面,学前幼儿乐于模仿,也善于模仿,绘本中的角色榜样可激发幼儿提高良好行为的主动性和积极性。如幼儿阅读绘本《可爱的爸爸》后知道爸爸们在用不同的方式爱着宝宝,自己的爸爸也在爱着自己,同时学习用不同的方式向爸爸妈妈表达爱意。另一方面,幼儿容易对外界事物产生共情,因而也可借助绘本通过共情体验促进社会性的发展。如阅读《花格子大象艾玛》,通过体验艾玛的"失落—兴奋—紧张—开心"的情绪变化,最后获得与艾玛一样的满足感和存在感,获得高级情感。再如绘本《问问熊先生》中不断出现一句话"您能给我点儿什么当生日礼物送给妈妈吗?"当小动物送的礼物都不是合适礼物的时候,小主人公丹尼总会先说一句"谢谢",这种反复出现强化了幼儿的礼貌交往的思维,达到社会领域"学会初步的人际交往技能"的要求。

（四）绘本与科学教育

幼儿的科学经验范畴分为生命科学、物质科学、地球与空间科学[②]。刘金玉等人结合幼儿园实践和对600余本绘本进行分析,进一步细化了幼儿科学领域的经验范畴,将其分为自然科学现象、天文科学现象、物理科学现象、化学科学现象、高科技产品、工程技术、生活中的科技用品、环保行动等十余个维度[③]。这种分类为幼儿园教师进行科学教育选择合适的绘本提供了线索,节省了绘本搜集与筛选的时间,有效提高了活动准备的效率。

图 6-5　《彩虹色的花》([日]细野绫子文,[波兰]麦克·格雷涅茨图,蒲蒲兰译,二十一世纪出版社)

幼儿科学领域的核心经验涉及科学情感、探究能力和科学概念。利用绘本发展核心经验的途径是多样的,可以借助集体教学、区域活动、主题活动等多种形式。如阅读绘本《彩虹色的花》(图6-5)时,幼儿提问"小蚂蚁把花瓣当小船,小船不会沉下去吗?"教师及时抓住这一幼儿感兴趣的话题,将其转化为探究活动"沉与浮",引导幼儿对不同材料

① 王晓斐.绘本在幼儿园五大领域活动中的应用[J].陕西学前师范学院学报,2016:55.

② 张俊.幼儿园科学领域教育精要——关键经验与活动指导[M].北京:教育科学出版社,2015:81-99.

③ 刘金玉,左慧慧,李金.运用绘本促进幼儿科学领域经验发展的策略研究[J].教育导刊,2019:31.

物体在水中的状态进行观察、记录、比较、猜想、实验、操作，使幼儿了解不同物体在水中的沉浮现象，既满足了幼儿的好奇心，又使幼儿增加了科学经验和技能。阅读绘本《影子》后，教师可以在科学区放置手电筒、电子蜡烛、白布等材料供幼儿探索光与影的关系。皮亚杰的研究表明幼儿的测量方法以视觉比较为主，不会使用专门的测量工具进行测量。阅读绘本《一寸虫》后，教师可以引导幼儿用“一寸虫”做测量工具，这种方法简单、有趣、易掌握，大大提高了孩子对测量的兴趣。

绘本在科学领域主题活动中使用的时机不同，发挥的作用也不同。若是置于主题活动之前，则是发挥“引发（入）者”的作用，引起幼儿科学探究的兴趣；若是置于主题活动之中，用来展示某些科学信息与操作过程，则是发挥“示知（范）者”的作用；若是置于主题活动之中，用来解决疑惑与揭示原理，则是发挥“解答（释）者”的作用；若是置于主题活动之后，延伸幼儿兴趣与拓展经验，则是发挥“延伸（续）者”的作用。① 例如绘本《小水滴的旅行》，在活动前讲读，可以引发儿童的好奇心和兴趣；在活动中讲读，可以让幼儿了解“水循环”的知识；在活动后讲读，则可以让幼儿思考“小水滴最后去哪里了”，以活动延伸的形式去探索“水的奥秘”。

（五）绘本与艺术教育

绘本可以说是浓缩的艺术博物馆，每一本绘本的画面风格、角色造型、场景设计、绘画语言以及出色的创意、联想、幽默的表现手法、丰富的人文精神都可以让幼儿从中借鉴。②

1. 绘本与美术教育

美术领域的核心经验是美术欣赏与美术创作。幼儿年纪小，对是是非非容易分辨不清，但他们对美好的事物、人物总是难以忘记。经常阅读优秀的绘本，幼儿会对绘本中的人物、动物、景色具有一定的辨识能力，逐渐学会欣赏绘本的美。所以教师要尽量选择故事完整、脉络清晰、图画优良、构思巧妙的优质绘本。

教师要善于引导幼儿自主发现、体验、欣赏和交流绘本中多种形式的美。例如：《一百万只猫》黑白融合，线条流畅，布局精妙，邻近的小猫表情、动作各不相同，处处显示构图的用心，给幼儿带来愉悦感的同时，激发幼儿绘画乐趣；绘本《黎明》采用中国山水画元素，每幅图色彩的微妙差别体现着黎明的一步步到来，给人安静祥和的感觉。

以绘本故事为载体开展美术领域的教学活动可以带给幼儿不一样的体验。如讲述绘本《方格子老虎》后，给幼儿提供“小老虎轮廓”底板纸，引导他们在“小老虎身体”上绘画横线条、竖线条，鼓励他们绘制一只自己喜欢的老虎。这一过程是在训练一项常规性的“绘画

---

① 刘金玉，左慧慧，李金.运用绘本促进幼儿科学领域经验发展的策略研究[J].教育导刊，2019：31-32.

② 计婷婷.浅谈绘本阅读在幼儿艺术领域活动中的教育价值[J].教育科研，2019：164.

技能”——绘画横线条和竖线条①。绘本《海马先生》晕染色彩鲜艳、很有视觉冲击力，小海马稚拙可爱、造型多变，透明页的设计让画面更具神秘感。小班的美术活动可以开展“印画”活动，用棉花团蘸色在提前刻好的海马形状上印上各种颜色；大班幼儿可以开展“刮画”活动，直接在刮蜡纸上画出海马的形状再剪下来运用到自己设计的背景上②。

阅读绘本后还可以引导幼儿拓展思维，发挥想象力，进行美术创作。例如，一幼儿在听完《没有耳朵的兔子》故事后，脑洞大开，即兴创作绘本《蛋变鸡》（图 6-6），讲述了一个鸡蛋想变成小鸡，趁妈妈外出的时候上山去玩，结果不小心滚下来，蛋壳碎了，小鸡先长出尾巴，再长出嘴巴，最后变为小鸡的故事。

图 6-6　幼儿创作绘本《蛋变鸡》

2. 绘本与音乐教育

法国浪漫主义作家雨果曾说过“开启人类智慧宝库有三把钥匙，一把是数字，一把是文学，一把是音符”。音乐教育能在潜移默化中塑造幼儿的心灵，开阔幼儿的视野，拓展幼儿的思维，发展幼儿的智力③。绘本具体形象，音乐空灵抽象，可以将绘本融于音乐教育中，将抽象的音乐教学转化为幼儿肉眼可见、触手可及的生活实践。

将绘本运用于音乐教育中，需要教师的精心选择和引导启发。例如儿童初识乐器，可以借助绘本《大家来听音乐会》展示乐器的外观，同时呈现相应画面的乐器声音，让儿童熟悉各类乐器演奏的音质特点。面对难以理解的歌词如《小熊过桥》中的“小竹桥摇摇摇，站不稳，立不牢，走到桥上心乱跳”，可以创作绘本图画给予幼儿直观的视觉感受——“第一幅图有两架竹桥，其中一架为虚线，通过虚实结合的方法来表示桥的摇晃；第二幅图为一个满脸通红的小朋友光着脚丫站在竹桥上，小脚丫旁边颤抖的虚线和脸色通红的直观形象表现

① 成蕾.挖掘绘本艺术价值 享受美术创作快乐[J].求知导刊，2015：52.

② 计婷婷.浅谈绘本阅读在幼儿艺术领域活动中的教育价值[J].教育科研，2019：164.

③ 王美仙.浅谈绘本在幼儿园音乐教学中的运用[J].教育实践与研究，2020：57.

出这位小朋友因为站不稳而心跳加速”[1]。

一方面，绘本可以为音乐服务。扮演绘本故事角色可以帮助幼儿理解音乐节奏，例如通过表演《木偶奇遇记》，感受《单簧管波尔卡》的欢快诙谐和《木头人》的轻松愉悦，体验两段不同的音乐节奏和所表达的故事情境。利用绘本配合不同的音乐活动，可以根据教学需求提取适合的绘本内容，作出适当的删减、缩编，或者调换顺序等，达到绘本为音乐服务的效果。另一方面，音乐也可以服务于绘本。绘本阅读过程中，教师可以使用乐器即兴伴奏，组织自由律动，及时将儿童“自创”的歌曲记录保存下来。幼儿由学习者变为创编者，必然会产生很大的成就感，也有助于幼儿加深对绘本内容的理解。例如有老师在组织阅读《我是彩虹鱼》绘本时，启发幼儿创作歌曲《彩虹鱼》[2]，激发他们探索音乐的兴趣。幼儿在这个过程中获得全新体验的同时也收获了成就感和自信心。

《彩虹鱼》3/4

5 3— | 5 3— | 6—6 | 5— — |

彩 虹 彩 虹 鱼 呦 呦

3 — 5 | 2 3— | 1—2 | 1— — |

真 美 丽 呀 真 美 丽

第二节 绘本领域教育活动案例

【案例 1】 认识小猫咪

图 6-7 《他们都看见了一只猫》（[美]布兰登·文策尔著，刘畅译，北京联合出版公司）

设计来源：《他们都看见了一只猫》（图 6-7）

设计思路：有一只猫在满世界溜达，它有着长胡子、竖耳朵、毛绒爪，先后遇到了小朋友、狗、蛇、臭鼬、鱼、蚯蚓、跳蚤等，在小动物们的眼里，猫的形象都是不一样的。最后猫来到水池边看到了自己的样子，这个是不是猫真正的样子呢？究竟哪个才是猫真正的样子呢？这个故事虽然简单，却隐含了一个发人深省的问题。人究竟该怎么看待自己？怎么才能找到真实的自己呢？

活动领域/适宜学段：科学（小班）

活动目标：

（1）通过观察，了解猫的外形特征及生活习性。

（2）感受猫的各种趣事，激发喜爱小动物的感情。

---

① 林鹭鹭.浅谈巧妙运用绘本阅读开展音乐活动[J].幼教园地，2019：179.

② 刘珈.幼儿绘本音乐创编教学实践探索[J].艺海，2020：119.

(3) 阅读绘本故事,知道不同视角下小猫的样子是不同的。

活动准备:各种形态下的小猫的图片、小猫的视频、《他们都看见了一只猫》绘本。

活动过程:

(1) 故事导入,激发兴趣

师:今天有一只小动物要来我们班做客,你们想知道是谁吗?

(2) 阅读绘本故事

师:老师这里还有一本非常有趣的有关小猫的绘本,想不想和老师一起来看看小猫发生了什么故事呢?(教师生动形象地讲述绘本故事,让幼儿了解故事内容。)

(3) 围绕故事,进行讨论

师:在刚才的故事中,小猫是什么样子的呢?

师:请小朋友选一个故事里的小动物,说一说在它的眼中,小猫是什么样子的。

(教师示范,在小老鼠眼中,小猫的样子变得非常凶恶恐怖,因为小老鼠怕小猫抓住它。)

师:小朋友们讲得太棒了!我们知道了在不同的小动物以及不同的人的眼中,小猫的样子是不一样的。有没有小朋友能给我们讲一讲你见过的小猫是什么样子的呢?

(4) 出示图片,让幼儿充分观察

师:小猫的嘴巴有什么特别吗?小猫的嘴边长着什么呀?小猫的爪子是什么样子的?小猫为什么走路静悄悄呢?小朋友们还看到了小猫什么特别的地方呢?

(5) 了解小猫的生活

师:小朋友们想不想看看小猫咪每天都喜欢做些什么呢?

(播放小猫进食、玩耍、休息的视频片段。)

师:小猫咪和小朋友一样,每天也会做许多有意思的事情。

活动延伸:请家里养了小猫咪的小朋友分享小猫咪的故事。

【案例 2】　达利 B 和杰西 D

设计来源:《我不知道我是谁》(图 6-8)

设计思路:《我不知道我是谁》讲述的是一只叫达利 B 的小兔子寻找"我是谁"这个问题答案的故事。故事中达利 B 对自己是哪种动物,住在什么地方,吃什么食物,为什么脚这么大等问题充满了种种猜测,一只执着又可爱的小兔子形象跃然纸上。故事中有大量疑问句和重复句式——"我是……吗?""我应该……吗?""我吃……吗?""是用

图 6-8　《我不知道我是谁》([英]乔恩·布莱克文,[德]阿克塞尔·舍夫勒图,邢培健译,新星出版社)

来……吗?”“你是……吗?”“你住在……吗?”“你吃……吗?”当达利B用灵活的大脚躲开黄鼠狼的猛扑,获得了“英雄”的称号,最后一句“啊? 真好笑,我还以为我是兔子呢!”将故事推向了高潮。该绘本故事风趣幽默,图画颜色鲜亮活泼,包含十几种动物形象、名称、生存环境、爱吃食物的介绍,适合组织语言教学活动。

活动领域/适宜学段:语言(中班)

活动目标:

(1) 能认真听故事,感受小兔子的性格特点。

(2) 能用连贯的语言表达自己的想法。

(3) 喜欢听绘本故事。

活动准备:《我不知道我是谁》绘本。

活动过程:

(1) 猜想导入,激发幼儿听故事的兴趣

师:这个我指的是谁? 这个故事讲了一件什么事情?(出示绘本封面,引导幼儿观察,猜想故事的名称和内容。)

(2) 讲述故事,共同讨论

师:达利B都有哪些疑问? 你觉得它是一个怎样的小动物,为什么?(引导幼儿讨论对小兔子的初步印象。)

师:杰西D是谁? 你是怎么知道的? 当小兔子们都藏到地洞里时,达利B会做什么呢?(引导幼儿根据情节线索进行大胆想象,并尝试使用不同的词汇描述。)

师:它这时知道自己是谁了吗? 它从什么时候知道的? 通过这件事,它除了知道了自己是谁,还知道了什么?(请幼儿结合故事情节自由大胆地发表自己的观点。)

(3) 讨论交流,说一说对小兔子的认识

师:达利B是一只怎样的兔子? 你喜欢这只兔子吗? 你喜欢它的哪个地方?(引导幼儿用不同的形容词或用一句话来概括小兔子的性格特点。)

活动延伸:把这个可爱的小兔子的故事讲给自己的爸爸妈妈听。

【案例3】 加油奥莉薇

设计来源:《奥莉薇》(图6-9)

图6-9 《奥莉薇》([美]伊恩·福尔克纳文/图,郝广才译,河北教育出版社)

设计思路:小猪奥莉薇会做很多事情——晒太阳、参观博物馆、做运动等,因此它总是把自己或者其他人累晕。可以将绘本中小猪奥莉薇做运动扩展到体育活动,教师扮演成奥莉薇引导幼儿跟自己一起做运动，探索皮球的多种玩法，进行皮球挑战赛，促使幼儿喜欢参加体育活动。

活动领域/适宜学段：健康（大班）

活动目标：

(1) 能复述绘本故事。

(2) 愿意探索皮球的多种玩法。

(3) 喜欢参加体育活动。

活动准备：《奥莉薇》绘本、皮球、奥莉薇头饰。

活动过程：

(1) 故事导入，讨论奥莉薇做的事情

师：小朋友们，奥莉薇为什么常常把自己累昏？奥莉薇都做了哪些运动？

(2) 热身运动

师：今天奥莉薇和小朋友们一起做运动，我们先像奥莉薇一样伸展自己的身体吧！（教师戴上头饰和小朋友做热身运动。）

(3) 探索皮球的多种玩法

师：小朋友们，你们知道怎么玩皮球吗？除了拍一拍，还有没有其他的玩法？（鼓励幼儿说出皮球有哪些不同的玩法，请小朋友试一试。）

(4) 皮球挑战赛

师：今天我们来进行一场皮球挑战赛吧。（教师示范皮球挑战赛的玩法，引导幼儿带球走过草地（跨栏）、小河（平衡木）、池塘（手脚协调板），冒险结束后分别从两侧返回队伍，跟下一位小朋友击掌后下一位小朋友才可以开始。先结束的队伍获得胜利。）

活动延伸：可以加入更多的障碍物，探索更多的游戏方式及障碍。

【案例4】　小小消防员

设计来源：《妈妈的红沙发》（图6-10）

图6-10　《妈妈的红沙发》（[美]薇拉·威廉斯文/图，柯倩华译，河北教育出版社）

设计思路：小女孩的家被一场大火烧光了，但他们一家人仍以乐观的心态面对，努力赚钱重建了家园。借助绘本中火灾的情节，将火灾与社会领域的活动相结合，准备消防员服装和消防员救援视频，通过交流讨论和穿消防服，引导幼儿懂得火的危险性，了解几种常见的灭火方法以及消防员的作业流程。

活动领域/适宜学段：社会（中班）

活动目标：

(1) 了解常见的灭火方法和消防员作业流程。

(2) 知道火的危险性。

(3) 知道发生火灾及时拨打消防电话119。

活动准备:消防员的服装、消防员救援视频。

活动过程:

(1) 问题导入

师:小朋友们,我们听过《妈妈的红沙发》,故事中发生了什么事情大家还记得吗?火灾发生后我们应该做些什么呢?

师:小朋友们真棒!知道发生火灾要及时拨打消防电话119,还知道这么多的救人和自救的方法。

(2) 播放视频,观察讨论

师:你们知道火灾发生时我们的消防员叔叔要做哪些准备工作吗?我们来看一看。(播放消防员从接到报警电话到出任务救灾的视频)消防员叔叔做了哪些工作?

(3) 学习穿消防服

师:小朋友们观察得都很仔细,消防员叔叔要穿消防服、带灭火装置、开消防车去灭火。你们知道怎么穿消防服吗?(教师示范消防服的穿法,请一个小朋友试一试。)

师:老师穿的和这个小朋友有什么不一样的地方吗?

(4) 穿消防服比赛

师:刚才我们学会了穿消防服,现在请小朋友扮演消防员,比一比看谁准备得快。叮铃铃……不好,有火灾发生,消防员要出动了!(引导幼儿以比赛的形式练习穿消防服。)

活动延伸:火灾逃生演习。

【案例5】 我可以抱抱你吗

设计来源:《烦人的兔子》(图6-11)

图6-11 《烦人的兔子》([英]席亚拉·弗勒德文/图,王芳译,希望出版社)

设计思路:独来独往的大熊住在森林里,一窝兔子紧挨着他家建了一所房子。兔子们的出现使大熊感受到了从未有过的抓狂。但是慢慢地,大熊开始接受兔子们,他们也因此成了朋友。基于绘本中兔子和熊的对话,将对话延伸到语言活动,幼儿通过交流、欣赏故事《烦人的兔子》、角色扮演,发展语言、理解故事、体验拥抱带来的快乐。

活动领域/适宜学段:语言(中班)

活动目标:

(1) 可以复述句子"我可以抱抱你吗?""我愿意和你做

朋友”。

（2）通过看绘本，感知、理解故事内容。

（3）懂得礼貌待人才能得到朋友的拥抱，体验拥抱带来的快乐。

活动准备：绘本《烦人的兔子》、拥抱游戏的音乐。

活动过程：

（1）活动导入

师：今天老师邀请宝贝们来过一个特别的节日——拥抱节！和谁拥抱就表示愿意和谁做好朋友，那你最想和谁拥抱呢？让我们找好朋友抱一抱吧！

（2）欣赏故事《烦人的兔子》

师：小熊不喜欢交朋友，“烦人的兔子”想跟他一起过拥抱节，他们会怎么样呢？我们一起来听听他们的故事吧。

（3）交流讨论

师：好玩的故事听完了，小朋友们，小熊光待在家里不交朋友能得到拥抱吗？小熊怎么生气呢？小兔为什么交到了朋友？（请幼儿模仿故事情节中小动物的动作、语言。）

师：小熊没有礼貌，大家都不愿意和他拥抱，小熊应该怎么样，大家才愿意和他拥抱呢？（引导幼儿将自己的想法告诉小熊——要出去交朋友，说话要有礼貌。引导幼儿学说故事中重复的句子。）

（4）角色扮演，体会获得拥抱的快乐

师：小熊终于和朋友拥抱在一起了，大家都很开心。（请一位幼儿扮演小熊，其他幼儿扮演不同的小动物和他拥抱，并表演故事中的对话：“我可以抱抱你吗？”）

活动延伸：和大家分享好朋友之间有趣的事。

【案例 6】　巴士之旅

设计来源：《市场街最后一站》（图 6-12）

设计思路：小杰与奶奶一起前往市场街的最后一站，一路上小杰问了奶奶很多问题，奶奶都细心引导，终于使小杰领会到平凡生活中的小美好。立足绘本情节——小杰与奶奶的旅程，结合闯关游戏，设置与绘本内容相一致的关卡，促进幼儿跨、投掷、跳、平衡能力的发展。

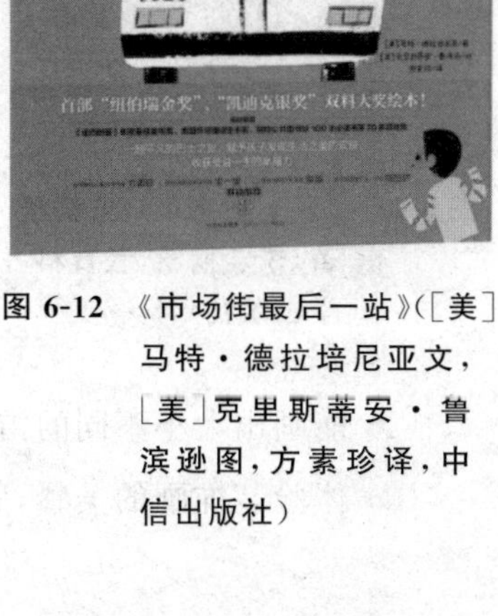

图 6-12　《市场街最后一站》（[美]马特·德拉培尼亚文，[美]克里斯蒂安·鲁滨逊图，方素珍译，中信出版社）

活动领域/适宜学段：健康（大班）

活动目标：

（1）理解绘本的故事内容。

(2) 能够协调灵敏地完成跨、投掷、跳等动作,锻炼平衡能力。

(3) 喜欢体育活动,能积极参加活动。

活动准备:音乐、贴有雨点的跨栏两个、贴有“投币箱”字样的敞口箱子两个、沙包若干、巴士形状的硬纸板 6 个、毛线若干。

活动过程:

(1) 暖身活动

师:小朋友们,今天我们一起阅读了绘本《市场街最后一站》,现在让我们听着美妙的音乐一起活动我们的身体吧。(请幼儿跟着音乐的节奏活动身体。)

(2) 情景导入,激发幼儿的探索欲望

师:小杰和奶奶一起去市场街最后一站做义工,他们一路上遇到很多问题,小杰和奶奶遇到什么问题了?(请幼儿回忆并复述故事内容。)

师:他们怎样化解种种问题呢?(请幼儿回忆小杰和奶奶化解问题的经历,并练习跨、投掷和跳等动作。)

(3) 闯关游戏

师:现在,老师要把小朋友们分成两组,我们来做一个闯关游戏,看哪个组的小朋友先到达市场街最后一站。我们先从起跑线出发,跨过跨栏,躲避雨水。(教师示范动作。)然后把沙包扔到投币箱里,最后双腿跳到硬纸板上。(教师讲述规则并示范,请几个幼儿试一下动作。幼儿分组进行游戏。)

活动延伸:回家后可利用家庭常见物品,与父母进行和跨、投掷、跳有关的亲子游戏。

【案例 7】 雪花片片飞

图 6-13 《萝卜回来了》(方轶群著,李希桐绘,教育科学出版社)

设计来源:《萝卜回来了》(图 6-13)

设计思路:大雪纷飞的冬天,小白兔从雪地里找到了大萝卜送给小猴家,小猴找到了花生作为食物把大萝卜转送给小鹿,小鹿同样找到了青菜作为食物就把大萝卜转送给小熊,最终小熊找到了土豆就把大萝卜又转送给小兔。借助绘本中下雪的场景,准备棉签、卡纸、水粉等物品,引导幼儿使用棉签画雪花,感受用棉签画雪花的乐趣。

活动领域/适宜学段:艺术(小班)

活动目标:

(1) 能使用棉签作画。

(2) 能画出大小不同的雪花。

(3) 体验装饰画的美感,感受用棉签作画的乐趣。

活动准备：《萝卜回来了》绘本、卡纸、棉签、水粉、湿抹布。

活动过程：

(1) 故事导入

师：今天的故事发生在冬天，天气很冷，下起了雪，小朋友你们喜欢雪花吗？看老师今天给你们带来了什么。(教师讲述绘本故事。)

(2) 欣赏雪花

师：这是老师画的雪花，小朋友们猜一猜我用什么画的？(教师出示雪花的图片或绘画作品让幼儿观察。)

(3) 画雪花

师：今天我们要用一种特别的东西画一画雪花，我们一起来试一试吧。(教师出示棉签，鼓励幼儿大胆地用棉签画雪花。)

(4) 欣赏并展示幼儿作品

师：今天小朋友用棉签画了雪花，给大家看一看你的雪花吧。

活动延伸：尝试用棉签画其他物品。

【案例 8】　动物音乐会

设计来源：《南瓜汤》(图 6-14)

设计思路：这是一本讲述友谊、合作、理解的绘本。故事中猫、松鼠、小鸭子是三个好朋友，他们分工有序、愉快地生活着。有一天，他们之间产生了矛盾，最终又重归于好。聚焦绘本情节的开端——猫、松鼠、鸭子弹奏乐器，教师准备音乐、碰铃、曲谱等相关物品，引导幼儿根据肢体动作、恰当的乐器表现音乐。

图 6-14　《南瓜汤》([英]海伦·库柏文/图，柯倩华译，明天出版社)

活动领域/适宜学段：艺术(大班)

活动目标：

(1) 感受乐曲欢快的气氛，能大胆地用肢体动作表现音乐的节奏。

(2) 能够按照节拍选用恰当的乐器为乐曲伴奏。

(3) 根据自己的意愿交换乐器，体验与同伴合作游戏的乐趣。

活动准备：音乐《玛丽波尔卡》、碰铃、圆鼓板、铃鼓、图谱、乐器图片、猫、松鼠、小鸭子头饰若干。

活动过程：

(1) 引导幼儿回忆《南瓜汤》的故事

师：猫、松鼠、小鸭子三个好朋友生活在一起，他们一起熬汤，一起弹奏音乐，过得非常的快乐。他们都一起弹奏什么呢？今天我们也一起弹奏一首好听的音乐好不好？（请小朋友们挑选头饰，完成分组。）

(2) 听音乐

师：今天老师给小朋友带来一首好听的音乐，请你们竖起小耳朵认真听，待会儿告诉老师，你听完有什么感受。（播放音乐。）

(3) 出示图谱

师：小朋友，我们可以用哪些身体动作来为这张图谱打节奏？（教师边哼唱音乐边演示动作：拍手、拍肩、抖手、跺脚，带领幼儿用身体动作来表示图谱。）

(4) 分配乐器

师：请小朋友们听一听，你觉得用哪些乐器来配合适？（教师哼唱，幼儿跟教师一起徒手练习、做动作并选择乐器。）

(5) 打击乐演奏

（教师带领幼儿用乐器演奏。）

师：小朋友们演奏得真棒，跟猫、松鼠、小鸭子演奏得一样好听。

活动延伸：请小朋友交换乐器演奏。

【案例 9】 飞机飞机，飞起来

设计来源：《飞机》（图 6-15）

设计思路：《飞机》是一本无字书，一只小老鼠在绘本中“咬”出一张纸并制作了一架纸飞机，飞到了书中的世界。飞机在日常生活中容易见到，不少幼儿对飞机有着浓厚的兴趣。本活动旨在运用生活中幼儿常见的材料，激发幼儿想象力制作一架飞机模型，让幼儿体验制作和探究的乐趣。

图 6-15 《飞机》（[瑞士]莫尼克·弗利克斯，明天出版社）

活动领域/适宜学段：艺术（中班）

活动目标：

(1) 了解飞机的构造和主要特征。

(2) 能够制作飞机，具有一定的动手操作能力和想象力。

(3) 喜欢做手工，具有探究操作事物的兴趣。

活动准备：儿歌《造飞机》、飞机图片、吸管、彩色卡纸、胶棒、胶带、纸杯、长短不一的橡皮筋、细木棍、硬纸板、安全剪刀、雪糕棍、卷纸筒若干。

活动过程：

(1) 儿歌导入

师：儿歌讲述的是小朋友造飞机的故事，我们今天就来一起造飞机吧。(播放儿歌。)

(2) 展示飞机图片，引导幼儿观察飞机特征

师：飞机长什么样子呢？(幼儿自由发言。)

小结：飞机由机翼、机身和尾翼构成。机翼在飞机的两侧，像是飞机的翅膀；机身是飞机中间的部分，是用来装载旅客和物品的；尾翼由水平尾翼和垂直尾翼组成，可以操纵飞机转变方向，保持平稳飞行。

(3) 展示制作材料

师：老师想请小朋友们制作一架自己的飞机，在活动结束时看一看谁制作的飞机飞得更远哦。(教师将准备的材料依次介绍给幼儿。)

(4) 幼儿动手操作

(教师引导幼儿如何制作飞机、怎样制作飞机可以飞得更远等。)

(5) 展示作品

(幼儿展示作品，并讲述自己制作飞机的过程。)

活动延伸：阅读《第一次坐飞机》《飞机场的一天》等。

【案例 10】 小老鼠排排坐

设计来源：《14 只老鼠大搬家》(图 6-16)

设计思路：《14 只老鼠大搬家》是一本融合了自然之美与亲情之爱的经典图画书，故事讲述 14 只老鼠的大家庭——爷爷奶奶、爸爸妈妈和 10 个兄弟姐妹一起在森林里搬家的故事。故事中蕴含着一定的数学知识，如数字辨别、点数、大小排序、数字的对应等，以此为基础，可以引导幼儿形成基本的数概念。

图 6-16 《14 只老鼠大搬家》([日]岩村和朗文/图，彭懿译，接力出版社)

活动领域/适宜学段：科学(中班)

活动目标：

(1) 认知数字 1～10。

(2) 能用数字贴标注 10 只老鼠宝宝。

(3) 感知数学在生活中的有用和有趣。

活动准备：《14 只老鼠大搬家》绘本、1～10 的数字贴、10 张贴着数字的小椅子、14 只老鼠的玩偶/彩色贴画。

活动过程：

(1) 故事导入

师：小朋友们，今天我们来听一个好听的故事，名字叫作《14 只老鼠大搬家》。

（2）分辨 14 只小老鼠

师：小朋友们，故事中有 14 只小老鼠，你们知道哪个是爷爷奶奶，哪个是爸爸妈妈吗？还有 10 只老鼠宝宝，怎么分辨谁是谁呢？

（3）用数字贴标注 10 只小老鼠

师：有没有更好的办法帮助我们认识 10 只老鼠宝宝？

小结：小老鼠的名字与数字 1～10 是对应的关系。

师：我们一起来给我们的小老鼠贴上数字贴吧。

（4）游戏：10 只老鼠找座位

师：看我们的小椅子上都有哪些数字？你能帮助小老鼠找到他们的位置吗？（椅子可以按着 1～10 顺序排列，也可乱序排列。）

（5）活动结束

师：生活中哪里还有数字？它们都代表什么？我们一起去找一找吧。

活动延伸：阅读“14 只老鼠”系列其他绘本。

思考与实践

1. 任意选择一本绘本，分析其教育价值。
2. 思考运用绘本进行领域教育活动时都有哪些注意事项？
3. 哪些绘本可以用来开展社会活动？请举例说明。
4. 选择一个自己喜欢的绘本，选择适宜的领域，设计一个活动方案。

第七章　幼儿绘本与幼儿园游戏

【内容导航】

游戏是幼儿园基本活动之一，可以说幼儿园所有活动都带有游戏的性质，绘本的投放、阅读、拓展等也必然离不开游戏的支持。好玩的游戏与精彩的绘本融合又会带给幼儿怎样的体验呢？本章将阐述绘本与幼儿园游戏之间的关系以及如何将绘本融入幼儿园游戏之中。

【学习与实践目标】

- 理解绘本对幼儿园游戏活动的价值。
- 学习基于绘本设计游戏。
- 知道绘本游戏的实施途径和注意问题。
- 能够在分析绘本的基础上设计绘本游戏。

【知识框架】

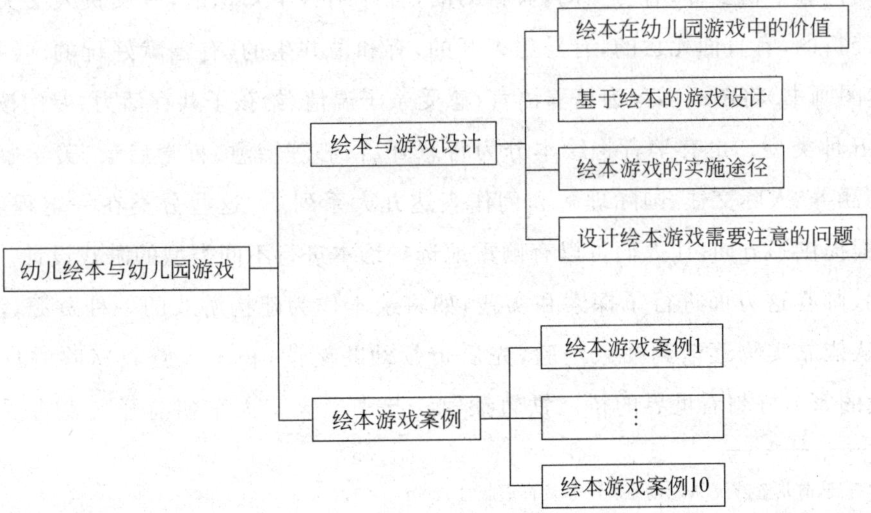

第一节　绘本与游戏设计

游戏是幼儿最喜欢的活动，也是儿童感知世界的重要手段。邱学青认为“游戏是儿童在某一个固定时空中，遵从一定规则，伴有愉悦情绪，自发、自愿进行的有序活动。”①游戏不仅能带给儿童快乐，而且帮助幼儿用自己特有的方式去学习和发展。可以说，游戏是绘本活动的本质属性，绘本是游戏的物质载体。游戏拓展绘本，绘本深化游戏，交叉交替进行，张弛有序，幼儿经验也在吸收、练习中螺旋上升。

一、绘本在幼儿园游戏中的价值

（一）绘本是创设游戏环境的潜在资源

怎样将绘本和幼儿游戏有机结合起来呢？可以从环境创设和墙饰入手，在幼儿游戏的环境中呈现适宜的绘本元素，启发并影响幼儿的游戏行为，有效实现两者的融合。如可以将《大卫不可以》中大卫挖鼻孔、玩食物、敲厨具的图片张贴在“娃娃家”的墙上，利用环境的隐形教育功能，提醒幼儿哪些行为是不被允许的；发现幼儿在建构区不会使用多种材料，可以打印《好想看世界的桥》中精美桥的造型张贴在建构区墙上，暗示幼儿模仿，进而创造；在认知区，可以把有关交通规则、风景名胜等绘本内容，设计成可看可玩的棋类游戏，幼儿的学习因游戏化而显得轻松愉快。②

（二）绘本为不同类型的游戏提供素材

绘本的内容丰富多样，有写实的，有科幻的，有介绍科学知识的，有反映人文关怀的，有应对困难挫折的，有直面死亡的，有异想天开的，有和谐共生的，有幽默好玩的。《松居直喜欢的50本图画书》将图画书分为培养语言、感受亲子温情、给孩子共存活力、专门读图、培养阅读能力五种类型。也有学者将绘本分为智慧开启、心理治愈、哲学启蒙、美学鉴赏、亲情体味、品德涵养、人际交往、国际理解和创作表达九大系列。③ 这些分类在一定程度上为开发绘本课程提供了方向，让人们可以有侧重地选择绘本进行不同类型的游戏设计。

很多教师在这方面进行了探索和实践，如将绘本作为建构游戏的一种资源，注重幼儿建构思维从依靠实物逐渐到抽象经验，先后带领幼儿阅读《积木大营救》《咚咚！搭积木》《你的家我的家》《好想看世界的桥》《铁轨铁轨连起来》《火车火车朝前开》《麦吉受伤了》等

---

① 邱学青.学前儿童游戏[M].南京：江苏教育出版社，2008：12-13.

② 邱学青.学前儿童游戏[M].南京：江苏教育出版社，2008：130.

③ 闫学.绘本课程这样做[M].北京：中国人民大学出版社，2017：9.

绘本，并以此设计建构游戏；也有人挖掘绘本在提高幼儿体育游戏活动效率方面的意义，利用《苍蝇苍蝇快走开》进行跑步练习，借助《好饿的毛毛虫》进行爬钻练习，运用《一步一步走啊走》开展队列练习；[①]还有人利用绘本开展社会性游戏，如讲述《香香的汤》培养幼儿分享意识，通过《贪吃的变色龙》提升幼儿语言表达能力，通过《让路给小鸭子》培养人与动物和谐共处的理念。

（三）绘本为游戏的材料提供形象参考

苏联教育家马卡连柯曾说："玩具是游戏的中心，没有中心，游戏就玩不起来。"由此可见，材料是游戏的物质基础，有效的材料能推进游戏的开展。《幼儿园工作规程》（以下简称《规程》）规定："幼儿园要因地制宜，就地取材，自制玩具、教具。"在幼儿园，自制游戏材料尤为重要。绘本图画和形象可以为制作游戏材料提供参考。参考《好饿的毛毛虫》可以制作毛毛虫靠垫摆放在阅读区，参考《好想看世界的桥》可将幼儿的作品作为摆设装饰建构区，这不仅可以为幼儿游戏提供经验参考，而且可以让幼儿产生熟悉感，增加游戏活动的频率。

（四）绘本为游戏的开展提供能力准备

阅读绘本时常常是亲子互动、师幼互动的绝佳时刻，绘本所带来的互动性、交互性和可重复性恰是游戏的魅力所在。优秀的儿童绘本设计能引导家长把阅读变成一场快乐的互动游戏，使儿童产生不同的视觉、触觉等体验，加深对书本内容的情感互动，帮助幼儿理解绘本内容，也让儿童在玩中学。[②] 儿童绘本通过生动的图画和较少的文字，让孩子们轻松地掌握绘本中的故事叙事规律，打开认知世界的大门。有的儿童绘本本身具有一定的游戏性，教师可以因势利导，依据绘本设计符合儿童不同层次需求的游戏，比如《好饿的毛毛虫》中的数字游戏、《环游世界做苹果派》中的探索游戏、《忙忙碌碌镇》中的观察游戏、《野兽国》中的冒险游戏等。绘本融合游戏设计能给孩子提供无限想象的空间。

（五）绘本帮助游戏伙伴产生心灵共鸣

阅读过同一本图画书的幼儿往往能很快融为一个群体，会因为某一句话、某一个人物形象、某一个情节产生共同话语，从而为游戏的开展奠定感情基础。松居直提出"要让孩子们顺利地适应团体生活的一个先决条件，就是使孩子们掌握'共同的语言'"，拥有共同谈论话题的幼儿总是很容易成为游戏伙伴。读过《三只山羊嘎啦嘎啦》的幼儿听到"嘎啦嘎啦"时会一边发音一边体会其中的快乐，没有读过该故事的幼儿可能不了解其中的含义。面对打不开的橱柜，幼儿能排成一列，每个小朋友抱着前面小朋友的腰，一边用力一边吆喝想把柜门打开，读过《拔萝卜》故事的幼儿能立刻明白这个情景，从而加入队伍，这是幼儿的共同

---

① 杨美华.绘本内容融入幼儿体育游戏的策略探研[J].幼教与成才研究，2020(17)：101-102.

② 姚佩.读图时代背景下儿童绘本叙事的游戏性研究[J].实务，2019(11)：60.

经验。通过绘本会产生心灵共鸣,“共鸣越多,心灵就愈能结合在一起,从而产生认同感。”这种共鸣会让幼儿对团体和伙伴产生归属感和安全感,这是游戏开展得成功与否的关键。

> 《三只小熊》至今仍受孩子们的欢迎,其原因之一恐怕就是因为这个故事能帮助幼儿认识并找到自己在生活中的位置。这个故事里反复讲到大碗、中碗、小碗,大勺儿、中勺儿、小勺儿,大椅子、中椅子、小椅子,大床、中床、小床,这并非为了向幼儿灌输有关大小的知识,而是为了帮助幼儿确证自己的存在,感受自己存在的真实性与和谐性。
>
> ——节选自《经典这样告诉我们》(朱自强,明天出版社)

二、基于绘本的游戏设计

基于绘本设计游戏,增加游戏趣味,激发儿童的游戏兴趣,还可以促进幼儿亲社会行为的出现。郝广才在《好绘本如何好》一书中认为,绘本是最好的玩具,阅读是最好的游戏。如果将阅读绘本解释为游戏活动,那会使阅读变得更加有趣、轻松、快乐和动感。

如何将儿童已有的绘本经验迁移到游戏中,促进游戏水平的提高,已成为儿童游戏研究必须面对和解决的问题。将游戏与绘本融合在一起,以绘本内容来深化游戏的主题,在游戏中巩固、迁移经验,使儿童教育游戏化。有的教师将绘本和体育游戏、表演游戏相结合,既加深儿童对绘本内容的了解,也锻炼了身体机能和表现力;还有教师开发手工游戏,鼓励幼儿自己制作绘本。对绘本的研究开展得如火如荼,实践经验日渐丰富,两者的融合以及经验推广指日可待。

(一)基于绘本的益智游戏

益智游戏也称为智力游戏,属于规则游戏的一种。基于绘本的益智游戏需要挖掘绘本的智育因素,将其与游戏结合起来,以生动有趣的形式使幼儿在愉快的活动中学习知识、发展智力。益智游戏有明确的游戏任务、游戏玩法、游戏规则和游戏结果。如围绕绘本《萝卜回来了》,教师可设计小兔、小驴、小羊、小鹿、萝卜、地瓜、白菜、青菜的卡片,要求幼儿按照出场人物的先后顺序将卡片放在相应的位置,用时最少的一组获胜。对于年龄稍低的幼儿,教师可提前描绘小动物和蔬菜的轮廓在相应位置,降低游戏难度,并给幼儿足够的思考时间。

在益智游戏中,材料的投放要能够激发幼儿的学习兴趣和热情,所以需要教师多动脑、多观察,根据材料的可操作性和玩法的开放性,满足幼儿多样化、个性化的探索需求。另外,教师还可以设计益智游戏来渗透智力学习的内容。如借助绘本《摇摇晃晃的桥》可以设计关于“轻重”的数学游戏:猫的体重=小狗的重量,小猴子的重量=2 只小狗的重量,请问让 1 只小猴和几只小猫玩跷跷板能保持平衡?可以在益智区多放置此类游戏用具让幼儿真真实实地体验轻重的感觉。[①]

（二）基于绘本的美工游戏

基于绘本的美工游戏

绘本具有极强的艺术表现力，其角色造型、情境设计、表现技法中都蕴藏着很多美工游戏可以借鉴的资源。优美的图画离不开点、线、面、色等美术元素的巧妙融合，很多教师借助绘本《糟糕的头发》玩线条游戏，帮助幼儿感受线条的奇妙。小班教师可提供棉签、颜料，让幼儿尝试画头发，感受手腕用力大小、运动时长、行进方向与线条粗细、长短、弯直之间的关系；中班教师可提供彩笔、纸张，让幼儿为小狮子画出更多造型、颜色的头发。

绘本《海马先生》是绝佳的色彩游戏素材，给幼儿提供粗细不一的笔刷和颜料，让幼儿尝试点、刷、甩、挥洒、叠加，感受绘本中碰撞的、渐变的、宁静的、热闹的色彩，创造更多绚丽的色彩，验证更多猜想。绘本《小船的旅行》色彩艳丽、形状素材突出，阅读过程中，幼儿能很快感知小窗、岛屿、海浪的形状差异并跃跃欲试。教师可提供彩笔作画，也可提供色彩、大小不一，数量充足的形状卡片供幼儿摆弄，将摆弄好的图案粘贴在色彩卡纸上，参考后进行创新，借鉴中进行突破，不仅会收获样式各异的粘贴画和故事，而且幼儿可以在创造中获得满足感和成就感，不知不觉地喜欢欣赏美的事物、体验到用美术语言表达自我的乐趣。[②]

（三）基于绘本的音乐游戏

在开展音乐游戏前，教师可以组织幼儿观察绘本画面，了解音乐游戏的故事、玩法、规则，然后扮演绘本角色，尝试跟随音乐用肢体动作去表达对故事的理解，根据音乐的变化做出反应。

以小班音乐游戏《小红帽》为例。教师采用“小台阶”的教育策略，通过故事情节的发展，引导幼儿在层层递进的挑战中享受音乐游戏的快乐：第一，为《小红帽》续编故事，并了解音乐游戏的玩法、规则；第二，跟着《宾果》音乐旋律练习自然、有节奏地走步；第三，做“狼叫声”的游戏；第四，学习听辨乐器音色，感受优美与沉重的音乐形象；第五，学习听辨优美与沉重的音乐；第六，完整游戏。

游戏中，老师以“小红帽”在去看望外婆的路上躲避大灰狼的故事情节为主线，“小红帽”在森林里经过小路、草地、树林、山坡四个自然衔接的游戏情境，最后到达外婆家。游戏中“小红帽”与情境互动，当听到“狼走”音乐响起时，依次躲藏在“草丛”（椅子）、“树”（桌子）、“猎人”后面；当“小鸟”出现、危险解除时，“小红帽”欢呼雀跃、自由地“飞”走了。

“小红帽”这个游戏将绘本和音乐游戏相结合，让幼儿体验音乐游戏带来的快乐。为了让幼儿区分“小红帽”、小鸟和狼的音乐形象，教师选择了三种形象生动的背景音乐，用音乐

---

① 张黎敏. 如何开展关于“轻重”的数学游戏——以绘本《摇摇晃晃的桥》为例[J].读写天地，71.

② 朱静. 精析绘本作品 巧设美术活动[J].新课程，132.

特有的旋律、节奏，塑造出音乐形象，把幼儿带入特有的意境，从而帮助幼儿理解音乐。“小红帽”向前行走的音乐，选择并剪辑了速度统一的奥尔夫《宾果》前半段；“狼走”音乐呈现低沉、缓慢的音乐形象，营造出一种紧张的氛围；“鸟飞”音乐呈现优美的音乐形象，营造出一种轻松、自在的意境。特别是“狼走”“鸟飞”两种音乐旋律，音色的变化、旋律的起伏、速度的变化，带有强对抗的意境性，让“小红帽”时而紧张、时而轻松，在不同的动静交替的状态中积极地参与游戏。①

（四）基于绘本的表演游戏

幼儿园运用绘本开展表演游戏可以先从众多绘本中选择情节跌宕起伏，具备起因、经过、结果的绘本，如《三只小猪》《狼大叔的红焖鸡》等，为开展具有主题性和趣味性的表演游戏提供丰富的素材。其次，遵循表演游戏基本流程，开展自主性表演游戏：①教师组织幼儿讨论、投票、推荐来确定主题。②师幼共同细读绘本，熟悉主题内容。③创编剧本。④准备道具，可以幼儿自己带，可以师幼共同制作，可以家长收集。⑤分配角色。如果遇到困难，可以教师介入，可以抽签，也可以友好协商；同时进行场景布置。该环节最好引导幼儿进行舞台设计，让幼儿清楚角色的位置和背景的位置，让所有幼儿对场地划分达成共识。⑥正式表演。表演结束不代表游戏结束，后期的回顾、总结非常重要，可以帮助幼儿抒发在游戏中的情绪体验，还能帮助幼儿将相互对话、讨论中获得的零散经验系统化，让幼儿在相互学习中建构新经验，学到新知识。后续可以增加观众、售票员角色和凭票入场环节，还可以增加前期宣传环节，邀请其他班级幼儿一起观看。②

（五）基于绘本的建构游戏

有的幼儿园设立有“绘本主题建构馆”，儿童可以围绕绘本中感兴趣的建筑或者物品，建构属于自己的乐园，达到想象与现实的完美结合。有学者③深入研究绘本与建构游戏之间的关系，根据幼儿理解能力和建构游戏经验多少，将基于绘本的建构游戏形式分为以下三种。

1. 先阅读后建构

对于认知理解水平较低、建构游戏经验略有欠缺的幼儿，可以先阅读后建构，选择故事情节及图画内容都较为直观的绘本，关注图文的结合阅读。在直观的情节推动下，引导幼儿学习绘本中的方法，进行建构。目的在于积累一些基于绘本阅读进行建构游戏的经验，对绘本阅读和建构游戏之间产生有意义的联系。

---

① 曹凤银.利用绘本故事开展小班音乐游戏的尝试：以利用绘本《小红帽》开展的小班音乐游戏为例[J].幼儿教育研究，2019(2).

② 巫阳杨，杨菲.利用绘本开展大班幼儿自主性表演游戏的策略[J].教育观察，2019(34).

③ 邢悦鑫.基于绘本阅读的幼儿建构游戏指导研究[D].长沙：湖南师范大学，64-66.

2. 先建构后阅读再建构

这种组织形式适合认知理解水平中等,但结构表征能力较差的幼儿。可基于他们的建构,围绕他们熟悉的建构对象,选择与之有联系、图画内容更形象更具体的科普性绘本,重点读图,发挥绘本图画的媒介作用,帮助幼儿在已有认知经验的基础上,更加精准、清晰地认知他们所建构的对象,同时经过再次建构提升相关搭建技能水平。

3. 边建构边阅读

边建构边阅读的组织形式适用于认知理解水平较高且结构表征能力较强的幼儿。有目的地选择主题、内容与建构游戏有着间接联系的绘本,教师指导重在利用故事情节的发展去推动建构进程,给幼儿自由建构的权利,绘本在此仅作为一种参考,为幼儿提供建构的灵感,重在培养其创意建构的能力。幼儿游戏过程中可以单独使用一种,也可以多种结合使用。

三、绘本游戏的实施途径

“绘本游戏”是高效科学的教育策略,将绘本阅读的整体性功能融入游戏活动,利用绘本的情境和内容开展游戏。①

(一) 借助主题系列活动,利用绘本开展游戏

主题绘本活动的一大优势就是借助绘本支撑,引发幼儿深入学习。围绕主题活动的主线,根据主题活动的深入有层次地选择合适的绘本内容,借图片说事实讲道理,用游戏深化、检验和丰富知识。教师首先要明确核心主题或问题,再寻找合适的绘本;所选绘本不仅能解决该问题,互相之间的主题还应该具有连贯性;这个连贯性不一定是人物、构图的相似,而是绘本所表达主题思想应该契合。例如,有的老师组织“牙齿”主题系列活动时,利用绘本来推进儿童深度学习。②

问题一:牙齿掉了什么感觉?

绘本:《我的牙掉了》,消除孩子的恐惧感。

游戏:利用绘画游戏,幼儿发挥想象,将“如何保管掉下来的牙齿”借助彩笔画出来,并张贴做墙饰。

问题二:牙齿快掉不掉,怎么办?

绘本:《一颗超级顽固的牙》,开发孩子的想象力。

游戏:幼儿在绘本的启发下,脑洞大开,想象力爆发,利用绘画游戏,将每个人所想的方法画下来,张贴做墙饰,幼儿进行交流。

---

① 文彬宁,刘思岚.关于绘本在幼儿园游戏活动中运用的思考[J].课程教育研究,2018(24):242.

② 陆旭芳.课程游戏深度学习 合理利用绘本渗透游戏[J].读与写,2019(9):220.

问题三：为什么大班孩子都在掉牙，中班孩子牙齿却没掉？

绘本：《我的牙掉了》，重新发现知识点。

游戏：幼儿进行调查活动，并将结果做表统计，发现一般人掉牙是六七岁，再次阅读《我的牙掉了》重新发现被忽略的内容，掌握阅读的技巧和方法。

问题四：为什么会龋齿？

绘本：《牙齿大街的新鲜事》，了解龋齿形成的原因和过程。

游戏：借助牙齿检查活动，深入了解龋齿产生的原因，了解哪些食物对牙齿有益处，哪些食物是有害的。观察牙齿模型，了解牙齿的名称和功能。

问题五：如何打倒龋齿？

绘本：《鳄鱼怕怕牙医怕怕》。

游戏：制作宣传海报、宣传牌，并举起宣传牌、喊起口号，在幼儿园进行打倒龋齿宣传。

问题六：了解牙齿的发育

绘本：《我的牙齿长大了》，了解牙齿的发育。

游戏：教学游戏，研读绘本。

此次主题活动，绘本内容是从孩子的兴趣点出发，六本绘本讲述了一个个生动的掉牙换牙故事，吻合孩子们的掉牙、换牙、看牙医等一些心理感受，丰富了孩子牙齿健康的有关经验。上述案例中关于牙齿的探索，由《我的牙掉了》到《鳄鱼怕怕牙医怕怕》，开始是幼儿主动发现问题、探索问题，最后是在教师引导下提出龋齿的问题，整个过程以问题为导向，不断深入。活动结束后，教师反思：

“（此次深度学习）犹如一本巨大的立体的绘本，记录了孩子们主题活动中一个个生动的掉牙换牙故事。它更是一个生动的孩子们自己创办的艺术展览厅，展示了班级里每一个孩子对掉牙、换牙心理感受的夸张的想象画，带来了内容与形式高度统一的美的视觉艺术。”

（二）在集体教学活动中融合绘本游戏

一般而言，绘本教学的目标分为四个层次：一是了解绘本表述的内容，如绘本构成、内部配图、故事内容、人物关系、情节等，培养幼儿观察、理解、记忆的能力；二是感受绘本故事中的情感表达，促进幼儿情感的发展；三是在引导幼儿理解绘本内容的基础上，进行表演或再现，促进幼儿表达能力的发展；四是鼓励幼儿将绘本内容迁移到生活实践中，引导幼儿在生活中发现身边的美，逐步形成良好的价值观和世界观。①

如何在集体教学中进行绘本游戏呢？一般采用集体教学的绘本都是首课时的绘本，即

① 虞永平.关注流动和留守幼儿的生活与教育[J].学前教育研究，2010(5).

第一次讲授、故事陌生的绘本。在幼儿园不同年级集体教学的侧重点有所不同，但都为发展幼儿的早期阅读能力奠定基础，使幼儿获得“前阅读”的核心经验，包括养成良好的阅读行为与阅读习惯、对于阅读内容的理解与正确阅读策略的形成、对于阅读材料的信息评判与阅读表达。这能够帮助幼儿养成良好的阅读习惯、形成正确的阅读技巧，从而提高阅读能力。如表 7-1 所示，以《武士与龙》《小恩的秘密花园》《小房子》三个绘本为例，具体阐述如何在集体教学活动中获取核心经验。①

表 7-1　在课程中获取核心经验示例

示例绘本	《武士与龙》	《小恩的秘密花园》	《小房子》
核心经验	养成良好的阅读行为与阅读习惯(首要部分)	对阅读内容的理解与正确阅读策略的形成(教学目标)	对阅读材料的信息评判与阅读表达(终极目标)
初始阶段	任务：指导幼儿掌握基本阅读规则	任务：准确辨识故事情节	任务：模仿主角，在情境中了解主角特点
	1. 规则引导，提醒幼儿看书方法 2. 仔细观察，培养幼儿爱书意识 3. 引导参与，准确辨识书中物体	1. 阅读封面，感知人物与故事内容 2. 感受理解，引导幼儿描述画面情节	对比前后鲜明变化，阅读不同画面情节的时候，将自己置身不同情境中，体会主角情绪变化
稳定阶段	任务：指导幼儿初步学习整理图书	任务：准确理解绘本的关键信息	任务：描述情节，引导幼儿产生共鸣
	1. 认识书名，帮助幼儿理解故事内容 2. 引导指认，帮助幼儿专注阅读过程	1. 细致观察，提炼绘本关键信息 2. 提示猜想，引导幼儿串联故事情节	
拓展阶段	任务：初步培养幼儿独立阅读能力	任务：理解任务状态与情节布局	任务：评判特质，引导幼儿思考或质疑
	1. 引导观察，熟悉绘本结构 2. 跟随朗读，初步建立幼儿阅读能力	1. 观察主角，捕获人物心理状态 2. 细节入手，感悟画面布局	

（三）在区域活动中渗透绘本游戏

在区域活动中可以展开的游戏有益智游戏、美工游戏、音乐游戏、建构游戏、表演游戏等。例如，依据绘本《小刺猬的项链》可以设计益智游戏，在益智区投放彩色圆片、规律卡、固体胶，引导幼儿根据规律卡进行有规律的排序制作项链。

绘本游戏在区域活动中的真正实现依赖于环境创设和材料的投放。创设与绘本相关

① 王哼.幼儿园早期阅读与绘本教学[M].福州：福建出版社，2018：70-74.

的区域环境，力求幼儿通过情景化环境的创设，产生身临其境的感觉，激发幼儿的探究欲望。如读完《花格子大象艾玛》可借用艾玛身上鲜艳的格子元素进行区域环境创设，在吊饰、隔断中利用竹编镂空垫子以及穿编的花格子大象艾玛形象进行组合排列，巧妙起到隔断的作用，同时竹编垫子上还可以悬挂游戏流程图和幼儿作品。

（四）在户外活动中开展绘本游戏

为了改善幼儿体育兴趣不高、活动内容枯燥、活动形式单一等现象，可以借助一些有关健康活动的绘本，如《一步一步走啊走》《苍蝇苍蝇快走开》《输不起的莎莉》《小猪佩奇运动会》《可爱动物操》等，提高幼儿参与体育游戏的积极性和主动性。比如利用《苍蝇苍蝇快走开》锻炼幼儿的"跑"，当"苍蝇"飞来的时候，"小猪"要四散跑开，"苍蝇"飞的方式不同，"小猪"跑的方式也不一样，他们可以在指定的范围内锻炼四散跑和躲闪跑。再如练习爬行或钻等肢体动作时，教师可将绘本《好饿的毛毛虫》融入体育游戏，让幼儿模仿毛毛虫爬行，还可以放置物品制造障碍，在终点放置奖品吸引幼儿坚持等，幼儿在不知不觉间完成一定的运动量，掌握身体运动技能。绘本也可用来锻炼幼儿的队列练习，绘本《一步一步走啊走》让幼儿模仿小动物在口号声中一个跟着一个向前走，经过多次训练，在排队的时候，幼儿就能跟随教师口号"一二一"一步一步向前走。[①]

（五）开展绘本手做游戏，创意玩绘本

绘本不仅可以用来阅读、模仿，还可以用来启发思路、改编创作、制作手作绘本。手作绘本完全由幼儿自主创作，结构、文字、颜色、情节、大小、形状等都由幼儿自行决定。常见的手作绘本有一页书、四页书、五格书、手卷书、折叠书、卡片书、口袋书、翻翻书等。创作绘本可以帮助幼儿表达内心真正的想法，把生活中的喜怒哀乐等种种情绪与感受一一表达出来，不仅记录了生活中的点点滴滴，也成为抒发情绪的重要途径。

这种专门化的绘本游戏能激发儿童的创意，让儿童感知手作绘本的"制作小诀窍"。如五页书特色在于渐变，由小到大、由局部到整体、由简单到繁复地体现，可以用来进行体现生命过程、动植物观察记录、由小到大概念联想、由少到多的数目联想、由微观到宏观的延伸视野、由局部到整体的联想、小线索到大惊奇之类内容的绘本创作。

绘本创作还能增进孩子的阅读，孩子看到新的绘本不再只是对情节的表层进行浏览，而是进一步赏析故事的发想方式[②]、文字表达技巧，甚至绘本的图画、用色、笔触、造型等表现手法，从而可以提高美学素养。绘本创作需要幼儿描述图片和故事情节，也促使幼儿练习表达能力和书写能力，间接提高幼儿写作能力。手作绘本对幼儿文学素养培养太有益处

① 杨美华.绘本内容融入幼儿体育游戏的策略探研[J].幼教与成才研究，2020(17).

② 出自《绘本的读写游戏》，意思是经由思考历程发生的创意构想。

了！[①] 针对幼儿绘本创作中较难的内容创作，林美琴认为“绘本内容构想”主要围绕“故事、主题、诗歌、散文、生活、互动”六方面进行创作。如“生活绘本”用来忠实地记录自己的所思所感，可以用相片记录点滴，既可以写一本图文并茂的个人传记，也可以写旅行札记或参观记录，珍藏美好回忆。每个绘本故事创作都是幼儿从自我经验出发，融合绘画、写作、剪纸、审美于一体的产物，这不仅是创作还是游戏，幼儿在玩中学、学中玩，还能留下值得纪念的实物。

四、设计绘本游戏需要注意的问题

（一）选择富有游戏性的绘本

教师选择的绘本除了符合幼儿的年龄特征外，还需要关注绘本内容孩子们是否熟悉和喜欢的，绘本本身是否具有趣味性和游戏性，绘本中的角色、场景、情节是否具备开展游戏的可能性。在选择绘本的过程中，教师应准确分析绘本内容，找出绘本本身所隐藏的游戏环节。比如《汉堡男孩》中，汉堡男孩被狗、牛、小男孩们追逐时狼狈不堪地爬山越谷的路线图，本身就是一种有趣的迷宫游戏。[②]

（二）把握绘本游戏的年龄适宜性

绘本游戏的年龄适宜性要求教师准确把握各年龄段幼儿的游戏特点，运用绘本设计出幼儿感兴趣的游戏。皮亚杰认知发展的游戏理论指出，0～2 岁儿童的游戏是练习性游戏，“动”即“乐”，2～7 岁主要是象征性游戏，4 岁以后结构游戏、规则游戏增加，所以幼儿园小班、中班前期的游戏应该以玩耍游戏为主，适当增加简单的规则游戏；中班后期开始逐渐增加结构游戏、规则游戏的成分。[③]

利用绘本组织游戏，教师要善于挖掘绘本的教育元素，并能选择合适的丰富的游戏方式，让幼儿在探索中自然愉悦地成长。小班年龄段的绘本游戏主要运用的设计元素是绘本中的角色，中班年龄段的绘本游戏主要运用的是角色、场景和情绪情感，而大班年龄段的绘本游戏主要运用的则是文字、动作、心理活动和情节。从小班到大班，绘本游戏所利用的教育元素从单一到复杂、从具体到抽象、从外在到内隐，这个特点与幼儿学习和认知发展的规律是相符的。[④] 这些规律的发现和运用需要教师具备教育学、心理学、绘本、游戏等专业知识，敏锐观察、阅读反思、领悟总结等专业能力以及热爱幼儿的专业情感，需要教师大量阅读书籍文献、科研论文以及优秀的经典绘本，培养自己的鉴赏力、判断力、理论联系实际能

---

① 林美琴.绘本的读与游戏[M].乌鲁木齐：新疆青少年出版社，2017.

② 陈辉.挖掘绘本教育资源 开启幼儿游戏之旅[J].课程与教学，2013(1)：64.

③ 邱学青.学前儿童游戏[M].南京：江苏教育出版社，2008：99.

④ 陈辉.挖掘绘本教育资源 开启幼儿游戏之旅[J].课程与教学，2013(1)：63.

力，在实践中检验游戏效果，提升能力。

（三）遵循游戏设计的基本步骤

一些老师较为注重绘本中的静态知识，忽视图片所反映的核心观念，停留在低层次的绘本阅读。开发绘本的教育价值，进行绘本游戏，有助于推进幼儿多元化的发展，这是优化幼儿园绘本教学的新途径，对促进幼儿的全面发展、提升教师专业素养等方面都极具现实意义。教师以绘本元素为基础，创设游戏情境，让幼儿以表演、绘画、做实验等形式自主地开展对绘本内容的感知、操作、模仿和想象，将绘本教学从语言领域延伸到艺术、体育、社会、科学等领域，以游戏的方式最大化地开发绘本阅读的价值，使幼儿身心获得全面和谐的发展。此外，也有学者从园本课程角度出发将绘本游戏的设计分为选择绘本、集体设计、小组试玩、分析研讨和调整策略五个步骤。运用现代的科学方法按照设计要求来进行，具有一定的参考价值。[①]

（四）开发绘本游戏的多样性与趣味性

关于绘本游戏的多样性，教师通过分析绘本特质，设计出融教育性、可玩性为一体的绘本游戏，才能得到孩子的青睐。绘本游戏形式多种多样，按照游戏的组织形式可分为团体游戏、小组游戏、个体游戏等；按照主题类型可分为语言游戏、美工游戏、音乐游戏、运动游戏、结构游戏、益智游戏、表演游戏等。如《好饿的小蛇》《换一换》《猜猜我有多爱你》等绘本配上朗朗上口的儿歌，就可以设计成语言类游戏；而《谁藏起来了》《首先有一个苹果》这些绘本能够激发幼儿思维的活跃性与敏捷性，适合开展益智类游戏。趣味性是指绘本游戏设计不能牵强，游戏性要先于教育性，需要注意的是并不是所有的绘本都能设计成好玩的绘本游戏。[②]

（五）以幼儿发展为前提进行观察评价

观察是教师指导幼儿游戏的基础，教师在观察前要有明确的观察目的，通过幼儿游戏行为表现，把握幼儿的需要和困惑，提供适宜的帮助和指导。如《种子成长记》的表演游戏中，教师将律动游戏融入表演游戏，幼儿利用肢体动作表演出种子的生长过程，利用不同乐器的声效表现种子生长过程中的自然条件，如阳光—棒棒糖、风—水管、下雨—沙蛋，等等。教师可以围绕幼儿游戏开展的实际情况进行观察和评估，例如，观察幼儿在游戏中的积极性和主动性以及整个游戏活动的游戏性和趣味性等。

---

① 陈辉.挖掘绘本教育资源 开启幼儿游戏之旅[J].课程与教学，2013(1)：70.

② 陈辉.幼儿园绘本游戏的设计与实践[J].课程与教学，2013(1)：64.

第二节　绘本游戏案例

【案例 1】　小鸡快跑

设计来源：《母鸡萝丝去散步》(图 7-1)

图 7-1　《母鸡萝丝去散步》([美]佩特·哈群斯文/图，少年儿童出版社)

设计思路：一只母鸡去散步，有一只狐狸跟在母鸡后面想要抓住它，但一路上狐狸遇到了很多意外，最后母鸡安全地回到了家。绘本的内容妙趣横生，情节跌宕起伏。狐狸每次都在快要抓住母鸡的时候有意外的状况发生。母鸡散步时走过池塘、磨坊、干草堆等地方。根据故事情节，布置游戏场景并制作“母鸡”“小鸡”的头饰。游戏中幼儿通过跑、跳、跨等动作，发展身体运动能力。

游戏类型/适宜学段：运动游戏(大班)

游戏目标：

(1) 练习听信号助跑跨跳，绕过障碍。

(2) 掌握基本的跨跳能力，具有一定的灵活性。

(3) 体会母鸡妈妈对小鸡的关爱之情。

游戏准备：安全的足够大的场地，在场地四周布置栅栏(皮筋与椅子相连)；鸡妈妈头饰一个，小鸡装饰若干，狐狸头饰两个；轮胎、移动木块、平衡木等组成的障碍物若干。

游戏玩法：

(1) 教师(鸡妈妈)邀请小朋友们(小鸡)到草地上练本领。

(2) 小鸡练本领：教师戴母鸡头饰，幼儿戴小鸡头饰，幼儿齐说儿歌《小鸡练本领》做动作，四散走走、跑跑、蹲下捉虫等。熟练后练习更难的本领——跨过栅栏捉小虫吃，教师提醒幼儿一定要小心栅栏内的狐狸，同时不要碰倒栅栏。

(3) 小鸡快跑：听到鸡妈妈发出“狐狸来了”的信号时，要赶快跨过栅栏，不要让狐狸捉住。(请两名幼儿扮狐狸。鸡妈妈根据狐狸的行动不断地发出信号，小鸡们根据信号做散步或越过障碍躲藏的动作。当狐狸捉到两只小鸡时，小鸡与狐狸互换角色。)

(4) 小鸡回家：小鸡们真能干，练就了一身躲避狐狸的本领，现在我们回家休息去了。

延伸变化：可以加入更多的障碍物，练习助跑跨跳，绕过障碍；两组幼儿通过障碍时进行计时，比比哪组幼儿用时最短。

【案例 2】 纸娃娃找朋友

设计来源：《纸娃娃》(图 7-2)

设计思路：一个小女孩有五个特别的朋友——纸娃娃。五个纸娃娃手拉着手，是小女孩妈妈为她剪的。纸娃娃陪小女孩做了很多事，一起跳舞、一起游戏、一起去花园，纸娃娃们陪小女孩慢慢长大。每个孩子读绘本时，可能都想拥有一个属于自己的纸娃娃。教师可以提供各种颜色、材质的纸，让幼儿用手撕一撕，制作自己的纸娃娃。还可以提供用纸剪成的各种纸娃娃的形象，幼儿可以在分类的同时，感受纸的多种玩法。

图 7-2 《纸娃娃》([英]朱莉娅·唐纳森文，[英]丽贝卡·科布图，绿云译，汕头大学出版社)

游戏类型/适宜学段：益智游戏(小班)

游戏目标：

(1) 认识颜色，能颜色配对。

(2) 能沿线撕纸，愿意动手操作。

(3) 感受纸的多种玩法。

游戏准备：不同颜色的纸以及用不同颜色的纸剪成的各种纸娃娃。

游戏玩法：

(1) 制作纸娃娃：教师在纸上画出纸娃娃的造型，幼儿用小手沿线条撕出纸娃娃。

(2) 纸娃娃找朋友：打乱准备的纸娃娃剪纸，给纸娃娃配对，相同颜色的两两一对。

延伸变化：制作不同形状的纸娃娃，进行找朋友游戏。

【案例 3】 你说我猜

图 7-3 《聚会》([荷]阿兰德·丹姆文，[荷]亚历克斯·沃尔弗图，贵州人民出版社)

设计来源：《聚会》(图 7-3)

设计思路：小熊家举办了一场聚会，有很多朋友来参加。小熊闭着眼睛猜出了朋友是谁，在朋友们的提示下找到了礼物，还一起玩了“扮演”“一个走两个进”“变大树”等游戏，大家玩得很开心。幼儿可能对绘本里面的各种游戏非常感兴趣。通过提供小熊头饰、各种动物的图片，幼儿扮演小熊来猜一猜其他幼儿描述、表演的是什么动物。

游戏类型/适宜学段：语言游戏(大班)

游戏目标：

(1) 能准确描述动物的特征。

(2) 懂得规则的意义，并能遵守游戏规则。

(3) 能体验、享受和同伴玩游戏的快乐。

游戏准备：小熊头饰、各种动物的卡通图片。

游戏玩法：

(1) 一位幼儿戴上小熊头饰，使其背对着出示的动物卡通图片。

(2) 另一位幼儿根据出示的图片，去描述动物的特征或者边说边模仿这个动物等，让小熊幼儿去猜。(在幼儿描述的时候，其他幼儿不能提示小熊幼儿。)

(3) 幼儿轮流去当小熊去猜动物，猜对的动物一起聚会。

延伸变化：可以加入一些易混淆的动物图片，增加游戏难度。

【案例 4】　苹果运输队

设计来源：《想吃苹果的鼠小弟》(图 7-4)

设计思路：鼠小弟想从苹果树上摘一个苹果。鸟儿能飞，猴子会爬树，大象有长长的鼻子……它们都摘到了苹果。鼠小弟也学袋鼠的样子跳，学犀牛去撞树，可是都失败了。当海狮用顶球的绝活把鼠小弟抛到树上时，两人合作成功地摘到了苹果。以此，教师可以把"鼠小弟摘苹果"作为游戏情境，设置平衡木、拱门等赛道，幼儿分组通过赛道运输苹果，既能感受到游戏的趣味性，也发展平衡、钻爬等能力。

图 7-4　《想吃苹果的鼠小弟》([日]中江嘉男文，[日]上野纪子图，文纪子译，南海出版社)

游戏类型/适宜学段：运动游戏(中班)

游戏目标：

(1) 能在平衡木平稳走，具有一定的协调性和平衡能力。

(2) 感受游戏的快乐，具有乐观积极的情绪。

游戏准备：苹果模型、较宽的平衡木、较窄的平衡木、音乐《一起去玩耍》、拱门、纸箱(小仓库)。

游戏玩法：

(1) 听音乐进行准备活动——伸展、踏步等。

(2) 分组活动，熟悉运输路线。每组幼儿按照顺序，在"仓库"里拿 1 到 2 个苹果，通过第一座桥(较宽平衡木)，钻过山洞(拱门)，再通过第二座桥(较窄平衡木)，将苹果运送到小动物家中。

(3) 小组比拼，进行比赛。每组第一位幼儿先运输苹果，运输成功后返回拍第二位幼儿的手，第二位幼儿再出发。比一比哪一个小组更快。

延伸变化：可以加入更多的障碍物，增加游戏难度。

【案例 5】 健康营养棋

设计来源：《肚子里有个火车站》(图 7-5)

设计思路：《肚子里有个火车站》形象地介绍了人体的消化系统及功能。如果食物太大块，就会砸晕火车站里的小精灵；如果吃得太多，火车厢会盛不下；吃了太多冰淇淋，导致整个火车站都被冻住了。制作一个健康营养棋盘，画上一些或好或坏的饮食行为以及消化器官。幼儿在游戏中，进一步认识消化器官名称及作用，判断健康正确的饮食行为，增强健康饮食的意识。

图 7-5 《肚子里有个火车站》([德]鲁斯曼·安娜著，张振译，北京科学技术出版社)

游戏类型/适宜学段：益智游戏(大班)

游戏目标：

(1) 认识并能说出人体的消化器官。

(2) 能区分和判断饮食行为的好坏，并说出理由。

(3) 大胆参与游戏，体会活动的乐趣。

游戏准备：健康营养棋盘、旗子、骰子。

游戏玩法：

(1) 幼儿两两分组，各选一枚自己的棋。

(2) 幼儿轮流掷骰子，掷到的数字是几就走几步。

(3) 对应棋盘上的图案，判断饮食行为对错或者能说出对应的消化器官名称，并按照图案指令行动。直至一方成功到达终点。

延伸变化：制作健康饮食卡。

【案例 6】 找朋友

图 7-6 《首先有一个苹果》([日]伊东宽文/图，蒲蒲兰译，二十一世纪出版社)

设计来源：《首先有一个苹果》(图 7-6)

设计思路：《首先有一个苹果》是一本很有意思的数字书。首先有一个苹果，两条虫子从里面钻出来，三只鸟想吃虫子，四个猎人打那些鸟……绘本把数字融入生动的故事，以一种有趣的方式呈现了数，在一环扣一环的情节中，孩子们加深了对数字、数量之间关系的理解。教师可以制作数字卡片以及动物数量卡片，幼儿通过点数帮助动物找到对应的数字朋友。幼儿在具体感知、直接操作材料中，加深对数字及其数量的对应关系的理解。

游戏类型/适宜学段：益智游戏(中班)

游戏目标：

(1) 能看图数数并匹配到相应的数字。

(2) 能认真观察并正确点数。

(3) 喜欢参与游戏。

游戏准备：动物数量卡和数字卡片。

游戏玩法：

(1) 拿出动物数量卡引导幼儿观察并且点数。

(2) 幼儿拿着数字卡片去找相对应的动物数量卡的这个好朋友。

延伸变化：将动物卡按一定的顺序排序或加入故事情节。

【案例 7】 魔法变变变

设计来源：《女巫温妮》(图 7-7)

设计思路：女巫在森林里有一座黑色的大房子，房子里面的所有东西都是黑色的，她的小猫也是黑色的。有时女巫会看不到小猫，她用魔法棒把小猫变成绿色，但小猫在草丛里时又看不到了……最后女巫把所有的东西变回原来的颜色，小猫也变回黑色。绘本中女巫的魔法棒有神奇的魔力。在游戏中，可以给魔法棒赋予魔力，被魔法棒点到的幼儿需要模仿一种动物，在积极参与游戏中获得语言表达和表演的机会。

图 7-7 《女巫温妮》([澳]瓦拉里·托马斯文，[英]科奇·保罗图，童梦译，广西师范大学出版社)

游戏类型/适宜学段：综合游戏(小班)

游戏目标：

(1) 具有一定的语言表达能力和反应能力。

(2) 能积极参与游戏，体验游戏的快乐。

游戏准备：魔法棒一支、主题词卡片。

游戏玩法：

(1) 幼儿们围圈坐好，老师抽取主题词卡片(动物)。

(2) 当听到老师说“魔法变变变”时游戏开始。从老师出发，说出一种动物名称，并将魔法棒指向一位小朋友，被魔法棒指到的小朋友需要做出能代表这个动物的动作。

(3) 模仿成功，老师将魔法棒交给这位小朋友，继续游戏。

(4) “老师”的引导角色可在幼儿熟悉游戏后由幼儿代替。

延伸变化：可以准备多种主题词卡片。

【案例8】 乌鲁找朋友

图7-8 《今天运气怎么这么好》（[日]宫西达也文/图，南海出版公司）

设计来源：《今天运气怎么这么好》(图7-8)

设计思路：乌鲁发现了很多小猪在午睡林里睡觉，它觉得自己今天的运气好得不得了，决定去叫好朋友们一起分享。它到了哇呜家，哇呜邀请它吃咖喱蘑菇，走的时候还送给他好多。之后来到咕噜噜、贝罗家，又得到了好多苹果派和油炸饼。当乌鲁想起来小猪的时候，小猪都已经回家了。绘本中乌鲁去找了他的朋友，我们可以把朋友们的家制成地图。幼儿通过掷骰子走相应的步数，到达朋友的家可获得对应的食物图片。

游戏类型/适宜学段：益智游戏(小班)

游戏目标：

(1) 在探究中思考，进行简单的推理发现正确的道路。

(2) 使用前后、上下方位词描述人物位置与行走方向。

(3) 动手动脑探索物体和材料，体验游戏的快乐。

游戏准备：

(1) 手工制作的大地图，地图上有午睡林(地图左边起点)、哇呜的家(地图中间)、咕噜噜的家(地图下方)、贝罗的家(地图上方)、乌鲁的家(地图右边终点)，一些其他动物的家随机分布在地图上，地图上的路是均等大小的格子。

(2) 乌鲁的人物卡片、哇呜的人物卡片、蘑菇卡片、咕噜噜的人物卡片、苹果派卡片、贝罗的人物卡片、油炸饼卡片、一些其他的动物卡片、骰子。

游戏玩法：

(1) 幼儿手持乌鲁的人物卡片按照地图上的路线去寻找自己的朋友。

(2) 幼儿首先掷骰子，得出相应的点数，根据投掷出的点数行走。

(3) 到乌鲁朋友家就可以得到故事中所对应的蘑菇、苹果派、油炸饼的图片。

(4) 到达终点回到乌鲁家。

延伸变化：可以在地图上增加迷宫。

【案例9】 嘟嘟嘟，小火车

设计来源：《两列小火车》(图7-9)

设计思路：两列小火车，一列是流线型的新火车，另一列是老式的玩具火车。两列火车向西开动了，钻过山洞、越过河流、经历雨雪和风沙，最后爬过了通往西方的山坡。两列火

图 7-9　《两列小火车》([美]玛格丽特·怀斯·布朗文,[美]利奥·黛安娜·狄龙图,谭海澄译,河北教育出版社)

车带给了幼儿无限的遐想。我们可以准备音乐律动,幼儿随着音乐坐上火车,感受律动的节奏。

游戏类型/适宜学段:艺术游戏(小班)

游戏目标:

(1) 能随着音乐律动开火车。

(2) 在游戏的过程中能与其他小朋友友好互动。

(3) 体验音乐游戏的乐趣。

游戏准备:音乐《小火车》

游戏玩法:

(1) 幼儿们排成两排,后一位幼儿抓住前一位小朋友的衣角,充当火车的一节节车厢。教师播放音乐,音乐响起,小火车开动,幼儿们继续开动火车;老师音乐暂停,火车停止,幼儿们停止开动。

(2) 几轮后,换不同的幼儿充当火车头。

(3) 教师设置不同的游戏情境,环境布置中加入一些障碍或轨道等,组织幼儿玩开火车的游戏。

延伸变化:带领幼儿进行户外活动,模拟绘本情景,练习钻、爬等动作。

【案例 10】　可爱的小刺猬

设计来源:《小刺猬的麻烦》(图 7-10)

图 7-10　《小刺猬的麻烦》([英]瑞希德·斯卡梅尔文,[英]麦可·泰瑞图,思铭译,中国电力出版社)

设计思路:小刺猬建好了一个过冬的小窝,不大不小刚刚好。一个大苹果从树上落下来,牢牢扎在它背上的刺中间,这下它进不去小窝了。后来小刺猬身上又多了三只棕色的坚果、一个青梨、粉红的荷花和四个黑莓,最后山羊帮助小刺猬解决了问题。看绘本,幼儿知道刺猬的身体是圆圆的,身上有尖尖的刺。教师准备面团、安全剪刀,幼儿通过捏、团、揉和剪制作一个小刺猬,发挥想象力进行艺术创作。

游戏类型/适宜学段:美工游戏(大班)

游戏目标:

(1) 不学习用面团塑造刺猬的形象,练习捏、团和揉等技能。

(2) 用剪刀剪出刺猬背上的刺。

（3）大胆表达自己的想法和创意。

游戏准备：软硬适度的面团、少量黑色面团、安全剪刀、擀面杖等。

游戏玩法：

（1）幼儿用面团捏刺猬的身体，练习捏、团、揉、搓等技能。

（2）将黑色面团擀成片状，贴在小刺猬的身体上，当作小刺猬的后背。

（3）用剪刀剪出小刺猬的刺，完成“面团小刺猬”。

延伸变化：制作其他小动物。

思考与实践

1. 分析一个绘本的游戏价值，思考利用这个绘本可以开展什么游戏。

2. 选择自己喜欢的绘本故事设计一个适合的游戏活动。

3. 哪些绘本适合设计体育游戏？请举例说明。

4. 尝试围绕一个主题寻找相关绘本，并在这个主题下设计相应的游戏活动。

第八章　幼儿绘本与区域活动

【内容导航】

在幼儿园，每个班级都会设置不同的活动区域。区域活动（也称区角活动）关注儿童的个体差异，为儿童的个性发展提供了契机。儿童喜闻乐见的绘本能否融入区域活动？可以通过哪些方式充分发挥两者的优势呢？本章将从绘本融入区域的可行性出发，探讨绘本融入区域活动的途径以及绘本区域活动的实施要点。

【学习与实践目标】

- 了解绘本融入区域活动的可行性。
- 理解并掌握绘本融入区域活动的途径。
- 知道区域中绘本活动的实施要点。
- 能够在分析绘本的基础上设计绘本区域活动。

【知识框架】

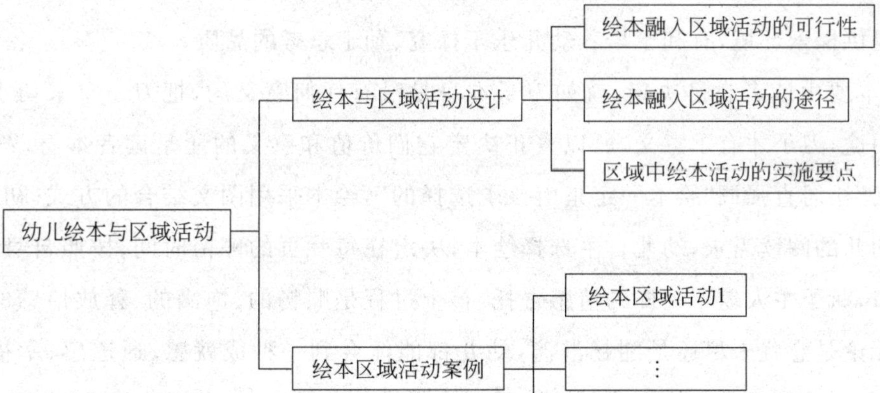

第一节 绘本与区域活动设计

"区域活动也称活动区活动、区角活动等,是指以幼儿的需要、兴趣为主要依据,考虑幼儿园教育的目标、正在进行的其他教育活动等因素,划分一些区域,如积木区、表演区、科学区等,在其中投放一些适合的活动材料,制定活动规则,让幼儿自由选择区域,在其中通过与活动材料、同伴等的积极互动,获得个性化的学习与发展。"[①]绘本作为教育资源的一种,是区域活动中不可或缺的一部分。朱自强认为"绘本就是一颗种子,我们把它播种到孩子的心里,它就会长出丰硕的果实,孩子用他们的感受、社会经验让这颗种子生根发芽"。

一、绘本融入区域活动的可行性

(一)绘本与区域活动具有共同的价值取向

区域活动的价值取向是"自主、愉悦、专注、探究"[②]。自主是对幼儿的充分尊重,幼儿按照自己的意愿和能力选择活动区、活动内容、活动材料,自主把握活动进程、决定活动结果,处于完全自主、轻松无压力的游戏状态,这是幼儿产生愉悦感的最大缘由。愉悦是幼儿良好的情绪体验,可以促进幼儿认知能力和身心健康发展。愉悦的情绪会促使幼儿产生更多的合作、分享、助人等亲社会行为,会带给幼儿更多的成就感和自豪感,这对于幼儿来说是极为宝贵的情感体验。专注是良好的学习品质之一,幼儿对感兴趣的事情容易专注。自主感保证了幼儿对活动的兴趣,使幼儿更容易进入专注的学习状态,幼儿心智潜能将得到极大的开发。探究是创新意识的摇篮。创新意识和创新能力是人才培养的重要目标,活动区为幼儿提供探索环境,有利于培养幼儿乐于探究、勤于思考的品质。

"绘本要由读者自己决定,就如刀子本身是没有任何意义的,把刀子拿来切水果,赋予了刀子用途,刀子才有了意义,所以真正决定它们价值和意义的还是读者本身。"[③]"日本图画书之父"松居直强调"绘本一定是由孩子选择的",绘本采用图文结合的方式,初衷就是为了满足幼儿的阅读需求,幼儿自主选择绘本,决定在每一页的停留时间,按照自身经验解读故事情节,赋予主人翁不一样的情感寄托,整个过程是顺畅的、饱满的、释放情感的,每次阅读完毕无论是意犹未尽还是酣畅淋漓,幼儿都能体会到一种成就感、通透感、幸福感、满足感,这些积极情绪都是在愉悦感基础上得到的提升。松居直在《幸福的种子》中提到:"图画

---

① 王春燕.幼儿园课程概论[M].北京:高等教育出版社,2014:184.

② 徐萍.幼儿区角活动[M].福建:福建教育出版社,2016:4-5.

③ 邹小丽,范雪贞,王林发.绘本教学策略的探索与实践[M].重庆:西南师范大学出版社,2018:7.

书对幼儿没有任何‘用途’，不是拿来学习东西的，而是用来感受快乐的。”“孩子在书本中体会到这样的感动与满足时，心灵（经验）的广度与深度也会跟着扩大。内心充实就是幸福，而幸福是孩子成长的泉源。”

在阅读喜欢的绘本时，幼儿一定是专注的。儿童目不转睛，随着故事情节产生情绪变化、反复观察有趣之处，读到可怕之处会抱紧大人，结束后会要求再听一遍。甚至在很长一段时间内，儿童会反复阅读感兴趣的一本绘本，这种专注感会延伸到之后的绘本阅读和其他活动中。优秀的绘本具有一定的探究性，巧妙的画面布局、和谐的图文结合、有趣的故事情节、丰富的色彩变化、优美的语言文字、考究的封面封底、设计的小惊喜等都是吸引幼儿一页一页翻下去的动力。教师饱含情感的语言，富于变化的语调、语气，也有利于幼儿在头脑中勾勒出一幅幅精彩的画面，这对于幼儿的想象力、创造力的发展很有益处。

（二）绘本与区域活动都具有极强的个性化

区域活动能帮助幼儿获得个性化的发展，让幼儿在获取知识和解决问题的过程中发展个性品质。具体来看，区域活动注重幼儿在区域选择、材料选择、同伴选择、开展过程等方面的自主性。绘本阅读亦具有个性化特点，家庭教养、性格习惯、兴趣需要等都能对儿童绘本阅读产生影响。幼儿对同一个绘本、同一个人物或事件的解读有个性化的反应和思考。如在绘本《小老鼠亚历山大》中，当听到小老鼠亚历山大为了外出寻找食物将妈妈的毛皮大衣剪成一片一片再缝成一件大熊装的时候，有的幼儿非常担心小老鼠因剪坏妈妈的衣服被骂而惴惴不安；有的幼儿惊叹小老鼠的聪明才智，能想起这么一个伪装的好办法。又如《小黑鱼》中，听到所有小红鱼被吃掉，小黑鱼独自逃跑后又孤独又害怕特别伤心时，有的幼儿眼眶变红开始落泪，有的幼儿则出主意让小黑鱼去寻找其他朋友。同样一个故事，虽然每位幼儿所获得的体验和知识很可能是不同的，但都有利于幼儿思维的发展。

（三）绘本阅读与区域活动动静结合，互为补充

区域活动具有活动性和实操性的特点，属于“动”的活动。表现为幼儿在活动区中操作、摆弄材料，相互交流、互动，解决问题等，幼儿通过自己的探索去获得经验，完成活动过程。对于幼儿来说，他们需要独立完成活动任务，通过操作各种材料来探索、体验和尝试；对于教师来说，需要考量在区域中如何投放材料、布置环境，如何将教学任务和学习要求蕴含于材料中，如何指导幼儿进行玩教具的操作，提升幼儿的游戏水平。

绘本阅读带有一定的思维性和抽象性的特点，属于“静”的活动。无论是幼儿独立阅读还是教师阅读幼儿聆听，借助于故事和图画所展开的联想或想象都产生于幼儿的头脑中。他们在原有经验的基础上进行情感体验、情节品读、情绪回味，在绘本故事中解决生活疑惑、回答人生问题、获得情感体验。绘本阅读无须借助实际的操作材料，儿童各自的生活经验是阅读活动展开的基础。

可以说，绘本阅读与区域活动是动静结合，互为补充的，两者对幼儿的发展所起的作用是相辅相成的。区域活动中所获得的具体操作经验会丰富幼儿的生活经验和认知。例如玩具归类经验会帮助幼儿完成日常生活物品收纳，分享的经验会让幼儿更愿意分享助人；幼儿在区域活动中获得的操作经验会帮助幼儿在绘本阅读中展开更顺畅、更丰富的想象，增强幼儿对绘本的理解；同时，绘本阅读获得的愉悦感会延伸到区域活动中，儿童在绘本中获得的想象力、价值观念会影响他们在区域活动中的行为和表现。

二、绘本融入区域活动的途径

（一）区域材料的投放隐含绘本内容

区域活动与绘本相结合最典型的就属阅读区了。首先，阅读区环境布置要温馨舒适、光线充足，还要提供适合幼儿身高的书橱、矮柜、小书架等，并制定相应的区域规则，用图画、符号或文字呈现；其次，阅读区要投放适合本班幼儿阅读的绘本，结合近期开展的主题活动定期更新；最后，教师在研读阅读区绘本后，在班级其他活动区投放相适宜的、有层次的材料，让幼儿与材料进行充分的互动，从中体会蕴藏的知识，体验到阅读的快乐。阅读区的绘本可以和其他区域活动产生联动，如围绕绘本《肥皂泡泡》（图 8-1）开展其他区域的活动，可以在操作区提供洗手液、香皂、洗衣粉、沐浴乳等材料；在科学区提供各种吹泡泡工具，如吸管、泡泡圈等；在美工区提供各种颜色的蜡笔、橡皮泥、蜡光纸等，引导幼儿画一画、捏一捏、揉一揉，制作出不同的泡泡。

图 8-1 《肥皂泡泡》（冰子文，侯锦璇、黄绎琳图，少年儿童出版社）

（二）挖掘绘本元素设计专门的绘本区域活动

在幼儿理解绘本内容之后，我们充分挖掘绘本中的角色对话、故事情境、情节等素材，作为在区域中延伸、拓展的依据。挖掘绘本元素设计专门的绘本区域活动，可以根据幼儿的关注点、兴趣点，深入挖掘绘本元素，把它们渗透到各个区域中，帮助幼儿多层次地理解绘本故事内容、再现故事情节、体验扮演角色的乐趣，在绘本阅读的基础上进行拓展和创新。

1. 美工区

绘本中既有阅读的成分又有美术的成分，常常有人将它们称为“画出来的书”，我们可以将绘本中的插图与美术联系起来展开美工区活动。在美工区提供各种材料与工具，让幼儿把绘本中的内容画出来，或者剪一剪、拼一拼、贴一贴等。例如当幼儿阅读了《好饿的小蛇》后，用橡皮泥根据自己的想象制作出憨态可掬的小蛇，让绘本在区域中得以延伸。还可以创编故事,制作绘本。利用生活中的废旧物来自制绘本,比如布贴画、剪贴树叶、折纸等形式。书的形状可以制成方形、圆形、菱形等不同形状,教师要鼓励幼儿大胆创作。

2. 角色区

开展绘本教学之后可以引导幼儿按照故事中的内容进行表演。幼儿把自己对绘本故事的理解与生活经验都加入到表演中,在绘本原有的内容基础上进一步改编、续编或创编故事,扩展故事内容,丰富故事情节,增加故事角色,让人物形象更鲜明,进行创造性的表演,体验所扮角色的感情。

3. 科学区

绘本与科学区相结合可以开展的活动有:①小小实验室。绘本中的知识有时需要通过小实验来取得结果。比如前文提到的绘本《肥皂泡泡》,读过绘本后,在科学区为幼儿投放水、肥皂、洗洁精等,再放上吹泡泡的工具,让幼儿体验一下肥皂水的制作,吹一吹,看谁吹得大。②找朋友。把绘本中的与科学有关的图片找出来,让孩子们通过找一找、看一看、比一比等,找到对应的部分。比如结合绘本《是谁嗯嗯在我的头上》,把动物和"便便"图片放置在区域内,引导幼儿将动物与对应的"便便"一一对应,组合起来。③科学探索。如绘本《小水滴历险记》中,一颗想冒险的小水滴从云朵上掉了下来,落在了一朵银莲花的花蕊上,滚落到一条小河里,一路上它经过了磨坊、森林、城市、大海……结合这个绘本中的元素,可以开展关于水的探索活动,如"小水滴去哪了?""水滴的旅行日记"等。

4. 建构区

在建构区,可以让幼儿搭建绘本中的建筑物,教师提供各种类型的建构积木,提供一些适合幼儿的建筑物图片,让他们根据自己的爱好选择图片并进行制作。幼儿可以展开丰富的想象,根据故事制作不同的场景。比如绘本《母鸡萝丝去散步》中,幼儿发挥想象,搭建出绘本中的各个场景——萝丝散步经过的院子、池塘、磨面房、蜜蜂房等。

5. 表演区

在表演区,教师可以创设生动的表演情景,提供道具,鼓励幼儿创造性地表演绘本故事。幼儿戴上头饰,拿起道具,把绘本中的角色生动、形象地表现出来,有助于发展儿童的语言表达能力及表现能力,培养成就感和自信心。例如根据《和甘伯伯去兜风》的故事内容,幼儿可以边表演边讲述"我要去兜风了……我们可以一起去吗?都上来吧……突然下雨了,汽车陷进了泥泞中,大家推呀、顶啊、抬啊……"为了完成这个表演,幼儿需要用纸箱做成一辆跑车,制作各种动物头饰、道具等,用各种材料搭建树、雨点等。这样既能给予幼儿身临其境的体验,生动地表现故事内容,又能引发他们对于表演游戏的浓厚兴趣,促使他们主动地参与创造性表演。

(三)以主题形式建立区域间的有机联系

区域活动是一种教学活动组织形式,并不是固定的活动区的统称。各个幼儿园根据教育目标、教学任务、儿童发展、园所硬件设施条件、园所文化等设置适合的活动区,虽然各个活动区之间有明确的界限,但活动之间并不是完全隔离的。围绕一定的教育目标和主题思想,区域之间的教育内容可以互相渗透、互相合作,所谓"形散而神不散"。这就需要教师充分理解教学目标,把教学目标寄托在材料和环境上散布在各个活动区,让它们之间建立有机联系,让有着不同智能因素和个性特点的幼儿都能达到教育目标。[①]

多数老师会将绘本放置在阅读区或图书角,作为阅读材料呈现给小朋友。其实,特色各异的绘本都有其精彩之处,教师可以尝试以主题的形式关联绘本,开展多个区域活动。善于挖掘绘本中的可利用的元素,将绘本中的主题、造型、情节、故事等渗透到各个区域活动中,设计丰富、好玩、有创意的区域活动。

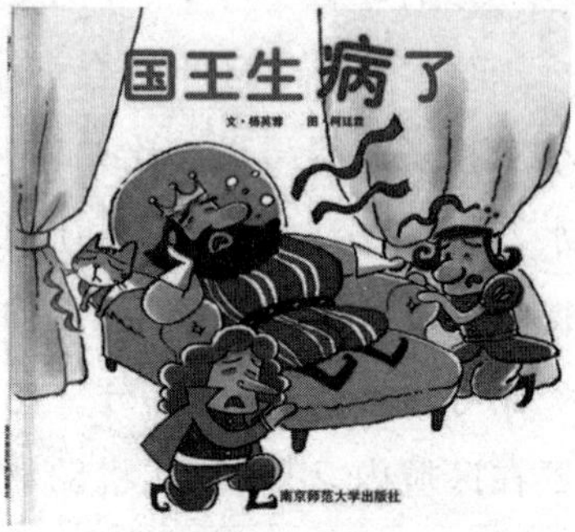

图 8-2 《国王生病了》(杨英蓉文,柯廷霖图,南京师范大学出版社)

绘本《国王生病了》(图 8-2)通过有趣的图画故事,告诉我们健康的身体来自适当的运动,做出了计划,就该按照计划负责任地去完成,并且制定计划需要亲自实施完成。在幼儿阅读绘本之后,教师可以将绘本中的元素渗透和拓展到美工区、表演区、游戏区等活动区中。通过一系列区域活动,幼儿可以积累丰富的经验,更加熟悉绘本内容,进一步理解绘本,获得多方面发展。围绕《国王生病了》,可以开展的区域活动如表 8-1 所示。

表 8-1 《国王生病了》区域活动设计列举

区 域	幼 儿 活 动
表演区	扮演"国王""王后""大臣""卫兵"等角色,进行故事表演
美工区	设计"运动计划";为"国王"和"王后"设计运动服
角色区	利用绘本《国王生病了》的故事丰富角色游戏"医院"的情节,"医生"开"处方"时也学着给"病人"制订"运动计划""饮食计划"
图书区	分享阅读;自制"我们爱运动"图书

再如,有学者[②]以绘本《我是霸王龙》设计中班各区域的绘本活动。

【活动 1】 恐龙考古队(科学区)

目标:

(1) 探索制作"化石"的程序。

(2) 了解恐龙的结构特点,引发对考古工作的兴趣。

① 霍力岩,等.幼儿园课程开发与教师专业发展:比较研究的视角[M].北京:教育科学出版社,2006:168.

② 陈臻雯.浅谈绘本资源与区域活动有效整合的策略[J].课程教育研究,2018(17):234.

材料：石膏粉、水、弹簧秤、小锥子、小铁锤、小刷子等。

操作：

(1) 幼儿自主操作石膏粉和水，将恐龙骨架包裹，制作“恐龙化石”。

(2) 按照外形，开展“恐龙化石拼图”游戏。

(3) 用工具将化石敲开，将散落的骨架拼装起来组成完整的恐龙骨架。

指导：

(1) 化石制作的成败在于石膏粉和水的比例，让幼儿自由探索，提醒幼儿注意登记。

(2) 敲开化石时要小心，避免造成模型损坏。

【活动 2】　消失的恐龙(益智区)

目标：

(1) 进一步了解恐龙的名字和生活习性。

(2) 在数、形、空间感知中培养爱动脑的习惯。

材料：恐龙拼图、恐龙名片、多米诺骨牌。

操作：

(1) 幼儿动手动脑，独立完成拼图。

(2) 观察“恐龙名片”，用多米诺骨牌拼出相应的恐龙形状。

指导：

(1) 拼图过程中，提醒幼儿注意参考物。

(2) 指导幼儿观察方法，如按部位、顺序、方向等。

【活动 3】　恐龙生活的地方(建构区)

目标：通过想象，搭建恐龙的栖息地。

材料：细沙、水、树枝、小草、恐龙模型等。

操作：

(1) 幼儿通过视频观察恐龙栖息地的特点。

(2) 幼儿用堆、压、挖等技能搭建一个个恐龙栖息地。

指导：

(1) 鼓励幼儿发挥想象，搭建自己心目中栖息地的样子。

(2) 可以以比赛的方式进行，看谁搭建的栖息地最有特色。

【活动 4】　我是霸王龙(表演区)

目标：大胆表现自己，增进对绘本故事的理解。

材料：纸箱制作的恐龙服装、相关的场景、道具。

操作：儿童从系列绘本中选择自己喜欢的那一本，根据故事内容表演，创编动作。

指导：鼓励胆小的幼儿上台表演，鼓励幼儿创编。

【活动 5】 恐龙世界（美工区）

目标：利用各种材料创造恐龙形象，提升感受美和创造美的能力。

材料：画笔、彩纸、线描画、黏土、卡纸、装饰材料等。

操作：

（1）幼儿用彩笔画出心中的恐龙形象，创作属于自己的“恐龙画册”。

（2）幼儿用超轻黏土捏出形态各异的恐龙，合作完成“恐龙世界”。

（3）幼儿用卡纸剪出自己喜欢的恐龙外形，用豆类、羽毛、纽扣、毛线等材料装饰恐龙的身体，制作出精美的恐龙挂饰。

指导：密切观察幼儿的操作过程，发现幼儿操作困难适时介入。

三、区域中绘本活动的实施要点

（一）精选绘本

精选绘本

绘本不仅要符合班级儿童的年龄特征，还要与幼儿喜欢或者感兴趣、关注的问题相关，既适合在集体教学中展开阅读，同时易于在区域活动中拓展，又能促进幼儿自主自学、自发探索。如表 8-2 所示，有学者[①]经过实践检验提出不同年龄段的参考书目。

表 8-2 适合不同年龄段的绘本列举

年龄段	适合绘本列举
小班	《妈妈抱抱我》《小黄和小蓝》《变色鸟》《胡萝卜火箭》《小老鼠学画画》等
中班	《蔬菜的秘密》《爱吃水果的牛》《彩虹色的花》《月亮，生日快乐》《一园青菜成了精》《我是彩虹鱼》《小牛的春天》等
大班	《国王生病了》《小机械立大功》《收集东收集西》《风中的树叶》《动物绝对不应该穿衣服》《爷爷一定有办法》《小青虫的梦》《白羊村的美容院》等

无论从哪个角度选择绘本，前提是教师一定要热爱阅读。挑选好的绘本绝不是人云亦云，更不能被市场噱头所迷惑，需要凭借自身优秀的判断能力和审美能力，一本本阅读，从结构、故事、色彩、情节等方面进行综合评价，再结合教学目标、幼儿能力进行选择。这种能力的锻炼需要教师阅读大量的经典绘本，提升自身修养水平，真正成为幼儿的代言人，站在幼儿角度进行挑选。教师要呵护幼儿的兴趣萌芽。除了选择幼儿感兴趣的绘本外，教师的陪伴也至关重要。组织师幼共读、生生共读、你读我听的绘本阅读活动，鼓励幼儿以编剧、表演、绘画、自制绘本的方式表达对绘本独特的理解和感悟，及时宣传幼儿的作品和成果，这该是多么一件值得骄傲的事情。

---

① 林洁.绘本背景下的区域活动实践探索[J].幼儿教育研究，2018：8.

（二）重视绘本教学在区域的延伸活动

关注绘本教学与区域活动积极互动主要指活动内容方面，在绘本教学和区域活动之间形成相互激发与促进的良性循环。这种积极互动有时候需要集体教学和区域活动交替进行。即幼儿既需要在区域活动中验证所学所想，探索内容，也需要在集体教学中分享交流经验，反思评价经验，整理、提升、修改与拓展这些经验。

教师要具有开发绘本课程的意识和习惯，以绘本为起点，将课程延伸到各个活动区中。比如阅读完《好饿的小蛇》后，幼儿非常喜欢故事中那条可爱的小蛇，教师可以引导小班幼儿用橡皮泥捏出各种不同形态和表情的小蛇；中班幼儿可以两两合作，画出绘本中的情节；大班幼儿可以自主创编故事的结果、合作制作小书等。又如幼儿阅读了《爸爸的手影戏》后对手影戏特别感兴趣，教师可以在科学区投放暗箱、手电筒、台灯等材料，让幼儿在动手操作和探索中了解跟手影戏有关的知识经验，如玩手影游戏、探索手影的形成、运用手影来表演绘本故事内容等。① 此外，还可以把绘本中重点的页面制作成拼图，让幼儿拼一拼、玩一玩、讲一讲；把绘本中每个页面彩印塑封后让幼儿排图讲述；利用绘本中的重点词汇，引导幼儿造句或词语接龙；引导幼儿续编或仿编绘本故事并自制图书；利用“主播台”或话筒，鼓励幼儿讲述绘本故事；提供绘本中角色的头饰、服装和表演所需要的道具及音乐或木偶表演台及布袋玩偶，引导幼儿自选喜欢的角色表演绘本故事内容。②

（三）注意绘本教学与区域活动的动态变化

动态变化是指绘本教学和区域活动的时机、种类、内容、持续时间等是不断变化的。

（1）班级内的各个区域，可以随着课程开展和幼儿活动需要，合理拓通或分割，在区域活动中幼儿根据需要可以互串区域。幼儿间的互动可以引发和促进区域活动间的互动。教师要有意识地调整、增设或删减区域间的隔离物，鼓励幼儿在区域间的组合、流动与合理分散，达到资源与活动成果的共享。

（2）区域活动的时间分配和安排是流动可变的。安排既要尊重幼儿的自主性，同时不能与幼儿园相对固定的生活环节相冲突，所以一般安排在三个时间段：一是晨间接待和离园时间，最适合开展个性化区域活动；二是上午或下午相对完整的时间，这时候时间相对充裕，有助于幼儿全身心投入游戏；三是幼儿园在园一日生活中的自由活动时间。③ 教师根据课程安排，可将新授绘本后的延伸活动时间安排在这三个时间段。幼儿园中绘本教学与区域活动之间不是对立的，它们各自占据的时间长短是由教学目标来决定的。区域活动不一定只用来进行活动延伸，也可进行新绘本讲授前的预热和温习。如在教授《积木大

---

① 吴雯.绘本游戏区域课程的实践研究[J].读与写，2017：259.

② 林洁.绘本背景下的区域活动实践探索[J].幼儿教育研究，2018：8.

③ 徐萍.幼儿区角活动[M].福建：福建教育出版社，2016：19.

营救》之前在建构区投放相关形状的积木，让幼儿摆弄积木获取搭建经验，形成心理表象，再观看二维的图片，就更容易理解绘本内容了。有时一节绘本活动前半部分是集中授课，后半部分就需要到阅读区中进行，有时则相反。对于探究性的绘本，完全可以在区域活动中进行。

（四）及时对区域活动进行评价

绘本阅读结束后幼儿在各活动区进行的相关活动能很好地延伸绘本的价值。区域活动不只是对绘本内容的简单重复，还应该进一步地提升和递进。教师及时评价区域活动效果，评估幼儿的活动情况，调整区域、材料及目标，使幼儿与班级人、事、物（材料、环境）充分互动，协调配合，产生最大的协作价值。对幼儿的评价，可以围绕幼儿是否有兴趣、能否依计划活动、参与情况如何、社会交往水平如何、幼儿的认知发展水平、遵守活动规则的情况等方面进行。①

第二节　绘本区域活动案例

【案例 1】 小小设计师

设计来源：《我爱我家》（图 8-3）

设计思路：《我爱我家》是一本以家庭生活为主题的绘本，引导幼儿关注家庭中人、事、物的存在，知道爱家庭、爱家人，感受温馨的家庭氛围及和谐的家庭关系。针对绘本中“家”的概念，将“家”与建构区域活动相结合，通过积木、人物手偶等相关材料，引导幼儿选择自己要用的材料，搭建自己心中的“家”。

图 8-3 《我爱我家》（[新西兰]特蕾西·莫洛尼文/图，萧萍、萧晶译，人民邮电出版社）

活动区域/适宜学段：建构区（小班）

活动目标：

（1）了解房子的结构。

（2）运用各种材料把自己心中的“家”搭建出来。

（3）喜欢自己的家。

活动材料：家庭布局的图片如客厅、餐厅、卫生间、卧室等，各类积木，家具小摆件、代表家庭成员的人物手偶、指偶玩具，家养小动物玩具、纸质或木质薄板（用作房顶或墙壁）、花

① 秦元东，王春燕.幼儿园区域活动新论：一种生态学的视角[M].北京：北京师范大学出版社，2008：162-171.

草和树木点缀玩具等。

活动步骤：

(1) 选择材料，找好合适的位置，搭建自己的家。

(2) 搭建完成后，幼儿分享成果，表达想法。

注意事项：

(1) 在区域内贴上各种房子的图片，营造氛围。

(2) 把家庭小摆件放在易于取放的地方。

延伸变化：让幼儿运用各种材料搭建“幼儿园”或者“我们的班级”。

【案例 2】　牙齿数一数

设计来源：《小熊不刷牙》(图 8-4)

设计思路：小熊哈利认为刷牙是一件很麻烦的事情，他一直逃避刷牙，直到在梦中意识到牙齿的重要性，终于开始好好刷牙。结合绘本中哈利刷牙，联系现实生活，在科学区提供牙齿模具、小镜子等材料，引导幼儿观察牙齿模具，通过点数了解模具牙齿的数量，形成爱牙、保护牙齿的意识。

图 8-4　《小熊不刷牙》([瑞士]斯伐拉纳·提欧利那文著，曾璇译，湖北美术出版社)

活动区域/适宜学段：科学区(大班)

活动目标：

(1) 知道人大约有多少颗牙齿。

(2) 能数清楚自己现在长了多少颗牙齿。

(3) 了解关于牙齿保护的知识，知道保护牙齿的重要性。

活动材料：牙齿模具若干；小镜子若干；牙齿保护小知识卡片若干。

活动步骤：

(1) 自由观察牙齿模具。

(2) 点数模具一共多少颗牙齿。

(3) 用小镜子照一照、数一数自己嘴里有多少颗牙齿，记录下来。

注意事项：提前设计并放置观察牙齿的记录用笔、本、纸等材料。

延伸变化：在美工区画一画牙齿，在阅读区阅读《我的牙齿亮晶晶》等绘本。

【案例 3】　大桥

设计来源：《摇摇晃晃的桥》(图 8-5)

设计思路：狐狸在追兔子时意外地跑到了一根摇摇晃晃的原木上，为了不掉进河里，狐狸和兔子只能相互配合，最后成功脱险。将绘本中的桥引入建构活动区，为幼儿准备积木、积塑等材料，幼儿利用材料通过自主协商、分工合作搭建大桥，并利用搭建的桥和动物公仔讲故事。

活动区域/适宜学段：建构区（大班）

活动目标：

（1）能够分工合作共同搭建大桥。

（2）掌握基本的搭建技能。

（3）对建构活动感兴趣。

活动材料：各种形状的积木和积塑、辅助性材料等。

活动步骤：

（1）幼儿自主协商搭建的桥梁样式。

（2）自主选择建构材料，分工合作搭建大桥。

（3）幼儿用动物公仔和桥讲故事。

注意事项：提醒幼儿注意桥的稳定性。

延伸变化：搭建其他的桥，增加挑战性。

图 8-5 《摇摇晃晃的桥》（[日]木村裕一文，[日]秦好史郎图，朱自强译，湖北美术出版社）

【案例 4】 我会用筷子

设计来源：《爷爷的肉丸子汤》（图 8-6）

图 8-6 《爷爷的肉丸子汤》（[日]角野荣子文，[日]市川里美图，彭懿译，东方出版社）

设计思路：《爷爷的肉丸子汤》是一个充满温情的绘本故事——老奶奶去世了，老爷爷开始尝试做老奶奶曾经做过的肉丸子汤；小老鼠、小猫、狗和小朋友……来老爷爷家喝汤的人越来越多，老爷爷的家也开始热闹起来了。在生活区，为幼儿准备筷子以及相应的物品，幼儿可以用筷子取放物体，学习使用筷子。

活动区域/适宜学段：生活区（中班）

活动目标：

（1）学习使用筷子。

（2）能够用筷子传递物品。

活动材料：若干儿童筷子、用超轻黏土捏成的球和方块若干（大小适宜用筷子夹取）、若干碗、一口锅。

活动步骤：

（1）幼儿使用筷子，在锅中放入若干球和方块。

（2）幼儿用筷子分拣小球和小方块，放在不同的碗中。

注意事项：注意观察幼儿使用筷子的姿势，提醒幼儿正确使用筷子。

延伸变化：在进餐环节练习使用筷子。

【案例 5】　猜猜我有多爱你

设计来源：《猜猜我有多爱你》(图 8-7)

设计思路：大栗色兔子和小栗色兔子用肢体动作和语言来表达对彼此的爱。立足于绘本情节，准备与绘本内容相一致的材料——兔子头饰、月亮等，引导幼儿通过表演绘本中的情节来感受爱的含义。

图 8-7　《猜猜我有多爱你》(［爱尔兰］山姆·麦克布雷尼文，［英］安妮塔·婕朗图，梅子涵译，明天出版社)

活动区域/适宜学段：表演区(中班)

活动目标：

(1) 大胆表达自己的想法。

(2) 能用生动的语言进行表演。

(3) 体会爱的含义。

活动材料：大兔子、小兔子的头饰；小舞台、大树、月亮等环境装饰物。

活动步骤：两名幼儿戴头饰分别扮演绘本中的大兔子和小兔子，在小舞台上进行绘本剧表演，其余幼儿坐在台下小凳子上当观众。

注意事项：提前让幼儿熟悉绘本故事和表演区的规则，必要时提醒幼儿注意遵守规则。

延伸变化：在家和爸爸妈妈表演绘本故事。

【案例 6】　做灯笼

图 8-8　《小年兽》(熊亮著/绘，天津人民出版社)

设计来源：《小年兽》(图 8-8)

设计思路：孤独积累成了怪物“年”，大家为了驱赶“年”开始张灯结彩来制造“热闹”；在大家的共同努力下，“年”变成了可爱的新“年”。从绘本中大家驱赶“年”的方式入手，聚焦于灯笼，准备一次性纸杯、剪刀等工具，幼儿利用材料制作灯笼，体验制作灯笼的乐趣。

活动区域/适宜学段：美工区(大班)

活动目标：

(1) 学习制作灯笼。

(2) 体验制作灯笼的乐趣。

活动材料：底部有孔的一次性纸杯、安全剪刀、彩色卡纸、画笔、红绳、胶棒、画纸。

活动步骤：

(1) 取出需要用到的工具，将工具摆放在桌子上。

(2) 设计自己的灯笼的图案，画在纸上。

(3) 剪下灯笼的装饰图案贴在纸杯上，制作自己的灯笼。

注意事项：提醒幼儿使用剪刀时注意安全；穿孔时，不要把杯底弄坏。

延伸变化：制作花灯。

【案例7】 小小烘焙师

设计来源：《环游世界做苹果派》(图8-9)

设计思路：《环游世界做苹果派》是一本幽默的绘本故事——小女孩想要做苹果派但是遇到市场关门，于是小女孩环游世界找齐了材料，最终做出了美味的苹果派。将苹果派与美工区活动相结合，提供硬纸板、双面胶、超轻黏土等材料，引导幼儿按照自己的想法，运用材料设计苹果派。

图8-9 《环游世界做苹果派》([法]玛乔丽·普赖斯曼文/图，李永怡译，河北教育出版社)

活动区域/适宜学段：美工区(中班)

活动目标：

(1) 能用多种工具、材料按照自己的想法制作苹果派。

(2) 在活动中感受装饰苹果派的快乐。

活动材料：硬纸板、双面胶、超轻黏土、皱纹纸、蜡笔、卡纸、围裙、刷子、颜料、水果模型等。

活动步骤：

(1) 用纸板或其他材料制作苹果派饼胚。

(2) 选择喜欢的颜色为苹果派饼胚涂色。

(3) 发挥想象力，选择材料动手装饰苹果派。

(4) 展示作品，分享自己的苹果派。

注意事项：注意基本搭建技能的指导，鼓励幼儿进行想象和创造。

延伸变化：可以制作草莓派、菠萝派等其他的水果派。

图8-10 《逃跑的小火车头》([美]维吉尼亚·李·伯顿文/图，赵静译，二十一世纪出版社)

【案例8】 火车站

设计来源：《逃跑的小火车头》(图8-10)

设计思路：突突因为厌倦了自己的工作而跑了出去，一路上惊扰了很多人，突突自己也“精疲力竭”；吉姆找到突突，带领突突又回到了正常的生活轨道。利用小火车，拓展火车站的知识经验；在建构区为幼儿准备可乐罐、积木等建构材料，引导幼儿通过合作搭建火车站。

活动区域/适宜学段：建构区（大班）

活动目标：

（1）能运用多种材料搭火车站。

（2）能与同伴讨论协商、分工合作。

（3）能够积极动手、动脑，遇到问题时尝试解决。

活动材料：可乐罐、积木、奶粉罐、纸盒、矿泉水瓶、其他辅助性材料。

活动步骤：

（1）幼儿讨论火车站里都有什么以及每部分的形状及结构。

（2）选择所需材料，分工合作搭建火车站。

注意事项：鼓励幼儿尝试运用多种材料进行搭建。

延伸变化：可以搭建火车、汽车等交通工具。

【案例 9】　有趣的杠杆

设计来源：《蚂蚁和西瓜》（图 8-11）

设计思路：《蚂蚁和西瓜》讲述了小蚂蚁们团结协作成功地将庞大的西瓜运送到家的故事。有意思的是，在绘本中蚂蚁们还将西瓜皮当作滑梯来玩。绘本中西瓜皮的形象与杠杆有相似之处，可以延伸至科学区域，引导幼儿探索支点远近撑起重物的大小，了解离支点越远越省力的杠杆原理。

图 8-11　《蚂蚁和西瓜》（田村茂文/图，蒲蒲兰译，二十一世纪出版社）

活动区域/适宜学段：科学区（大班）

活动目标：

（1）初步认识杠杆。

（2）感受杠杆，知道离支点越远越省力的杠杆。

（3）对科学实验感兴趣。

活动材料：带标记的长木板若干、重物若干。

活动步骤：

（1）将杠杆一端放重物，另一端分别在离支点远的地方和离支点近的地方做一个标记。

（2）在杠杆的一端放重物，用手在杠杆另一端向下压，感受杠杆离支点越远越省力。

（3）幼儿利用杠杆和重物等材料，进行称重和测量活动，记录测量结果。

注意事项：提前设计并放置测量称重的记录用笔、本、纸等材料。

延伸变化：用杠杆原理制作省力的“机械手臂”。

【案例 10】 小蚯蚓剧场

设计来源:《蚯蚓的日记》(图 8-12)

设计思路:《蚯蚓的日记》以日记书写的方式,记录和表达了小蚯蚓的观察及思考。从小蚯蚓的观点看世界,记录了学校、家庭和朋友之间的生活点滴,还有对自我、未来的想法。这个绘本既有幽默有趣的情节,又有创造想象的空间。可以融入表演的元素,选取蚯蚓日记的有趣片段,鼓励幼儿大胆表现,进行创造性表演,在故事情境中感受表演之美、表达之乐。

图 8-12 《蚯蚓的日记》(朵琳·克罗宁文,哈利·布里斯图,朱自强译,湖北美术出版社)

活动区域/适宜学段:表演区(大班)

活动目标:

(1)熟悉《蚯蚓的日记》的故事情节。

(2)能够分工、协商,共同合作进行创造性表演。

(3)对表演游戏感兴趣。

活动材料:《蚯蚓的日记》中的角色的头饰若干、道具等。

活动步骤:

(1)学习小蚯蚓是怎样走路的、怎么跳舞的。

(2)选取小蚯蚓日记中的片段,讨论如何表演。

(3)分组表演,每组幼儿选取《蚯蚓的日记》中的一篇日记进行表演。

注意事项:提醒小组成员人数和故事角色对应,必要时给予适当指导。

延伸变化:幼儿可以画出自己或其他小动物的日记,进行讲述或表演。

思考与实践

1. 思考绘本集体教学与区域活动之间应如何协同,发挥教育作用。

2. 绘本如何能更好地融入区域活动?

3. 简述幼儿园各活动区使用绘本的注意要点。

4. 选择一个绘本设计适宜的区域活动。

第九章　幼儿绘本与综合主题活动

【内容导航】

综合主题活动是幼儿园教育活动中不可或缺的一部分。围绕某个主题开展多个活动，既有助于教育内容的连贯性，又可以促进幼儿的深度学习。立足于绘本，如何基于绘本设计和开展综合主题活动？本章将探讨绘本综合主题活动的设计思路与方法，并列举部分绘本综合主题活动案例供读者借鉴。

【学习与实践目标】

- 理解绘本融入区域活动的可行性。
- 知道绘本主题活动设计的途径和实施要点。
- 能够在熟悉绘本的基础上根据绘本特点设计综合主题活动。

【知识框架】

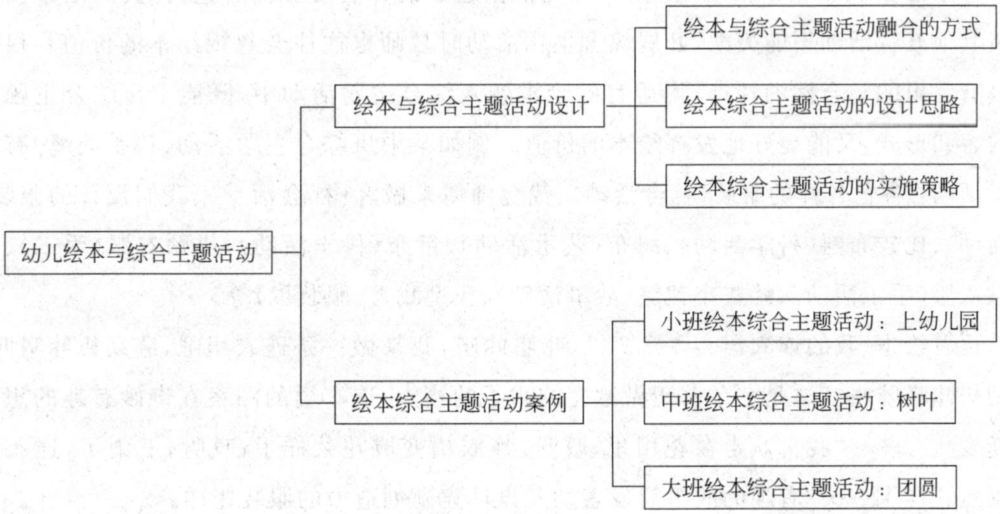

第一节　绘本与综合主题活动设计

精彩纷呈的绘本世界为绘本与综合主题活动结合提供了基础，要将精彩的绘本演绎为生动的主题活动需要教师对绘本的智慧阅读，发现绘本的多重教育价值。教师将绘本阅读与幼儿知识经验、兴趣相结合，与幼儿多方面发展相结合，开阔思路，整合绘本与相关资源，才能设计并开展一系列绘本主题活动。可以说，绘本丰富的内容为主题活动提供了素材，主题活动的开展为绘本阅读提供了灵活多样的组织形式，绘本多元阅读有了实施的舞台。绘本阅读是幼儿生活的重要部分，绘本内容丰富多彩，涉及幼儿生活、游戏、知识启蒙、情感体验等各个方面。主题活动注重生活化、活动化、统整化。因此，绘本与幼儿生活、成长密切相关的内容可使绘本阅读为主题活动提供丰富的素材和线索。

一、绘本与综合主题活动融合的方式

绘本既可以是建构综合主题活动的核心和线索，又可以是综合主题活动的主题，还可以是综合主题活动的构成部分。绘本与主题活动相结合的方式主要有两种，一种是在综合主题活动中选择适宜的绘本，开展绘本阅读，丰富综合主题活动的内容和形式，将绘本阅读融入综合主题活动；另一种是以绘本和绘本阅读为核心，构建综合主题活动。

（一）在综合主题活动中选择适宜的绘本，开展绘本阅读

开展绘本教育教学活动时，教师往往依据绘本的知名度和内容进行选择，绘本教学与班级其他教育活动不能关联，开展综合主题活动时教师也往往会忽视绘本的价值。根据绘本具有突出的整合性的特点，将适宜的绘本融入综合主题活动中，既能丰富综合主题活动的内容和形式，又能更好地发挥绘本的价值。例如某中班综合主题活动《巧手裁缝》有十余个子活动：各色各样的服装（社会活动）、裁缝师傅来做客（社会活动）、我们设计的服装（美工活动）、比较布料（科学活动）、织布（艺术活动）、量布（科学活动）、拼贴衣服（手工）、给娃娃做衣服（手工活动）、螃蟹小裁缝（故事活动）、我型我秀（服装展）等。

再看绘本《我的连衣裙》："缝纫机，咔嗒咔嗒，我来做一条连衣裙吧，缝纫机咔嗒咔嗒，缝纫机咔嗒咔嗒。"这是一个关于做漂亮的裙子的绘本，连衣裙的图案在奇妙有趣的想象中不断变化着——"我喜欢走在花田里，哎呀，连衣裙变成花朵样了；哎呀，下雨了，连衣裙变成雨点花样了……"有趣的故事启发着幼儿设计充满创造力的服装花样。

（二）以绘本和绘本阅读为核心，构建综合主题活动

幼儿生活中的事物、现象等可以作为综合主题活动的核心，比如适应幼儿园生活、做小

学入学准备、季节、服装等。同样绘本也可以作为综合主题活动的主题来源。关于文学作品的学习,《纲要》提出通过多种活动帮助幼儿加深对作品的理解和体验。同一绘本或同一主题、题材的绘本往往涉及多方面的内容,也有必要通过多种多样的活动加深幼儿对绘本的感受、体验,以绘本为主题开展多种多样的活动,也可以进一步发挥文学作品的整合功能。

二、绘本综合主题活动的设计思路

根据绘本资源的特点,以绘本为核心设计综合主题活动有四种基本思路。

(一)一个绘本,一个主题,多项活动

将某一绘本作为主题时,除了对作品进行欣赏外,还要利用作品中某些内容、有价值的话题拓宽思路,充分挖掘优秀绘本的潜在教育价值,丰富阅读方式,开展多种多样的活动,从而实现用绘本整合相关活动的主题活动建构。这是一种绘本主题走向的活动模式,既能丰富、拓展幼儿对作品的理解,又能使幼儿增长相关的知识和能力。

1. 以绘本内容为生长点设计绘本主题活动

绘本分析解读的深度和广度对于绘本主题活动的构建有至关重要的作用。绘本呈现的内容,比如其中的人物、事件、物品、场景、道理、情绪情感等都是主题下各活动内容生成的线索(表 9-1)。如根据《母鸡萝丝去散步》中的走、绕、钻、穿可以开发体育活动。再如《大卫上学去》中小学的教室、室外场景、大卫的行为和大卫的动作表情都具有开发拓展活动内容的意义。可以开发出子主题——了解小学是什么样的;做个合格的小学生;画画、猜猜大卫怎么了;等等。

表 9-1　以绘本内容为生长点选择绘本主题活动内容

绘　本	生长点		活动内容
《好饿的毛毛虫》	人物	卵、毛毛虫、茧、蝴蝶	认识蝴蝶成长过程
	事件	毛毛虫吃、毛毛虫变蝴蝶	动物们吃什么? 认识蝴蝶成长过程
	物品	各种水果食物	毛毛虫还吃什么? 仿编制作图画书
	场景(画面)	简洁、形象	绘画、剪贴、手工制作毛毛虫等
	知识	星期、数、毛毛虫变蝴蝶、量词	做一星期记录,如记录天气、心情或事件等
	道理		
	情绪情感	奇妙的成长变化	认识蝴蝶成长过程;还有什么? 像蝴蝶一样长大后与幼年不 样
	其他		

2. 以绘本发展价值为生长点设计绘本主题活动

一个绘本，往往有多方面的幼儿发展价值，绘本的发展价值也可以作为开发绘本活动的生长点，并且幼儿教育活动的组织应以促进幼儿发展为出发点和归宿。一般而言，可以从这些价值角度——阅读乐趣、发展语言、增长认知、生活经验、情感陶冶、品格教育、艺术素养等，发现、挖掘绘本的价值，设计各项活动。如表 9-2 所示，运用表格法以绘本发展价值发现主题生长点，选择和确定绘本主题活动内容。

表 9-2　以绘本发展价值为生长点选择绘本主题活动内容

绘　本	生长点		活动内容
《图书馆狮子》	阅读乐趣	图书馆	参观图书馆；认识图书馆；介绍图书馆；管理班级图书区
	语言发展	图书馆说故事时间	说故事
	增长认知	关于图书馆的知识	认识图书馆；介绍图书馆
	生活经验	在图书馆里不能吵、不能跑；狮子可以跑、可以吼叫	图书馆的规则；其他场所的规则讨论：狮子能不能进图书馆；什么时候可以不遵守规则
	情趣情感		
	品德教育	大家喜欢狮子；马彬请回狮子	为大家做事；懂得感恩；有担当，有错敢于承认、弥补过失
	艺术素养	书	制作书签

构建绘本综合主题活动内容时，可以依据绘本内容和绘本发展价值两类线索分析绘本、发现主题内容生长点，设计活动内容。但是绘本图画、文字、内容所蕴含的有价值的话题并不局限于以上几个方面，深入阅读与分析，开阔思路，发挥创新创造能力会发现更多适宜的活泼生动的活动内容，充分发挥绘本主题活动的价值。另外，通过两类线索发现的可能的活动内容还需要进行筛选、整合以及进一步深化完善，才能最终构建绘本主题活动框架。

（二）多个绘本，同一主题，多项活动

主题也叫主题思想，是在文学作品中通过具体的艺术形象表现出来的基本思想，是文学作品内容的核心，集中反映作者对所描绘的生活或事件的认识和评价。绘本阅读中，我们经常看到很多绘本表达的是同一主题或相近的主题。例如“爱”是绘本中常见的主题，其中又包括亲情之爱、友情之爱等。家庭是幼儿最主要的生活场所，与家人的亲情是最主要的情感，亲情之爱在绘本中也有更多的表现。这一主题下我们熟悉的绘本有很多，如《猜猜我有多爱你》《爱心树》《我爱你》《逃家小兔》《我爸爸》《我妈妈》《一家人》《我爱我家》等。甚至《大卫不可以》也反映了妈妈对孩子的爱——即使孩子调皮捣乱让妈妈生气，妈妈还是会爱他。这么多的绘本可以让幼儿在不同的故事情境中感受家庭中亲情和爱的幸福，理解爱，也学着付出爱、回报爱。

依托诸多表达亲情之爱的绘本，构建主题活动“阅读‘爱——我的家’”，可以将绘本阅读的陶冶情操作用和生活体验活动结合，促进幼儿爱的情感养成。如图 9-1 所示，用相同或相近主题整合构建绘本主题活动，可以综合发挥这一系列绘本的作用，让幼儿从不同侧面感受、学习，加深幼儿对主题的理解和体验。

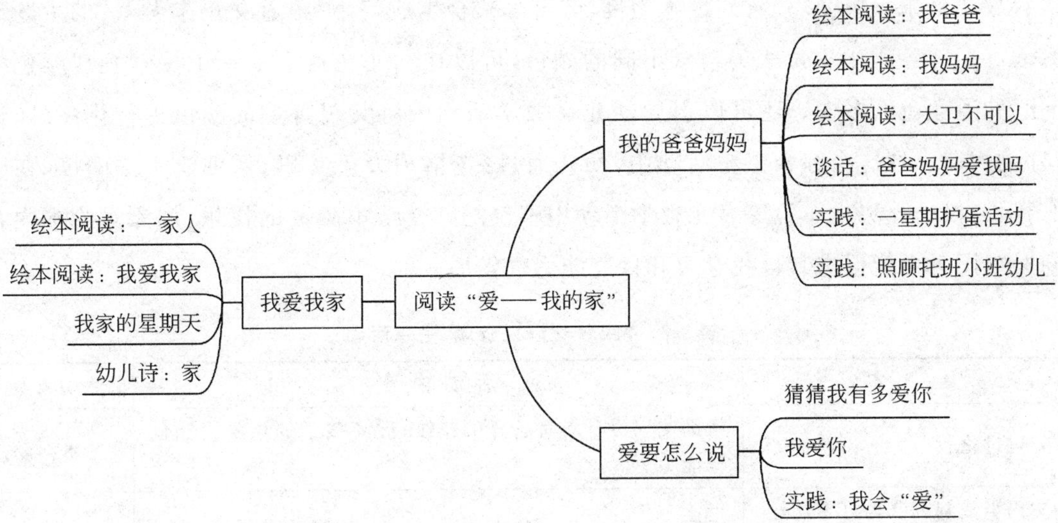

图 9-1　绘本综合主题活动：阅读“爱——我的家”基本构成

（三）多个绘本，同一题材，多项活动

题材是指文学作品中具体描写的生活事件和生活现象，是作者在表达主题时所运用的具体材料。同一主题的多个绘本可以构建绘本主题活动，这种综合主题活动的核心是绘本的主题；同一题材的多个绘本也能够构建绘本主题活动，这种综合主题活动的核心是题材(即事物、事件等)。许多自然、生活中的人、事、物、现象等受到绘本的青睐，很多绘本来自同一题材。例如，描写秋天的绘本有《14 只老鼠秋天进行曲》《神奇的大迁徙》《秋风没有来》《小种子》《田鼠阿佛》《秋天的味道》《秋天的书》《大红狗的第一个秋天》等。其中关于落叶的绘本也有不少：《一片叶子落下来》从落叶中看到了生命的历程和对生命价值的思考；《落叶跳舞》描绘出起风了，落叶拼贴在一起，像是森林里的一群精灵，形态各异，表情丰富，他们快乐地跳舞；在《风中的树叶》中，树叶落下，在不同人物手中、不同用途中又绽放了新的光彩；《五颜六色的叶子》和《为什么树叶会变色》讲述了树叶变黄、变红的知识；《树叶尺子》中可以用树叶来量长短。关于树叶的绘本从生命、艺术、科学等角度发现树叶的美，以树叶为主题的绘本阅读活动，以多样的绘本阅读为载体，在探寻树叶中带领幼儿获得多方面的知识和能力。

（四）以系列绘本为载体，构建绘本综合主题活动

这类绘本综合主题活动是以多个绘本的阅读活动为出发点，其特点在于主题核心是一

个系列的绘本。如《小熊宝宝绘本》系列、《花格子大象艾玛》系列、《可爱的鼠小弟》系列、《阿罗》系列、“小老鼠”无字书系列等都是经典的成系列的绘本作品。系列绘本丛书里包含的内容涵盖了各领域的学习内容,如果能以这些绘本为载体,生成绘本综合主题活动,将使主题活动内容丰富,可以有效促进幼儿多方面发展。

以《花格子大象艾玛》系列绘本为例,就可以整合生成一个“跟着艾玛来游戏”的主题活动(表 9-3)。绘本中主角艾玛与众不同的颜色,可以让幼儿在科学活动中探索发现颜色的变化,知道颜色的多变。还可以引导幼儿在数学活动中将艾玛身上的颜色进行排序,知道排序的规律。在这个综合主题活动中,幼儿通过《花格子大象艾玛》系列绘本的阅读,在感知、操作、模仿、想象、体验等多元教学活动中不仅能感受绘本阅读的快乐,加深对绘本内容的理解,同时也能促进其自我学习和探究能力的发展。

表 9-3 “跟着艾玛来游戏”主题活动

绘　本	活动内容	活动类型
《艾玛过化妆节》	帮助艾玛设计各种各样的花纹,提高孩子的想象力和创作能力	艺术活动
《艾玛当裁判》《艾玛打雪仗》《艾玛踩高跷》	根据绘本故事设置绘本情景,设计一系列的健康活动	健康活动
《艾玛捉迷藏》	将故事内容作为表演素材,引导幼儿开展表演游戏,在游戏中培养孩子的合作和表演能力	表演游戏

三、绘本综合主题活动的实施策略

(一)绘本综合主题活动中的网络架构

综合主题活动内容形式多样,包括教学活动、日常生活活动、区域活动、游戏活动、家园互动活动等多个方面,体现了主题内容、教育方法和途径的综合。主题活动方案包括主题名称、主题目标、主题下的系列活动,其中主题下的系列活动指主题网络中的各个活动。综合主题活动网络的架构形式多种多样,可以是树状、蛛网状、发散型或者是表格式,这里采用表格式主题网呈现绘本综合主题活动的整体思路和架构,表格式主题网可以清晰地呈现主题全貌,包括主题目标、主题的展开脉络、主题的环境创设及家园互动等方面。基于前文对绘本《好饿的毛毛虫》内容及活动生长点的分析,其活动网络架构如表 9-4 所示。

(二)绘本综合主题活动中的绘本选择

在主题选择和确立的过程中首先可以考虑主题的特性,即主题中蕴含的潜在的教育价值和可能涵盖的内容,其次需要考虑幼儿的需要和兴趣、生活和已有经验。这两个方面是最为重要的考虑因素。另外,幼儿知识能力的发展基本平衡、教师的知识储备和能力、可利用的教育资源也是主题选择的考虑因素。将绘本融入综合主题活动，在选择绘本时需要考虑以下两点。

表 9-4　“好饿的毛毛虫”综合主题活动网络架构

<table>
<tr><th>主题名称</th><th colspan="2">好饿的毛毛虫</th><th>年龄班</th><th colspan="2">中班</th></tr>
<tr><td>主题分析及目标</td><td colspan="5">主题说明：《好饿的毛毛虫》是幼儿非常喜欢的一个经典绘本，它不仅生动有趣，还包含多种教育元素，对幼儿的成长具有多方面的教育作用。绘本中毛毛虫变蝴蝶的故事在艾瑞克·卡尔笔下变得妙趣横生，且与星期、数的概念结合起来。在这个绘本中幼儿可以感受优美的、富于节奏的叙述语言，可以欣赏鲜明形象的图画，可以发展对星期和数的认知和运用能力，还可以继续探索生命成长的奇妙过程。这个内涵丰富的绘本适合开展综合主题活动。
主题目标：
(1) 喜欢阅读绘本，能够仔细观察并清楚地讲述绘本故事
(2) 了解幼时与长大不一样的动物(如毛毛虫等)，具有科学探究兴趣
(3) 能够记录一星期中每天的天气、心情等内容，做记录卡
(4) 了解不同动物和人的饮食特点，逐步养成健康的饮食习惯
(5) 乐于参与艺术活动，并感受蝴蝶的美丽和蝴蝶飞舞的快乐</td></tr>
<tr><td rowspan="5">主题活动展开</td><td>绘本阅读</td><td colspan="3">《好饿的毛毛虫》</td><td>语言、科学</td></tr>
<tr><td>一步一步在长大</td><td colspan="3">(1) 自主探究：什么动物从小到大长得不一样，并做介绍分享准备
(2) 展示分享：从小到大不一样
(3) 我也长大了
(4) 制作图画书：××的成长</td><td>科学、语言、社会、艺术</td></tr>
<tr><td>我会记日记</td><td colspan="3">(1) 制作一星期记录卡
(2) 做一星期日记
(3) 墙面展示交流</td><td>语言、科学、社会</td></tr>
<tr><td>动物们吃什么</td><td colspan="3">(1) 自主探究：动物们吃什么
(2) 我们的食物</td><td>科学、健康</td></tr>
<tr><td>蝴蝶蝴蝶真美丽</td><td colspan="3">(1) 剪纸活动：蝴蝶
(2) 儿歌活动：蝴蝶飞</td><td>艺术</td></tr>
<tr><td rowspan="5">主题环境创设</td><td>墙饰</td><td colspan="4">(1) 幼儿作品：一星期记录卡
(2) 食物营养金字塔</td></tr>
<tr><td rowspan="4">区域环境</td><td>阅读区</td><td colspan="3">绘本：《好饿的毛毛虫》《咔哧咔哧吃不停》《小蝌蚪找妈妈》；幼儿自制图画书</td></tr>
<tr><td>科学区</td><td colspan="3">养小蝌蚪等，观察变化；观察记录卡；各种动物的成长过程图示</td></tr>
<tr><td>美工区</td><td colspan="3">绘画、手工材料：做毛毛虫、剪纸等</td></tr>
<tr><td>表演区</td><td colspan="3">蝴蝶翅膀</td></tr>
<tr><td>家园共育</td><td colspan="5">(1) 帮助幼儿探究什么动物从小到大长得不一样
(2) 帮助幼儿探究各种动物的饮食
(3) 完成调查：幼儿对各类食物的喜好</td></tr>
</table>

1. 基于主题课程特性选择绘本

(1) 绘本选择紧扣主题课程目标

绘本选择要紧扣主题课程目标，建立绘本与主题之间的有机联系，使绘本活动与主题中其他活动相互关联、相辅相成，共同为主题服务。比如在大班下学期主题活动“我要上小学了”中，可以设计和开展绘本阅读活动“大卫上学去”。从表 9-5 中可以看出，绘本的选择及应用都是紧密围绕主题目标进行的，不仅通过阅读让“准小学生”了解小学的环境和规则，还通过有趣的绘本故事激发幼儿了解小学——小学是像书里讲得这样吗？小学还是什么样的？

表 9-5 “我要上小学了”主题活动设计

主题名称	我要上小学了
子主题	小学你好
主题目标	知道小学与幼儿园的不同，了解小学生学习和生活的主要内容、规则要求，消除对小学的陌生感
绘本名称及内容	《大卫上学去》描述了大卫在学校发生的一系列小事，表现了学校的学习情景和要求
绘本活动	绘本阅读活动：大卫上学去
绘本活动目标	(1) 观察画面，能清楚描述画面内容及自己的猜测 (2) 初步了解小学教室、校园环境及规则要求，为进入小学做准备 (3) 对小学生活产生兴趣
与主题及其他活动的关系	《大卫上学去》描写了大卫初上学校的情景，适合即将进入小学的幼儿了解小学；与参观小学等其他活动相辅相成

(2) 根据课程内容选择绘本，构建主题

教师可以根据绘本主题课程内容、特点选择适宜的绘本或一系列绘本构建主题活动，比如《蚯蚓的日记》中蚯蚓与日记是两个核心点，对蚯蚓的深入探究、学习写日记以及由蚯蚓引发的环保意识是这本图画书重要的教育价值。《图书馆狮子》是一本涉及规则的绘本，而规则的培养对即将进入小学的大班孩子来说非常重要。这个绘本的故事情节跌宕起伏，绘本以文字和图画相结合，隐含了多重线索，孩子拓展生活经验，提高前书写、前阅读能力提供了许多可能性。因此《图书馆狮子》是大班的绘本主题活动的适宜选项，与大班幼儿的认知、经验水平相符，也符合大班幼儿的发展要求。

2. 基于幼儿的兴趣和年龄特征选择绘本

(1) 选择幼儿感兴趣的绘本或话题

幼儿是活动的主体，选择绘本首先要考虑幼儿的兴趣。在一次活动中，教师带来绘本《下怪蛋的鸡》，图中有趣的图片和内容使得幼儿很感兴趣。当幼儿得知要选择一本绘本进行绘本节活动时，大部分幼儿选择《下怪蛋的鸡》，也有小部分意见不同，这时教师把问题抛给孩子们：意见不同我们怎么办？可以举手表决！谁得票高就听谁的。最终幼儿采用了自己的方法举手投票选择。教师要注意观察了解幼儿对哪些绘本感兴趣，从中选择适宜构建主题的绘本。幼儿感兴趣的话题也是选择绘本的依据。秋天，幼儿对飘下来的树叶、变了颜色的树叶、落在地上的树叶产生了兴趣，他们捡树叶来玩、踩着地上的树叶蹦蹦跳跳。那么，众多关于树叶的绘本就可供教师选择并建构绘本主题活动。

（2）绘本选择要适合幼儿的年龄

为主题活动选择绘本要适于幼儿年龄，把握幼儿的已有经验、年龄特点等身心发展状况，选择适于幼儿的绘本。例如，绘本《大卫上学去》的内容本身适合将要上小学的幼儿，大卫形象符合 6 岁左右幼儿形象以及活泼好动的特点，画面内容的丰富程度也适合本年龄幼儿观察理解能力。所以《大卫上学去》是适合大班幼儿阅读的绘本。

再如小班主题活动“我爱幼儿园”，其目的之一是缓解入园焦虑，培养幼儿愉快、健康的情绪。关于幼儿初入园的绘本很多，有《幼儿园的一天》《我爱幼儿园》《魔法亲亲》《一口袋的吻》等。从语言、画面以及故事容量来看，《幼儿园的一天》更适合小班幼儿阅读水平。幼儿对动物有一种天然的亲切感，故事中的动物角色会吸引幼儿的阅读兴趣，小动物上幼儿园的小事中平和、自然的情绪也会对幼儿起到一定的感染作用。《魔法亲亲》和《一口袋的吻》虽然也会有助于幼儿缓解焦虑，但从内容及语言、画面对理解水平的要求来看更适合家庭亲子阅读。小班“我爱幼儿园”绘本主题活动可以参照表 9-6 进行安排。

表 9-6　“我爱幼儿园”主题活动设计

主题名称	我爱幼儿园
子主题	高高兴兴上幼儿园
主题目标	幼儿愿意上幼儿园，获得上幼儿园的积极体验
绘本名称及内容	《幼儿园的一天》描述了动物们上幼儿园一天的生活，从上幼儿园路上动物们背着书包，火烈鸟一步跨很远、小蜗牛拖拖拉拉去上学，到放书包、坐到座位上，画画、搭积木、吃饭睡觉玩游戏，到爸爸妈妈来接。娓娓道来，朴素自然
绘本活动	幼儿园的一天（绘本阅读）；像小动物一样玩（拓展活动）
绘本活动目标	（1）能够看看说说小动物们在做什么，自己喜欢做什么 （2）能像小动物一样做自我介绍 （3）愿意像小动物一样上幼儿园，做一做自己喜欢的事，体验幼儿园活动的快乐
与主题及其他活动的关系	《幼儿园的一天》表现了小动物们上幼儿园的情景，会对幼儿起到一定的感染作用

（三）绘本综合主题活动中的环境创设

为使主题顺利开展，教师经常要考虑在主题活动开展过程中需要创设哪些相应的环境，比如墙饰、廊道环境、区域环境等，使环境与主题形成教育合力，使幼儿有更多的机会自由参与主题活动，使主题活动更深入和具体地开展。在与环境的互动中，幼儿的活动更自主和自由，幼儿的活动以及所获得的经验会引起同伴的模仿、学习及共同探索，同伴之间的互动和相互影响更突出。

幼儿与主题环境的互动也是教师了解幼儿的主要途径，教师可以观察幼儿对哪些事物感兴趣、遇到了什么问题和困难、他们的解决方法等。在此基础上，教师可以通过改变环境或参与讨论的方式来支持幼儿兴趣发展和帮助幼儿解决问题，使主题活动更贴近幼儿、更有效。比如在“好饿的毛毛虫”这一主题活动中，教师依据幼儿的问题和兴趣点，在环境中逐步提供与主题相关的新的物品、材料、图书、装饰等。更多关于动物成长过程的图画书丰富了幼儿对于主题的阅读经验；一星期记录卡和幼儿自制图画书支持幼儿互相借鉴学习；养小蝌蚪等动物并做观察记录促进幼儿获得真实经验；表演区的蝴蝶翅膀满足了幼儿表演的兴趣，使幼儿进一步感受蝴蝶之美、歌曲之美。

第二节　绘本综合主题活动案例

一、小班绘本综合主题活动：上幼儿园

（一）“上幼儿园”主题分析

1. 主题说明

小班幼儿初上幼儿园经常不适应、哭闹，这是让爸爸妈妈很头疼的一件事情，老师非常希望幼儿能尽快适应幼儿园生活、开心入园。这时一些绘本作品比如《我爱幼儿园》《幼儿园的一天》（图 9-2）《魔法亲亲》《我爱你》就可以派上用场，这些绘本描绘了幼儿初入园的情景，能够帮助小朋友们消除恐惧和安全感，从而愿意上幼儿园。本主题活动设计的思路是开发与幼儿园相关的绘本教育价值，引导小朋友像《幼儿园的一天》中的小动物一样熟悉班级环境，通过开展一系列活动，使幼儿通过阅读关注自身、引起情感共鸣，在主题活动中进一步发挥整合阅读与生活的作用。这些绘本有的适合幼儿园开展活动，有的适合亲子阅读，有利于家园形成合力使幼儿尽快适应幼儿园生活。

图 9-2　《幼儿园的一天》（[法]萨米尔·瑟努斯著，亨利·费尔纳绘，吴雨娜译，北京科学技术出版社）

2. 活动目标

(1) 熟悉幼儿园的生活、活动，消除陌生感。

(2) 熟悉班里的小伙伴，找到朋友。

(3) 在老师、家长的爱中获得安全感，愿意上幼儿园。

3. 主题活动框架

小班绘本综合主题活动“上幼儿园”活动框架参见表 9-7。

表 9-7　小班绘本综合主题活动“上幼儿园”活动框架

主题名称	上幼儿园	年龄班		小班
主题活动展开	集体教学活动	绘本阅读：幼儿园的一天		语言、社会
		音乐活动：两只小小鸟		语言、社会
		科学活动：动物的脚印		科学
		游戏活动：跳房子		健康
		绘本阅读：我爱你		社会、语言
		美术活动：各种颜色的动物		艺术
		故事活动：高高兴兴上幼儿园		语言、科学、社会
	生活活动	熟悉班级环境		社会
		听听故事、唱唱歌		语言、艺术
	自选区域活动	阅读区	绘本：《幼儿园的一天》《魔法亲亲》《我爱你》《一口袋的吻》《小阿力的大学校》《尿床了》	
		美工区	彩笔、蜡笔、彩泥等；动物、水果空白图片	
		建构区	积木 雪花片等	
家园共育	亲子共读并在生活中运用《一口袋的吻》《魔法亲亲》《我爱你》			

(二)“上幼儿园”主题活动案例

【活动 1】　幼儿园的一天

活动目标：

(1) 喜欢读绘本，并能看、说、演。

(2) 了解幼儿园一日生活的基本内容。

(3) 缓解在园压力，增加安全感。

活动准备：绘本 PPT、家长接幼儿的照片。

活动过程：

1) 活动导入，引导阅读

(1) 欢迎小朋友，引出问题

师：欢迎小班的小朋友们来到幼儿园，小朋友们知道还有谁也上幼儿园吗？

(2) 封面阅读

师：动物小朋友们也去上幼儿园了，你们想去动物幼儿园看看吗？这本书里讲了动物幼儿园的故事。(出示封面)看，动物幼儿园有谁呢？(引导幼儿观察绘本封面，说一说有“什么”的“什么”。教师通过示范引导幼儿用“有长鼻子的大象”“有漂亮的蝴蝶”描绘封面。)

小结：这么多小动物都去上幼儿园了，我们一起来看看动物幼儿园的事情吧。这本绘本的名字叫作《幼儿园的一天》。

2) 绘本分段阅读

(1) 第一段：在路上

师：今天小动物们的幼儿园开学了，看，他们在去幼儿园的路上，火烈鸟一步跨出很远，蜗牛拖拖拉拉的，单峰驼背上了书包，双峰驼背上了两个书包，鹈鹕呢？小动物们都是怎么上幼儿园的呢？(观察阅读，引导幼儿看一看、说一说、演一演。)

师：想一想还有谁会来上幼儿园？他们是怎么去上幼儿园的？你是怎么来幼儿园的呢？(拓展阅读，幼儿自由表达。)

(2) 第二段：自我介绍

师：小朋友们来到了幼儿园，他们在院子里做自我介绍——“我叫狐狐，我叫咕咕，我叫啾啾，我叫盼盼，我叫扭扭……”(教师讲述绘本。)

师：请小朋友把动物的名字和小动物对应起来，说一说谁叫狐狐、谁叫咕咕……(动物名字猜一猜，说对了 PPT 播放鼓励的音效。)

(3) 第三段：幼儿园里做什么

师：小朋友，请你们仔细观察绘本画面，说说动物们在做什么、自己喜欢做什么。(教师讲绘本，同时呈现画画、唱歌、做游戏等画面，幼儿自由观察表达。)

(4) 第四段：放学

师：小动物们在幼儿园过了一天；当太阳快要落山的时候，有的同学觉得幼儿园的一天太漫长了。谁觉得太漫长了？谁没有哭？猜猜他们怎么想的。(幼儿自由观察表达。)

师：小朋友，看一看谁来接谁。(翻到接小动物画页，出示家长接小朋友的照片，看一看说一说。强化家长会按时来接小朋友，加强在园的安全感。)

3) 活动结束

师：今天，我们也像小动物们一样，做一做、玩一玩；你们想玩什么可以悄悄告诉老师。我们开开心心等着爸爸妈妈来接，好不好？

活动延伸：亲子阅读——《魔法亲亲》《一口袋的吻》，可以带“亲亲”或“吻”来幼儿园。

【活动 2】 跳 房 子

活动目标：

(1) 可以平稳连续地并腿跳跃，能完成分腿跳、空格跳。

(2) 遵守游戏规则，养成规则意识。

(3) 愿意参加体育游戏活动。

活动准备：脚印若干、用不同颜色的粉笔在地上画九个格子的房子，如图 9-3 所示。

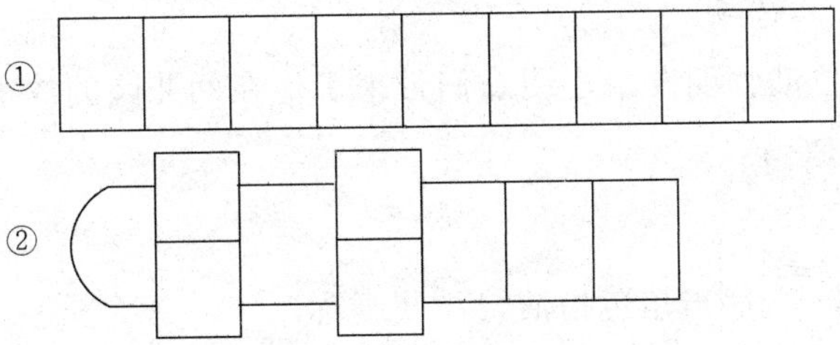

图 9-3 跳房子

活动过程：

1) 热身活动

(1) 动作模仿游戏：听指挥学走路——通过高人走、矮人走、小马跑、小兔跳等想象模仿游戏，活动幼儿下肢。

(2) 蹦跳练习：根据幼儿能力水平，用脚印图卡摆出双脚并腿跳、双脚分腿跳、并分交叉跳等，引导幼儿练习各种跳跃，增强跳跃能力和身体协调性。

2) 引导探索，开展游戏

(1) 幼儿自由选择房子、自由跳跃。

(2) 听指挥跳房子：

- 听指挥排队走到房子①前，按顺序双脚跳，注意间隔，逐步加快速度。
- 双脚空格跳，加大跳跃距离。
- 听指挥到房子②前，根据格子练习并脚跳和分脚跳变换，逐步加快速度。
- 将脚印放到格子里，要求幼儿落地时脚与脚印重合，锻炼身体控制能力、动作的准确性和协调性。

3) 放松活动，活动结束

(1) 吹泡泡：模仿吹泡泡——长长地吸气，慢慢吹出泡泡，呼吸放松。

(2) 跟随音乐轻轻晃动身体，放松身体。

(3) 面对面坐下，做小脚点点头、小脚碰一碰游戏，放松脚部。

活动延伸：家庭亲子游戏——跳房子。

【活动3】 我 爱 你

活动目标：

(1) 知道说“我爱你”是表达感情的一种方式，愿意说“我爱你”。

(2) 体验表达和接受爱的愉悦感。

活动准备：绘本《我爱你》PPT；明快的音乐；幼儿园环境、各活动场景照片。

活动过程：

1) 介绍主人公，导入活动

师：今天，又有一位动物朋友给小朋友们带来了他在幼儿园的故事。他是谁呢？(出示小獾手偶，模仿小獾介绍。)

2) 看绘本

带领小朋友们看绘本，适当角色扮演，说“我爱你”。

(1) 讲故事第一部分

师：小朋友们，今天老师带来一个好听的故事。(播放音乐，教师翻阅绘本讲故事。)小獾回家路上说了什么？对谁说的？一起说一说。

(2) 讲故事第二部分

(播放音乐，教师翻阅绘本讲故事。讲到“爸爸轻声问”。)

师：小獾有毛病吗？说一说你爱什么。(自主观察表达。)

师：该洗澡了，猜一猜小獾对什么说我爱你呢？(讲故事到最后。)

3) 表达爱

(1) 教师表达爱

师：小獾学会了哪句话？我爱你，我爱你们，这句话也是我想对小朋友们说的。(教师对一个个小朋友说。)

(2) 引导幼儿表达爱

师：你学会这句话了吗？看看屏幕上有什么，教室里有谁、有什么。你想对谁说“我爱你”？(教师及时鼓励、赞扬，如说“真好，爱就说出来”等并盖笑脸章，帮助幼儿体验表达和接受爱的愉悦。)

4) 活动结束

师：小獾说了很多很多句“我爱你”，非常开心；听到的人也很开心。小朋友们说了“我爱你”，也很开心。小獾的故事里长颈鹿阿姨留了个作业是说“我爱你”；老师也留这个作业给小朋友们，记得说“我爱你”。

活动延伸：对爸爸妈妈说“我爱你”；阅读区、家庭阅读——《我爱你》《你睡不着吗？》《猜猜我有多爱你》等。

【活动4】 高高兴兴上幼儿园

活动目标：

（1）能大方地对人打招呼，说出“你早”“老师好”等简单问候语。

（2）感受眯眯笑、蹦蹦跳跳等词语，感受小动物们“高高兴兴”上幼儿园的心情。

（3）模仿故事中小动物之间的对话，复述对话“××，你早，你去哪儿？”“我上幼儿园”。

活动准备：故事《高高兴兴去幼儿园》的挂图；小兔小鸭小猫手偶、动物幼儿园的背景图；小兔小鸭小猫的头饰；歌曲《我上幼儿园》。

活动过程：

1）播放歌曲，导入活动

（播放歌曲《我上幼儿园》。）

师：歌曲里讲了什么事？（幼儿自由表达。）

师：今天动物幼儿园的小动物们也开学了，看看小动物们是怎么上学去的。

2）猜猜谁去上幼儿园

（1）教师模仿小兔子的动作“跳跳跳”，幼儿猜一猜。

师：你早，小朋友们！（引出第一位好朋友“小兔子”并用“手偶”和幼儿打招呼，引导幼儿说出：“你早，小白兔！”）

（2）教师模仿小鸭的叫声——“嘎—嘎—嘎”，引出小鸭，和小鸭打招呼。

（3）教师模仿小花猫的叫声——“喵喵喵”，引出小猫，和小猫打招呼。

3）讲故事

（1）看挂图，了解故事

师：几个动物朋友带来了它们上幼儿园的故事，请小朋友看一看、讲一讲。（老师拿出挂图，让小朋友看图讲故事。）

师：谁去上幼儿园？看一看、学一学他们的动作、表情，猜一猜他们高兴还是不高兴。

（2）完整讲故事、学对话

（教师讲故事，幼儿模仿对话。）

师：小兔子遇见了××小朋友，怎么说？小朋友怎么说？（创设小朋友之间相遇情境，让小朋友学会打招呼。引导说“早上好”“你好”等招呼语。）

4）故事表演

（请幼儿戴头饰跟随教师讲述表演人物和对话。）

5）活动结束

师：小动物们每天上幼儿园，小朋友们也每天上幼儿园，上幼儿园的时候记得和老师、小朋友打招呼呀。

活动延伸：和邻居、好朋友问好，养成打招呼的礼貌习惯。

二、中班绘本综合主题活动：树叶

（一）“树叶”主题分析

1. 主题说明

秋天来了，落叶是秋天的标志。树叶由绿变红、变黄，风一吹一片片飘落下来，孩子们喜欢捡起来玩，对树叶的不同形状很感兴趣。描写树叶的绘本很多，从不同角度表现了树叶带给人们的美和思考，在叶落的季节阅读这些绘本，既体验阅读的快乐也感悟了自然、生活。

2. 活动目标

(1) 喜欢阅读绘本，能够仔细观察、理解绘本内容并清楚地讲述自己的想法。

(2) 喜欢探索大自然，能通过多种感官观察树叶并较完整地表达。

(3) 感知秋天树叶的美。

(4) 初步理解生命的过程与价值。

3. 主题活动框架

中班绘本综合主题活动“树叶”活动框架参见表 9-8。

表 9-8　中班绘本综合主题活动“树叶”活动框架

<table>
<tr><th>主题名称</th><th>树叶</th><th colspan="2">年龄班</th><th>中班</th></tr>
<tr><td rowspan="5">主题活动展开</td><td>绘本阅读活动</td><td colspan="2">(1) 落叶跳舞
(2) 风中的树叶
(3) 一片叶子落下来</td><td>语言、社会</td></tr>
<tr><td>科学探究活动</td><td colspan="2">(1) 各种各样的树叶
(2) 树叶尺子量一量</td><td>科学、语言</td></tr>
<tr><td>创意树叶作品</td><td colspan="2">(1) 树叶精灵
(2) 树叶贴画</td><td>艺术</td></tr>
<tr><td>体育活动</td><td colspan="2">和树叶玩游戏</td><td>健康、科学</td></tr>
<tr><td>儿歌活动</td><td colspan="2">小树叶</td><td>艺术</td></tr>
<tr><td rowspan="4">主题环境创设</td><td>墙饰</td><td colspan="3">(1) 幼儿作品
(2) 各种各样的树叶及其名字标签</td></tr>
<tr><td rowspan="3">区域环境</td><td>阅读区</td><td colspan="2">绘本：《落叶跳舞》《风中的树叶》《一片叶子落下来》《树叶尺子》《五颜六色的叶子》；幼儿自制图画书</td></tr>
<tr><td>科学区</td><td colspan="2">各种树叶、其他长度测量工具</td></tr>
<tr><td>美工区</td><td colspan="2">树叶、绘画材料、拼贴等手工材料</td></tr>
<tr><td>家园共育</td><td colspan="4">(1) 和幼儿一起到户外感受秋天的变化，做认识树的名字、观察树叶、捡树叶、树叶游戏等活动
(2) 一起读绘本</td></tr>
</table>

（二）“树叶”主题活动案例

【活动 1】　各种各样的树叶

活动目标：

(1) 了解各种树叶的名称、颜色、大小、形状等特点，知道每片树叶都是不一样的。

(2) 喜爱大自然并乐于观察、探索。

(3) 能比较清楚地描述树叶的特点。

活动准备：小塑料袋、小夹子，每人一份；几片树叶。

活动过程：

1) 用树叶导入活动，吸引注意

师：小朋友们，看看这是什么呀？（是树叶。）秋天到了，树叶一片片离开了大树妈妈，落到地上，我们去外面检树叶，好不好？

2) 捡树叶

(1) 准备用品

师：小朋友们每人都有什么？是干什么用的？（给幼儿分发塑料袋、小夹子。）

(2) 户外活动

师：小朋友拿好自己的塑料袋和夹子，我们去捡漂亮的树叶吧！（老师检查工具，排队去户外捡树叶，做好安全提醒和保护，注意观察幼儿、与幼儿随机交流，提醒幼儿捡多样的树叶，帮助幼儿认识树/树叶名称。幼儿把自己喜欢的树叶装在袋子里带回教室。）

3) 观察树叶（室内活动）

(1) 小组活动，观察树叶

师：我看到小朋友都带回来许多树叶，现在请小朋友把树叶放到每一小组的盘子里，大家一起看一看我们捡了哪些树叶，它们叫什么名字？长得什么样呢？

(2) 介绍树叶

师：请小朋友向大家介绍自己喜欢的树叶，说一说树叶的名字、它有什么特别的地方。（老师及时引导幼儿从不同角度观察，并总结幼儿语言，做简单完整的描述。如：这是法国梧桐树叶，是黄色的，分几个叉，像小巴掌一样。）

小结：刚才小朋友们看了、闻了，还摸了树叶。大家看到了不同颜色的叶子，有红色的，有黄色的，还有绿色的；摸到有的叶子粗糙，有的光滑。叶子的形状也不一样，有的圆一些，有的有点儿尖；有的大，有的小。小朋友们观察得很仔细，下课后咱们可以再观察，你们会发现得更多。

4) 活动结束

师：现在，请你选一片自己最喜欢的树叶，贴在彩纸上交给老师。（老师记名字。）今天放学的时候，老师会送给小朋友们一件小礼物。（把树叶塑封送给小朋友。）

师：今天我们捡了很多树叶，知道了树叶的名字，仔细观察了树叶，发现树叶多种多样。大家在回家的路上看看有什么树叶、去公园看看有什么树叶、你家小区里有什么树叶，多看看会发现更多种的树叶呢！可以带到学校来贴到主题墙上，大家一起欣赏。

活动延伸：在生活中观察树叶，画一画。

【活动 2】 树 叶 贴 画

活动目标：

（1）能够用绘画、粘贴等方式制作树叶贴画。

（2）能够比较清楚地介绍自己的作品。

活动准备：家长与幼儿捡拾的各种各样的树叶；《落叶跳舞》（图 9-4）《风中的树叶》相关画页；胶棒、彩笔、彩色卡纸等美工用具。

图 9-4 《落叶跳舞》（［日］伊东宽文/图，蒲蒲兰译，二十一世纪出版社）

活动过程：

1）导入，欣赏树叶画

师：孩子们，看，这是我们读过的什么书？我们在绘本中看到树叶变成了跳舞的树叶精灵、变成了小鱼、变成了船帆，树叶怎么变的呢？（幼儿自由表达。）

2）示范做树叶画

（1）教师总结并示范做树叶贴画。

（2）小结：选合适的树叶，拼贴到纸上，用彩笔添画。

3）分组桌面活动——做树叶贴画

（1）分发工具和树叶，每桌一份。

（2）幼儿清楚桌面活动规则——工具用完放回；垃圾放垃圾筐；不争抢用品，协商解决。

（3）桌面操作：幼儿自制树叶贴画；教师观察指导，可提供树叶贴画范例图片，鼓励幼儿大胆想象和创作。

4）活动结束

（1）展示分享：请幼儿介绍自己的作品。

（2）把自己的作品放到作品展示区。

活动延伸：在作品展示区分享作品。

【活动 3】 树叶尺子量一量

活动目标：

（1）喜欢数学活动，乐于动手动脑来探索用树叶测量长度。

(2) 掌握一端对齐、首尾相连的测量方法，能做测量记录。

(3) 能发现、交流用树叶测量物体的多种方式。

活动准备：若干片树叶(至少保证每个幼儿有 15 片)、书本、玩偶、水杯等。

活动过程：

1) 回忆绘本，导入活动

师：大家好，今天我们来到了树叶宝贝的时光。我们上次一起阅读了《树叶尺子》(图 9-5)，有没有哪位小朋友愿意讲讲它是怎样的一个故事呢？(幼儿自主回答。)

小结：故事里面讲到了很多动物小朋友们比谁的尾巴长，无论怎么比较都得不到答案；他们问了熊奶奶，熊奶奶用树叶做尺子帮助他们量尾巴。

师：今天老师也有一件事，想买和这几本书同样大小的书，想请小朋友们量一量这几本书，好吗？我们也用树叶尺子来量吧。

图 9-5　《树叶尺子》([韩]崔书妍文，伊率图，沈潼译，湖北少年儿童出版社)

2) 进行操作、记录并分享，掌握首尾相连测量方法

(1) 测量准备

① 认识测量工具，讨论测量方法

师：首先要把树叶宝贝们请上来，今天树叶宝贝想和我们一起做游戏。(呈上一盘树叶。)让我们和树叶宝贝们打个招呼："树叶宝贝，你们好！"

师：小朋友们，大家好！我们来到这里想要小朋友帮我们测量一些东西的长度，好不好？一会儿每位小朋友也会有很多这样的树叶。看一看，它们长得怎么样？(树叶长度基本一致。)

师：(模仿树叶说话。)请小朋友想想我们的身体可以怎样测量物体呢？先想办法量一量这支水彩笔吧。(幼儿可以边说边操作。)

小结：小朋友们说到了不同的测量方法。测量时我们还要注意，开始测量时树叶的一端和要测量的物品的一端对齐，后面的树叶的开始一端也要和前面树叶的末尾相连。

② 做记录

师：量出了物品长度怎么记下来呢？(幼儿自由回答。教师准备了树叶图，长度为几片树叶就在几片树叶上做标记，可以涂色、打对钩、画点等。)

(2) 桌面操作——测量

师：现在每个桌子上都有一盘树叶，每个小朋友都有一个要测量的书和记录卡、笔。请小朋友们找到自己的位置，开始用树叶量一量。(教师巡回指导、拍照。)

（3）分享交流

师：小朋友，谁来说一说你是怎么测量的？（请个别幼儿对照记录单，介绍自己的测量方法和结果。教师可出示幼儿操作照片进行总结，强调首尾相连，排成一条直线，不间断、不重合。）

3）增加难度

每人用两片树叶测量，培养解决问题能力。

4）结束环节

师：今天小朋友们用树叶量了书的长、宽。还能用什么量长度呢？以后我们再做一做、试一试。（播放音乐。）听，树叶宝宝们该回家了，请小朋友们把他们送回家吧！（收拾整理。）

活动延伸：请幼儿回到家后用树叶测量一些其他物品；观察生活中还可以用什么来做尺子；用树叶数数。

【活动4】 和树叶做游戏

活动目标：

（1）通过观察、练习掌握双脚跳、投掷等动作的要领。

（2）在参与各种玩树叶的游戏中发展跳跃能力、投掷等能力。

（3）体验自由创造、想象多样玩树叶的乐趣，并能用语言完整表述各自创造的玩法。

活动准备：幼儿园地面的落叶。

活动过程：

1）导入，引出和树叶来游戏

师：现在是秋天了，我们做了很多和树叶有关的事，我们还可以和树叶玩游戏呢！

2）户外玩一玩

（1）让幼儿尝试玩树叶的多种方法，激发幼儿创造力

师：看到这么多漂亮的树叶，你们想怎么玩？（幼儿自由表达。）

师：大家试一试，看看树叶可以怎么玩。小心不要摔倒，不要碰到身边的小朋友哦！

（2）抛叶子游戏

师：我看到有好多小朋友把叶子抛起来，看起来很好玩，那把叶子抛起来像什么呢？

师：下雪的时候、撒礼花的时候，雪和礼花是从高处落下的，所以一定要把树叶抛得高高的哟！我们比赛一下，看谁抛得高吧。（幼儿双脚跳起，双臂用力向上扬起抛树叶。鼓励幼儿双脚跳起同时抛树叶，发展跳跃能力。）

（3）开飞机的游戏

师：小朋友们，你们看，树叶从空中飘下来像什么呢？（幼儿自由表达。）我听到有小朋友说像飞机、像蝴蝶。那飞机是怎么飞的呀？

师：小朋友们都玩过纸飞机，我们一起来试一试树叶飞机飞得远不远吧。小朋友试一试把飞机扔出去，然后跟着自己的飞机跑，等它落地了把它捡回来。试一试看谁的飞机飞得最远。（幼儿的树叶变成飞机，孩子们把飞机使劲扔出去然后追着飞机跑。）

3）活动结束

（1）放松游戏

小朋友扮演树叶，风起了，树叶从树上落下来，轻轻地飘着、慢慢落到地上。（小朋友模仿树叶轻轻晃动身体，慢慢坐下来。）

（2）分享交流玩法

师：小朋友们都很聪明，现在小朋友们想一想树叶还可以怎么玩。

师：刚刚小朋友们说的方法，你有玩过吗？试一试。

活动延伸：继续和树叶玩游戏。

【活动5】　一片叶子落下来

活动目标：

（1）知道树叶的变化过程、树叶的作用（树叶存在的价值）。

（2）感受生命的美好以及给别人带来快乐的美好。

（3）能说一说自己给别人带来了哪些快乐。

活动准备：《一片叶子落下来》绘本，树叶四季变化的视频，四个季节的树叶图片，背景音乐。

活动过程：

1）导入活动

师：今天树叶先生来给我们分享他的成长过程。让我们跟他打个招呼——“树叶先生，早上好！”

2）了解树叶的变化

师：小朋友们看到，现在有些树叶落下来了，落下来之前是怎样的呢？一起来看一看。

（1）观看树叶四季变化的视频。

（2）幼儿说一说树叶发生了怎样的变化。

3）阅读绘本

（1）欣赏绘本，感受语言与意境的美。配乐朗读：春天已经过去……静静地掉落……

（2）自主交流阅读理解。幼儿自由说一说绘本中讲了哪些故事。教师对幼儿的回答积极反馈、引导，用四个季节的树叶图片加深幼儿对树叶变化的认识。

4）深入阅读，理解给别人带来快乐和美好

(1) 感受树叶的作用

师：小朋友们从书里发现了很多事情。老师还有一个问题要问你们：什么是叶子的目的？（遮阴，给老人、孩子、野餐的人们一个阴凉舒服的地方。）

师：你们有没有享受过树叶带来的阴凉？（幼儿自由表达。）

师：树叶还给我们带来了什么呢？（让秋天变得五彩缤纷、烤火、成为肥料、做成树叶画装饰用……教师用图片支持幼儿的表达。）

(2) 理解给别人带来快乐的美好

师：树叶给我们带来了很多快乐，知道吗？你们也给树叶带来了快乐。树叶先生说："我也喜欢孩子，尽管有时他们会在树皮上挖窟窿或者刻上他们的名字，可是看着孩子们跑跑跳跳、嘻嘻哈哈，也是非常开心的。"你们怎么让树叶快乐呢？有没有树叶不喜欢的呢？你还因为什么给别人带来了快乐呢？（幼儿自由表达。）

5）活动结束

师：树叶给我们带来了很多快乐，我们一起谢谢树叶！小朋友们也给我们带来了快乐，谢谢你们！

活动延伸：观察幼儿园中的树，体验树叶在四季的变化；绘画叶子四季的变化；做让人快乐、自己也快乐的事。

三、大班绘本综合主题活动：团圆

（一）"团圆"主题分析

1. 主题说明

《团圆》（图 9-6）是一本优秀的中国原创绘本，讲的是过年时爸爸回家和家人团圆的故事。这本书从幼儿的视角来讲故事，容易被幼儿接受和欣赏。绘本中蕴含丰富的内容，包含春节的传统文化习俗、现代生活中父母离家打工不能经常在一起的生活现象和情感，甚至南北方生活差异等，带着对文化习俗、对生活的感受和经验阅读绘本更能读懂绘本，阅读绘本的同时感受生活更能品味生活的艺术。

图 9-6 《团圆》（余丽琼文，朱成梁图，明天出版社）

2. 活动目标

(1) 了解绘本故事反映的生活和情感。

(2) 感受中国春节团圆、快乐的氛围和人们对幸福生活的向往。

(3) 知道爸爸或妈妈的工作。

(4) 了解我国南方和北方的不同。

3. 主题活动框架

大班绘本综合主题活动“团圆”活动框架参见表 9-9。

表 9-9　大班绘本综合主题活动“团圆”活动框架

<table>
<tr><th>主题名称</th><th>团圆</th><th colspan="2">年龄班</th><th>大班</th></tr>
<tr><td rowspan="5">主题活动展开</td><td>绘本阅读活动</td><td colspan="2">团圆</td><td>语言、社会</td></tr>
<tr><td rowspan="3">春节的习俗</td><td colspan="2">(1) 春节习俗知多少
(2) 贴春联
(3) 拜年
(4) 游戏活动：舞龙</td><td>社会、语言、健康、艺术</td></tr>
<tr><td colspan="2">分饺子</td><td>科学</td></tr>
<tr><td colspan="2">爸爸、妈妈的工作</td><td>社会</td></tr>
<tr><td>北方与南方</td><td colspan="2">(1) 自主探究
(2) 展示分享</td><td>社会、艺术</td></tr>
<tr><td rowspan="4">主题环境创设</td><td>墙饰</td><td colspan="3">春联、灯笼、拜年吉祥话等
代表南北方特色的图片</td></tr>
<tr><td rowspan="3">区域环境</td><td>阅读区</td><td colspan="2">绘本：《团圆》《中国传统节日》系列绘本《年的传说》《我喜欢过年》《十二生肖的故事》</td></tr>
<tr><td>科学区</td><td colspan="2">饺子、汤圆等，用于分组的小盘</td></tr>
<tr><td>美工区</td><td colspan="2">制作红包的工具、材料
制作龙头的材料</td></tr>
<tr><td>家园共育</td><td colspan="4">(1) 家长与幼儿共同发现、交流春节习俗和南北方差异
(2) 家庭提供纸箱等材料用于制作龙，做手工饺子</td></tr>
</table>

（二）“团圆”主题活动案例

【活动 1】 团　　圆

活动目标：

(1) 喜欢读绘本，能自主观察和表达对绘本的理解。

(2) 知道爸爸做了哪些事，感受爸爸对家的付出和爱。

(3) 了解过年的习俗，感受过年的团圆、祥和、快乐的氛围。

活动准备：绘本 PPT、过年家庭团圆图片、过年音乐。

活动过程：

1) 过年音乐导入

师：听，过年了！上次小朋友们说了很多过年的事情，小朋友们说过年是团圆的日子，家人要聚在一起，感觉怎么样？（幸福、热闹、快乐）有一个绘本故事，也写了过年团圆的事情，我们一起看看吧！（播放过年的音乐。）

2）讲绘本故事，理解感受故事内容

（1）封面阅读：认识“团圆”两个字。从哪儿能看出来是过年？谁和谁团圆了？

（2）理解正文：教师朗读第一页，提出问题——为什么起得特别早？第二页自主阅读，继续观察，说一说还发现了什么——爸爸回家了，一家人团圆了，做了哪些事？（穿戴爸爸买的衣服、帽子，一起去理发、贴春联、包汤圆，一起睡觉、说话。）通过一家人在一起的事情，体会到团圆“真幸福”。

（3）故事讲完：理解“我”为什么把幸运硬币给爸爸，理解硬币对小姑娘的珍贵和小姑娘对爸爸的爱和期盼。

3）迁移体验

师：小朋友们，你们家在过年的时候是怎么团圆的？做了哪些事？（幼儿自由表达。）

活动延伸：幼儿为过年时一家人团圆做准备。

【活动2】 分 饺 子

活动目标：

（1）感知6的分解和组成，掌握6的5种分法。

（2）掌握数的组成的递增、递减规律。

（3）对自主探索、分析感兴趣，能对分法做记录。

活动准备：手工活动制作的饺子若干（每人6个）、纸盘、记录卡、铅笔、纸箱。

活动过程：

1）复习导入

师：过年啦，小朋友们做了很多饺子，今天我们就把饺子分一分吧。老师先考考小朋友会不会分。听老师出题：我说2，你对2，2可以分成几和几？（依次复习3、4、5的分法，并做记录。）

师：今天，我们每位小朋友都有6个饺子，看看6个饺子怎么分。

2）桌面自主操作

（1）了解操作用品，交流操作方法

师：小朋友们，你们每个人都有哪些东西？（6个饺子、两个纸盘、记录卡、铅笔。）谁知道要怎么做？（把6个饺子分到两个纸盘中，记录每次分后两个盘中的数量。）要怎么分，才能没有重复，并且所有分法都找到？

（2）幼儿自主操作，教师观察指导

（发现幼儿没有按规律操作不急于纠正。）

3）结果汇报

（1）请幼儿汇报操作结果：小朋友发言并把结果记录写到黑板上；如有不同记录，进行比较。

(2) 引导幼儿观察记录，发现左边的数字一个比一个多 1(递增)，右边的数字一个比一个少 1(递减)；左右两边数字位置互换，总数都是 6。

(3) 读一读：6 可以分成 1 和 5，1 和 5 合起来就是 6……

4) 猜一猜还剩几个饺子

(纸箱里分别放 4 个饺子，请小朋友摸出几个，其他小朋友说出还剩几个。第一个说对的小朋友得到奖励。纸箱里放入 5 个、6 个饺子再做游戏练习。)

活动延伸：在科学区自主操作分饺子。

【活动 3】 南方与北方

活动目标：

(1) 了解中国南北方的地域特色及其差异。

(2) 能通过多种途径自主获取知识，有好奇心，乐于分享。

(3) 能用较适宜的方式在大家面前展示分享，语言表达清楚。

活动准备：幼儿活动前通过查阅资料等途径获取知识，幼儿各自做好分享准备，分类字卡、南北方特色图片，诗歌视频《江南》。

活动过程：

1) 导入

师：小朋友们，我们欣赏了《团圆》这个绘本，小朋友们看到房子和我们住的不一样、冬天小河没结冰，看到好多和我们这里不一样的地方，大家知道了，那是南方。小朋友们还搜集了一些关于南方与北方不一样的地方，请小朋友们来介绍一下吧！

2) 我所知道的南方北方

(1) 幼儿自主展示分享。

(2) 说一说“我去过的南方”。

师：听小朋友们说了那么多南方北方的特点，我也想起来……(老师说一说自己去南方所见，引发幼儿自主讲述。)(什么时候？去了哪里？见到的情景？)

(3) 图片归类。

师：小朋友们知道的真多。现在，小朋友们手里有一些图片，分别把它们贴到南方、北方的字卡下面。

3) 诗歌欣赏《江南》

师：小朋友们下面我们一起来欣赏一首诗歌，它的名字叫作《江南》。

活动延伸：欣赏诗歌《敕勒川》，欣赏其他南北方有代表性的音乐、绘画等。

【活动4】 舞 龙

活动目标:

(1) 能够跟随龙珠指挥玩游戏,完成几种基本动作,动作协调有力。

(2) 能够合作进行舞龙表演,互相配合、能够保护自己和同伴,具有团队配合意识。

(3) 体验舞龙的乐趣,感受中国传统活动的欢乐气氛,激发对舞龙文化的喜爱之情。

活动准备:若干张大报纸接在一起,自制的龙,自制的“龙珠”鼓和鼓槌,舞龙表演视频。

活动过程:

1) 导入

(1) 伴随音乐幼儿跟随教师进行热身运动。

(2) 观看舞龙表演视频。

师:舞龙是中华民族的一项传统的文化活动,我们中国人通常会在比较重大的节日、庆祝场合开展舞龙活动,比如春节等。

2) 学习舞龙

(1) 看龙头指挥,练习上举、下拉,向左、向右挥动手臂,学习手部使用鼓槌的动作。

(教师举着指挥棒(龙珠)进行往上、往下、向左、向右等不同方向的指挥,边指挥边伴随一定的指令带着幼儿学习做舞龙的动作。)

(2) 看龙头指挥,举木棍依次学习脚步,尝试手脚合在一起做动作。

师:舞龙是集体的活动,所有小朋友要看龙珠、听口令做动作,动作整齐一致。

(3) 看龙头指挥,练习手脚合在一起做动作。教师提醒幼儿走动中注意安全,保护好自己和同伴。

3) 练习舞龙,看龙头指挥,跟音乐组队练习

师:舞龙是我们中华民族的一种传统文化,我们一定要把我们中国优秀的传统文化传承下去。你们都是最优秀的人,老师把这个任务交给你们。现在老师把龙(报纸)带来了,我们来舞龙。(播放背景音乐,幼儿组成两队,每队每人用两根木棍举报纸,同队共同举一条报纸,同队小朋友要速度、方向一致,间距适当,后面的人看前面的龙头的动作,龙头要看龙珠的指挥。)

4) 活动结束

赞扬幼儿,放松运动。

活动延伸:户外活动——舞龙;通过亲子活动进行多样的舞龙游戏。

思考与实践

1. 以“水”为主题，可以开展哪些绘本活动？请结合实例说明。
2. 绘制跟“天气”有关的幼儿绘本综合主题网。
3. 在小班上学期适合开展什么主题的绘本活动？请举例说明。
4. 以“节日”为主题为中班幼儿设计绘本综合主题活动。
5. 请设计大班下学期的绘本综合主题活动，并制订相应的活动计划。

第十章　幼儿绘本活动中的玩教具

【内容导航】

玩教具在幼儿园教育实践中运用得十分广泛，为了有效实现幼儿园教育活动的目标，有时需要师生共同开发、设计与制作好玩、有趣、有益的玩教具，这既可以丰富幼儿园教育活动，又能够为幼儿园玩教具的开发注入新鲜的活力。独具匠心的玩教具与绘本又会碰撞出什么样的火花呢？本章将带领你进入绘本玩教具的世界，了解幼儿园玩教具的基本知识，学习怎样设计新颖独特、创意十足的绘本玩教具。

【学习与实践目标】

- 了解幼儿园玩教具设计与制作的基本知识。
- 理解并掌握绘本玩教具的设计思路与方法。
- 知道绘本玩教具的设计流程。
- 能在分析绘本的基础上自主设计并制作绘本玩教具。

【知识框架】

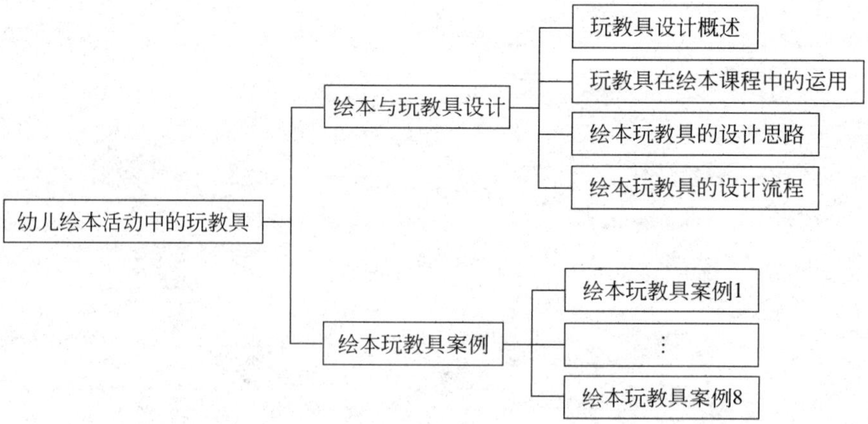

第一节　绘本与玩教具设计

一、玩教具设计概述

（一）什么是玩教具

鲁迅先生曾说游戏是儿童最正当的行为，玩具是儿童的天使。儿童的游戏活动常以玩具为媒介，对于玩具的界定，从字面上看是可供儿童玩耍的器具，也就是供儿童游戏时使用的各种物品和材料。陈鹤琴认为应当从广义的角度来理解玩具的内涵，即“凡是儿童可以玩的、看的、听的和触摸的东西，都可叫玩具”。然而玩具，尤其是幼儿园的玩具，虽然以游戏和玩耍为主要目的，但同时也渗透着成人希望通过玩具让儿童学习并有所收获的目的，即具有附带的教育目的。① 所以在幼儿园的教育实践中，可以考虑将玩具和教具相融合，即通过玩教具让儿童在游戏或活动中自然而然地增长知识、发展能力、获得成长。本书中将玩教具界定为，在游戏或学习活动中使用的，兼具“游戏性”与“教育性”的，可以对儿童身心发展具有影响的物品或材料。

（二）设计与制作玩教具的常用材料

在幼儿园的教育实践中，教师设计、制作各种各样的玩教具时经常使用的材料有纸类、布类、泥类、废旧材料类、自然材料类、科技类等。有的老师经常会利用自然物、废旧物等各种物品为儿童设计、制作玩教具，各种包装纸、包装盒、碎布条、空瓶子等经过教师的巧妙设计都可以成为儿童手中好玩、有趣的玩具。

1. 纸类

纸类玩教具可以使用的纸材料有很多类型，包括印刷纸（广告纸、报纸等）、办公打印用纸（白色、彩色打印纸）、生活用纸（卫生纸、纸巾纸等）以及各类包装纸等，此外还有卡纸、皱纹纸、海绵纸、铜版纸、吹塑纸、锡箔纸、瓦楞纸、宣纸、牛皮纸等。在制作纸质玩教具时可以采用折纸、剪纸、贴纸、编织、撕纸、纸卷画等多种方式。根据不同纸品的属性，教师在设计、制作玩教具时可以有不同的侧重，例如海绵纸色泽鲜艳、质地较软，有一定的柔韧性和厚度，容易弯曲折叠且不宜断裂，较适合剪、刻、粘贴等来塑造形象、制作水果、蔬菜等游戏道具，或者制作表演的头饰，不适宜做折纸、撕纸等。

---

① 郭力平，谢萌.幼儿园玩教具：配备、设计制作与应用[M].北京：中国轻工业出版社，2014：18.

2. 布类

布材料的玩教具是以各种布类为主要材料，通过剪、缝、绣、拼、镶、组合等技法制作的玩教具。生活中的布材料随处可见，包括棉布、化纤布、绒布、麻布、针织布还有不织布等。布类柔软、安全、耐用，花样、纹理繁多。平时一些废旧的布类如袜子、毛巾、旧衣服等也可以用来设计和制作玩教具。在制作布类玩教具时常需要配合使用各种线和辅料，例如常见的绳线有棉线、丝线、毛线、麻线等；常见的辅料有纽扣、各色珠子、珍珠棉、亮片、花边、丝带、动物活动眼睛等。布类玩教具可以制作沙包、布绒玩偶、布贴画、布书、故事手偶等。

3. 泥类

泥类材料的玩教具是以自然泥土或其他可塑性的泥类为主要材料制作的玩教具。泥类材料最大的特点就是可塑性和黏性。可塑性是指教师和幼儿通过捏、搓、揉等技法将泥土进行造型；黏性是指将造型好的各部分粘合在一起。一般可以用来制作泥类玩教具的材料有陶泥、橡皮泥、超轻彩泥、面团、软陶等，常用的辅助性工具有泥工板、各种泥塑刀、湿布、上色工具等。

4. 废旧材料类

在幼儿园中，教师常常“变废为宝”，使用各种各样的废旧物品来制作玩教具，经济实惠，易于收集和操作，利于环保。例如在制作乐器类玩教具时，可以在废旧的瓶瓶罐罐中放入一些小零件（例如小石子、纽扣之类）来制作简单的手摇铃；利用大纸箱来制作区域的家具用品，用小纸盒来制作桌面游戏的玩教具。纸盘、纸杯、纸袋、卷纸芯、各种瓶子、罐子、易拉罐、奶粉桶、脸盆、夹子等各种材料都可以物尽其用，制作出好看、好玩的玩教具。

5. 自然材料类

自然材料的玩教具是指取材于大自然的各种各样的物品资源制作而成的玩教具。自然环境中有各种各样的动物、植物、昆虫等，陈鹤琴认为大自然是儿童知识的主要源泉之一，山水河流、花鸟鱼虫等自然之物都可以成为儿童学习的内容。儿童从大自然中获得的知识是活的、直接的，是容易被儿童接受和理解的。在幼儿园中，玩教具制作常常采用自然材料，例如植物类材料，包括树叶、树枝、种子、花朵、木棒、豆类、蔬果、稻草、秸秆、竹木等；自然事物类材料，包括泥、土、沙、水、石头、贝壳等；此外，蛋壳、干果皮（壳）等也可以用于玩教具的设计与制作。

6. 科技类

科技类玩教具一般用在科学探索区对幼儿进行科学启蒙教育，包括声、光、电、磁、力、机械等不同种类的玩教具。除了不能自制必须购买的材料外，教师可以根据实际的教育教学需要，动手制作一些简单的科技类的玩教具。此外，关于光的反射和折射，可以巧妙地运用镜子制作玩教具；关于声音的传播可以利用纸杯制作“土电话”；关于力、杠杆等可以利用小木棍、纸盒、重物等制作有趣的杠杆玩教具；还可以运用磁铁、磁片来制作磁性玩教具。图 10-1 为磁性钓鱼玩教具的制作示意图。

图 10-1　磁性钓鱼玩教具示意图

（三）玩教具设计与制作的常用方法

玩教具设计与制作的常用方法有以下几种。

(1) 希望点列举法：通过访问、书面搜集、会议等方式搜集关于玩教具各种希望点的资料，以人们关于玩具的幻想和愿望为线索，构思玩具和设计方案。

(2) 缺点列举法：从列举玩教具的缺点入手，找出现有玩具的问题和不足之处，分析、探讨和研究如何调整问题、改进不足，寻找切实有效、简便易行的改进方案。

(3) 联想组合法：将两种或两种以上的产品元素进行适当组合，形成新的产品。组合法主要有功能的组合、形态的组合以及材料的组合。这种方法可以使不同的物品通过巧妙的设计结合在一起，出现新的功能和效用，开发成本较低。

(4) 放大缩小法：将物品的功能、形态、颜色、体积等放大或缩小。

(5) 借鉴移植法：将某个学科、领域的原理、技术或方法移植到其他学科或领域，从而产生新的理念、方法或产品。移植法有纵向移植、横向移植和综合移植三种方式。

(6) 逆向思维法：逆向思维也称为反向思维，即突破习惯性的思维方式，从反向去寻找解决问题的方案。反转型的思考方式往往会有意想不到的发现。

(7) 关联类比法：通过判断一类事物的属性和特征，预测与其类似的事物也具有这种属性和特征的方法。类比法由此及彼的联想方法可以帮助开阔视野、打开思路。

(8) 问题分析法：围绕玩教具提出相关的问题，从而思考如何设计或改进的方法。例如奥斯本设问法[①]。

---

① 王振伟.玩具设计概论[M].北京：中国轻工业出版社，2013：97-98.

① 现有产品还有其他用途吗？

② 改变一下会怎样？如扩大、缩小、增加、删除、整体、局部翻转倒置等。

③ 能否利用其他方面的设想？可否借鉴和模仿？能不能借用别的方案？有什么东西和这个相似？过去有过相似的东西吗？能模仿什么东西吗？模仿谁的？

④ 用其他东西替换会怎样？如别的东西、别的元件、别的材料、别的工艺、别的制作结构、别的动力、别的方法、别的声音等。

⑤ 反过来会怎样？如上下、前后、内外运动方向等。

⑥ 重新组合成立吗？如能不能组合？合金材料的组合、装配组合、部件组合、目的组合、方案组合等。

(9) 头脑风暴法：也称为发散思维法，是以群体的自由思考和创造性思维相互碰撞为中心的方法。头脑风暴一般为群策群力，即以一定的人数的单位或组织，通过会议的形式来开发和论证问题，大家畅所欲言，互相启发，在一定的时间内尽可能多地提出一些想法或设想，并平等、客观、如实地记录下来。

拓展阅读[①]

创新思维的方法

和田创新法则又叫和田十二法。这些法则通俗易懂，简便易行，便于推广。①加一加：加高、加厚、加多、组合等；②减一减：减轻、减少、省略等；③扩一扩：放大、扩大、提高功效等；④变一变：变形状、颜色、气味、音响、次序等；⑤改一改：改缺点、改不便、改不足之处；⑥缩一缩：压缩、缩小、微型化；⑦联一联：原因和结果有何联系，把某些东西联系起来；⑧学一学：模仿形状、结构和方法，学习先进；⑨代一代：用别的材料代替，用别的方法代替；⑩搬一搬：移作他用；⑪反一反：能否颠倒一下；⑫定一定：定个界限、标准，提高工作效率。

二、玩教具在绘本课程中的运用

玩教具不仅仅是“玩具”，更是富有教育性的玩具，儿童可以从玩教具中获得乐趣、经验，发展能力。好的玩教具需要适宜儿童的发展，为儿童提供多种多样的学习机会。借助玩教具，儿童可以积极地探索，认识周围世界，表达自己的想法、观点，发展想象力、创造力和动手操作能力。

(一) 在教学活动中运用玩教具

玩教具，尤其是自制玩教具在幼儿园教学活动中已经成了不可缺少的重要工具和媒

① 内容节选自 http://www.siweishijie.com/1918.html.

介。教师根据教学活动的内容和目标，设计与活动相关的针对性玩教具，能够调动儿童的积极性和主动性，既节约资源，又能让儿童在动手动脑中获得各方面的发展。因此对于幼儿园教师来说，自制玩教具是教师的必备技能之一。玩教具在老师的眼里是一种辅助教学的用具，具有教育性和一定的目的性；而在幼儿眼中，玩教具就是玩具，他们通过操作、摆弄玩教具来进行活动、完成任务。

在教学活动中可以利用玩教具激发幼儿的学习兴趣。例如绘本《田鼠阿佛》讲述了一群小田鼠的故事：冬天快到了，就在小田鼠们忙着为过冬采集食物的时候，阿佛却独自坐在一旁，它告诉大家，它在采集另外一些东西——阳光、颜色和字。冬天漫长而寒冷，慢慢地，食物被大家吃光了，大家问阿佛“阿佛，你采集的那些东西呢？”阿佛爬上大石头，拿出了他“采集”的那些东西。这个绘本的语言中充满了温暖和诗意。在开展语言活动时，教师可以根据绘本中的童诗和幼儿一起用彩色卡纸、不织布、胶水、彩笔、拉花等材料制作小老鼠的头饰和衣服，让幼儿扮演不同的小田鼠，演绎田鼠们的故事，这样既能够提高儿童学习语言的兴趣，又能锻炼他们的语言表达能力和表现力。

又如，教师在数学活动中利用玩教具来培养幼儿初步的数学认知和简单的逻辑推理能力。绘本《首先有一个苹果》是一本很有趣的数字启蒙书，简单的画面和情节道出了数字的递增：首先有一个苹果，两条虫子从里面钻了出来，三只鸟想吃掉虫子，四个猎人打那些鸟，五只狗去找那些鸟，森林里出现了六只熊，七条小船停在岸边，八只乌龟撞上小船，九条鱼救了猎人，猎人扔出十个蜂窝，数不清的蜜蜂飞了出来，一塌糊涂，这下脑子全乱了，重新数一数吧……这本书中不仅有数字大小的递增关系，还有多与少的配对关系，教师可以利用数字图卡来帮助儿童认识数字，形成初步的数字认知。

（二）在游戏活动中运用玩教具

幼儿园中的游戏多种多样，有运动游戏、建构游戏、角色游戏、语言游戏、表演游戏等。在这些游戏中有的是幼儿自己发起的自主性游戏，也有在教师引导和组织下进行的规则性游戏。在游戏活动中运用玩教具更多是体现在规则性游戏中。中大班的儿童会玩桌面益智游戏，有些益智游戏玩教具可以根据绘本内容来设计和制作。

绘本《方格子老虎》讲述了一个非常有趣的故事：一只可爱的老虎宝宝诞生了，老虎宝宝刚出生时是没有斑纹的，必须由爸爸妈妈帮忙画上黑色条纹。老虎爸爸为了让儿子与众不同，决定给宝宝画上竖条纹，老虎妈妈却不同意，一定要给宝宝画上横条纹。老虎宝宝很难过，他不想让爸爸妈妈吵架，于是他做了一个决定：给自己画上了方格子，这样横条纹和竖条纹不是都有了吗？从此，它就成了一只与众不同的方格子老虎。在绘本中，小动物们将小老虎的方格子当作了棋盘下起了五子棋。借助这个绘本，教师可以和小朋友们一起玩一玩五子棋(图 10-2)的游戏。

又如，绘本《我上小学了》通过游戏的形式让小读者们了解上小学这件事：如何去上学，看看地图就知道啦；晨会上校长在讲话，记住他的样子找一找真假校长吧；会上哪些课，做做游戏一下就知道啦；语文课的拼音迷宫；体育课会跑步、做操，一起玩一玩“找不同”；数学课可以看图数数……在这个绘本中，蕴含着非常多的游戏，教师可以结合绘本内容自制玩教具，例如走迷宫（图 10-3）、考眼力、找不同、数数等，可以让幼儿在游戏中轻轻松松地了解小学的日常生活，很适合大班的孩子。

图 10-2　五子棋游戏

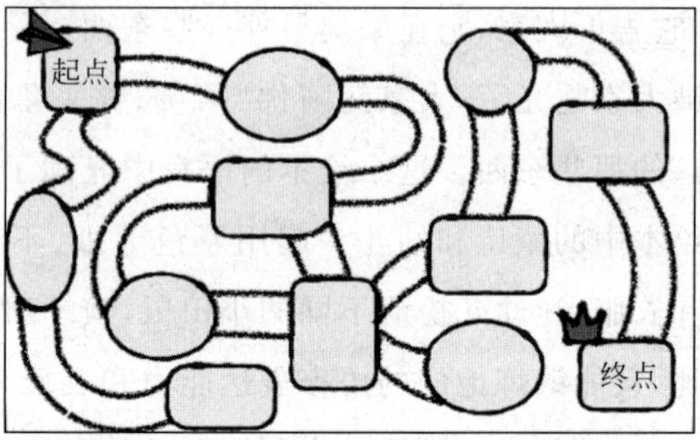

图 10-3　自制走迷宫玩教具示意图

（三）在区域活动中运用玩教具

区域活动是最能体现幼儿自主活动的一种组织形式。教师在班级设置若干活动区，并在各个活动区内提供各种教育内容的材料、用具，供儿童自主选用、操作。可以说，区域活动是一种环境化、材料化的教育形式，儿童借助各种材料进行各种各样的探究活动，因而玩教具可以在区域活动中得到充分的运用。

绘本区域活动中的玩教具可以根据绘本内容特色选择合适的区域进行玩教具的设计与制作。例如绘本在区域中运用最普遍的是阅读区或者语言区，老师们会在阅读区放置许多适合本班幼儿的绘本供儿童阅读和浏览。

在阅读区或者语言区，教师可以设计“故事盒子”，让幼儿在阅读完绘本后，玩一玩故事盒子来复述或创编故事。如图 10-4 所示，教师制作若干盒子，在代表时间的盒子每一面写上一个时间，在地点盒子的每一面写上地方或场景，在人物和事件的盒子上也写上相应的内

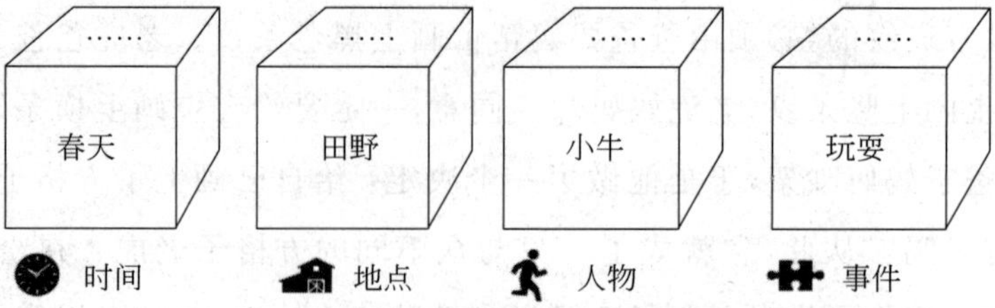

图 10-4　故事盒子玩教具示意图

容。让幼儿通过摇盒子来确定自己创编故事的主要元素——时间、地点、人物、事件，故事盒子上的内容可以根据阅读区投放的绘本来灵活设计，还可以邀请儿童一起寻找更多有创意的故事元素。

绘本《好饿的毛毛虫》是孩子们非常喜爱的绘本，绘本中那条红脑壳、绿身子、高高地弓起身子走路的毛毛虫形象生动可爱。在故事中毛毛虫好饿好饿，它吃了好多好多东西：星期一，吃了一个苹果；星期二，吃了两个梨；星期三，吃了三个李子；星期四，吃了四个草莓；星期五，吃了五个橘子；星期六，吃了……在这个故事中，儿童可以认识数，认识时间，认识食物，还能知道毛毛虫的生长过程，非常适合设计数学、科学类的玩教具投放在科学区。如图 10-5 所示，可以设计制作“毛毛虫的午餐”玩教具。

图 10-5　毛毛虫的午餐玩教具示意图

三、绘本玩教具的设计思路

在幼儿绘本活动中，教师也可以通过设计相应的玩教具来吸引儿童的注意和兴趣，激发他们学习和探索的欲望。绘本玩教具的设计是基于对绘本资源多方面的考察，设计和开发兼具游戏性与教育性的玩具，供师生在各类绘本活动中使用。这与各类绘本活动和游戏设计是相得益彰、互为补充的。因此教师在能够设计绘本活动基础上要具备玩教具设计、开发与制作的能力，通过丰富多元的玩教具促进幼儿各项能力的发展。

（一）基于对绘本主题的分析设计玩教具

如图 10-6 所示，绘本中蕴含着丰富的主题如亲情、友情、成长、健康、自然、科学、故事、节日、社会、生活等。在每一个主题下又可以划分为非常多的小主题，如关于亲情的绘本有关于爸爸、妈妈、爷爷、奶奶、兄弟姐妹等；关于自然的又可以分为动物、植物、昆虫、天气、季节、自然现象等。

设计玩教具时，首先可以对绘本主题进行考察。例如绘本《我喜欢书》通过一只小猩猩的视角，向读者们展示了一个丰富、有趣、神奇的图书世界。这个绘本文字简洁，浅显易懂，列举了小猩猩喜欢的各种各样的书——字母书、数数的书、童话故事、漫画书、唱歌的书、儿歌集、介绍太空的书、怪怪的书……根据绘本的主题“书”，可以思考关于“书”大致可以开展哪些活动。这样的话就会获得一个简单的活动框架，例如，图书分类、图书整理、好书推荐、图书欣赏、创意图书制作、参观书店和图书馆等。基于活动框架分析可能会需要什么样的玩教具。例如：在图书分类活动中可能会用到的有书签、书标等；在好书推荐活动中可能会用到图书介绍卡片、宣传图片、展示板等；在创意图书制作中可能会用到多种美工工具、纸

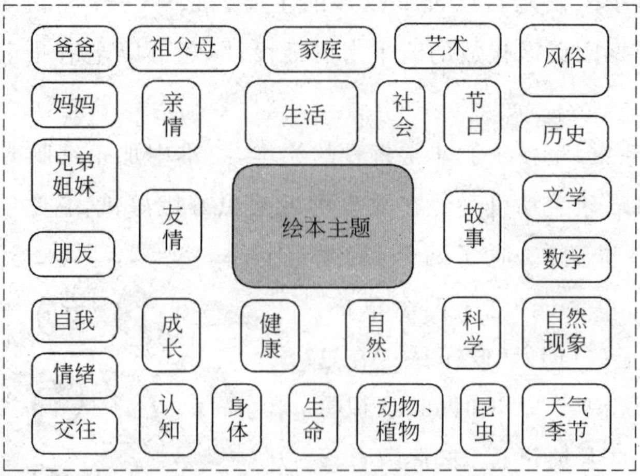

图 10-6　绘本丰富的主题

质材料等。然后再构思如何将这些创意和点子转变为儿童喜爱、乐于操作的玩教具。比如创意图书制作活动中，教师可以提供给儿童各种类型自制图画书的材料和创意：洞洞书、折叠书、翻翻书、拼贴书、纸袋书、卡片书、立体书等。

（二）基于对绘本情节的分析设计玩教具

绘本中有很多戏剧性的、生动有趣的情节。例如绘本《垃圾宝宝住哪里》中，小杰回收了许多“宝贝”展示给萌萌。萌萌一看，原来是一些废弃物品。在送垃圾宝宝们回家的路上俩人却犯了难。最终经过骆博士的帮助俩人成功把垃圾宝宝送回了家。在骆博士详细介绍可回收物、其他垃圾、厨余垃圾以及有害垃圾的过程中，孩子们也可以通过该情节了解垃圾分类的相关知识。根据这个绘本的情节，我们可以设计和“垃圾”有关的玩教具，例如垃圾桶模型、大嘴巴垃圾车、垃圾分类玩教具(图 10-7)等。

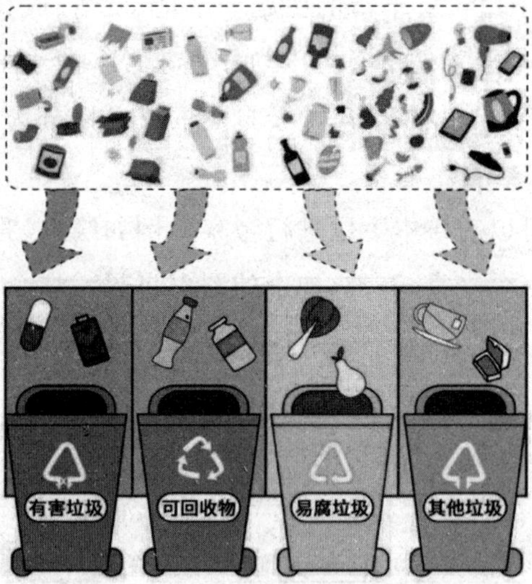

图 10-7　垃圾分类玩教具设计示意图

（三）基于对绘本角色形象的分析设计玩教具

几乎每一个绘本中都有一个或几个令人印象深刻的角色形象，那些真实、鲜活、贴近幼儿生活的形象往往都是幼儿熟悉和喜爱的，例如淘气的大卫、机灵的鼠小弟、可爱的毛毛虫等。绘本的角色形象有平面的二维形象（大多属于此类），也有立体的三维人物（例如《三只小猪的真实故事》中狼和小猪的形象）。如表10-1所示，关于形象的主人公可以是人、动物、植物、昆虫、建筑、交通工具等。

表10-1　绘本中的形象类型

形象类型	绘本示例
人物形象	《大卫，不可以》《生气的亚瑟》《大脚丫跳芭蕾》《菲菲生气了，非常非常生气》《玛德琳》《阿罗有只彩色笔》等
动物形象	《三只小猪》《活了一百万次的猫》《奥莉薇》《鼠小弟的小背心》《小坏猫》《老鼠牙医生》《驴小弟变石头》《鸭子骑车记》《小马》等
昆虫形象	《好饿的毛毛虫》《蚯蚓的日记》《蚂蚁和西瓜》《昆虫运动会》等
建筑形象	《小房子》《红色的灯塔和灰色的大桥》《推土机年年作响，乡村变了》等
交通工具形象	《拖船小嘟嘟》《逃跑的小火车头》《垃圾车来了》《消防船》等

在众多的角色形象中最特别的要数绘本《小蓝和小黄》了。主人公小蓝和小黄是两个小色块，他们在故事中经过拟人化的处理后，被赋予了生命、具有了人类的情感。根据小蓝和小黄的形象，教师可以设计有关颜色认知的玩教具。例如颜色变变变（图10-8），利用硬纸板、彩色卡纸或不织布等材料，做成有关颜色认知和配对的玩教具，儿童需要根据图(1)来思考，两种颜色混在一起会变成什么颜色？然后从(2)中选择正确的颜色图片或卡片，粘贴到(3)中的适当位置。

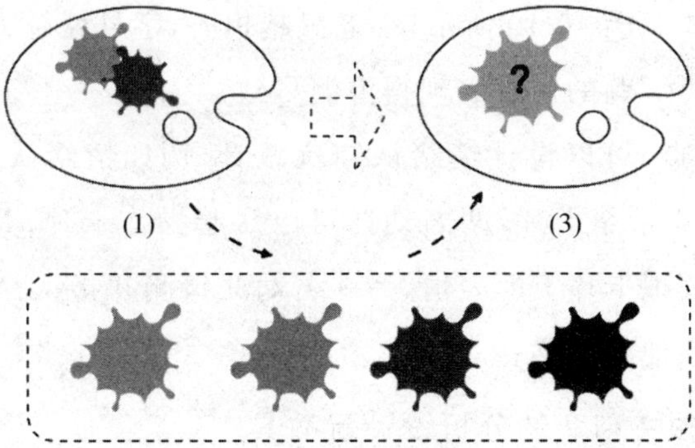

图10-8　颜色变变变玩教具示意图

（四）基于对绘本图画艺术的分析设计玩教具

儿童阅读绘本以图为主，绘本的图画也是玩教具设计的思路源泉。例如绘本《我的连衣裙》讲述了一只穿着白色裙子的小兔子，在不同的情景里，连衣裙也有了多姿多彩的图案：经过花田，变成了花朵样的连衣裙；下雨了，变成雨点花样的连衣裙；穿过稻田，变成草籽模样的连衣裙；小鸟飞来，变成小鸟花样的连衣裙；飞过彩虹、穿过晚霞、越过星星……在这本绘本中，最大的亮点是小兔子连衣裙上的图案变化。因此可以就连衣裙的花样设计玩教具，如服装设计师、小裁缝等。如图 10-9 所示，教师可以用纸、不织布或其他材料，制作小兔子的身体(1)和连衣裙的花样库(2)，幼儿可以从花样库中选取喜爱的图案为小兔子设计和制作好看的连衣裙。

图 10-9　连衣裙玩教具示意图

（五）基于对绘本文字语言的分析设计玩教具

绘本《我好担心》以小老鼠为主角，通过拟人化的描绘，折射出儿童对于未知的恐惧、焦虑和担心的内在情绪。小老鼠小莉美丽可爱，但有些娇气敏感。小莉平时总是太多地担心，大事情、小事情、不大不小的事情；早上、晚上、整天，她都很担心。小莉都在担心些什么呢？担心大树倒在屋子上怎么办，担心秋千上的链子太旧了，担心溜滑梯的螺丝钉太松了，担心没有朋友来参加生日派对怎么办，担心蛋糕不够吃怎么办，最担心的就是——小莉要上学了……在这个绘本中，作者通过放大或缩小的文字来反映小老鼠的担心程度，如图 10-10 所示，小老鼠越担心，字号就越大，越来越大的字体将小莉的焦虑表现得淋漓尽致。

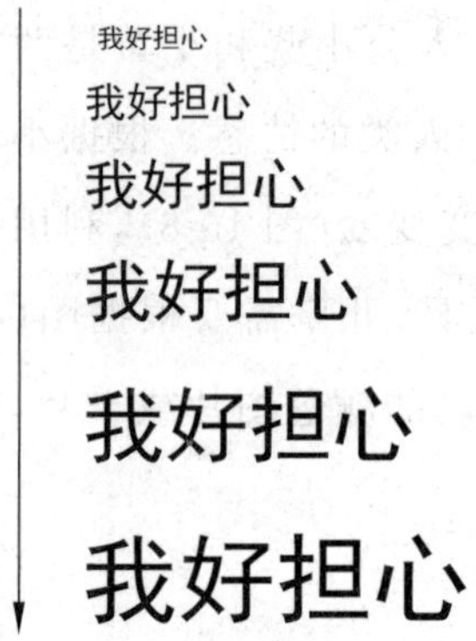

图 10-10　文字大小的影响

根据绘本的文字特点，可以设计情绪认知玩教具，例如情绪认识卡片。如图 10-11 所示，教师制作 A 和 B 两组情绪卡片，两名幼儿可以一起操作卡片，其中一名幼儿从 A 组卡片中抽取一张表情卡，模拟卡片上的表情，另一名幼儿猜测并指认是 B 组卡片哪个表情，以此来认知情绪，学会体察他人情感。

（六）基于对绘本独特创意的分析设计玩教具

有时候我们可以从绘本中看到非常独特的创意，这可以给我们带来很多玩教具设计与制作的灵感。有的作者会在绘本中运用一些联动装置，例如立体、折叠、挖洞、拼贴、遮挡、

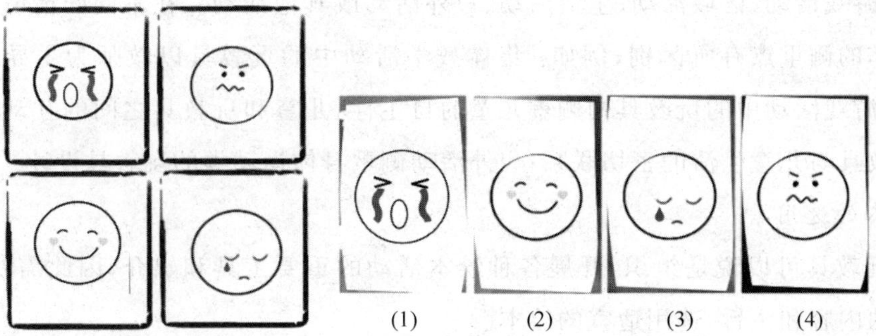

图 10-11　情绪认知玩教具示意图

翻翻、触觉认知等特殊设计。

《猜猜看，是什么？》系列绘本是一本低幼认知互动书。一个黄黄的梨子，翻一下就变成了一只可爱的小鸡；两颗紫色的葡萄，翻一下就变成了机灵的小老鼠……儿童通过翻动书页可以发现意外的惊喜，既能动手动脑，又能感受猜谜游戏的乐趣。以此为创意设计翻翻猜猜玩教具，如图 10-12 所示，教师准备一张卡纸，选择外形中有相似点的物品或动植物等，运用半页或附页遮盖的方式展示或隐藏部分画面。左图中折起来的纸上图案是一根棒棒糖，打开折页幼儿会惊喜地发现棒棒糖变成了一只卷尾猴。通过这种方式，教师可以打开思路和创意，发散思维，进行玩教具的设计与制作。

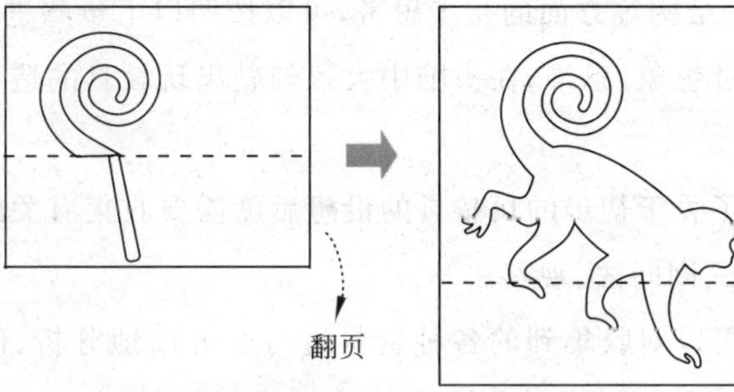

图 10-12　翻翻猜猜玩教具示意图

四、绘本玩教具的设计流程

（一）明确方向

玩教具设计与制作的首要任务是明确玩教具的方向，如图 10-13 所示，包括以下三方面。

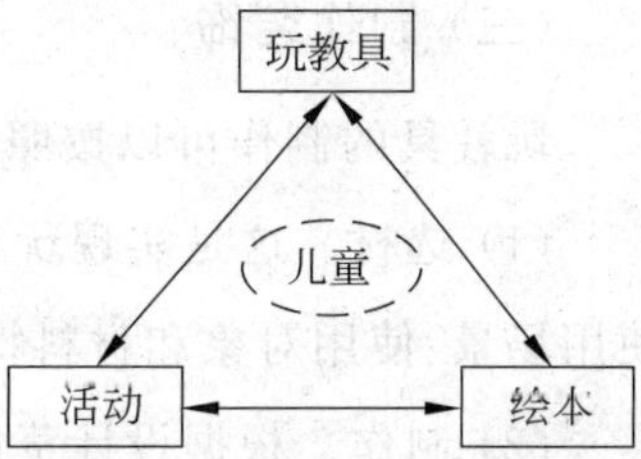

图 10-13　玩教具设计方向

1. 玩教具的使用情境

教师需要明确在什么情境或活动中使用玩教具，如集体教学活动、游戏活动、区域活动、生活活动、户外活动或其他活动。在不同的情境中，玩教具设计与制作的侧重点有所区别，例如：集体教学活动中的玩教具以教师为主导，儿童为主体；区域和游戏活动中的玩教具则侧重儿童的自主性、儿童和玩教具之间的互动性；生活活动侧重玩教具与儿童生活的密切联系；户外活动侧重身体运动类的玩教具设计。

2. 绘本的选用

绘本玩教具可以说是组织、开展各种绘本活动的重要工具和媒介，因此需要明确绘本以及绘本的内容和主旨，选用适宜的绘本。

3. 玩教具的功能和类属

玩教具的类属包括展示类、操作类和装饰类三种。展示类玩教具主要通过教师运用示范或范例，如提供各种实物、直观性的玩教具或为儿童提供模仿的对象，使儿童获得对于某一事物或现象的较为完整的感性认知。操作类玩教具是教师提供与教学内容有关的操作材料，设置一定的情境，引发儿童对于玩教具的操作、互动和探索。装饰类玩教具多用于幼儿园环境创设，在教室、走廊、墙面、楼梯等地方进行玩教具的展示，美观、富有情趣。此外，还有重要的一点就是玩教具设计必须要考虑到儿童，符合儿童年龄特征、发展需求和兴趣喜好等。

（二）构思设计

当有了明确的玩教具设计方向和目标后，就可以开始玩教具的设计和构思了。构思主要是指对于玩教具立意、结构等方面的初步思考，可以按照以下步骤进行构思和设计。

（1）初步构思。通过想象、思维，在头脑中大致勾勒出玩教具的造型、结构、功能、材料、色彩等方面的要素。

（2）查找资料。有了关于初步的玩教具的设想后就需要收集有关的资料。收集资料的方法有很多种，如文献法、询问法、观察法等。

（3）分析。一方面可以对收集到的各种资料进行全方面地分析、研究、判断，另一方面对儿童的需求、喜好、使用等方面进行分析，明确玩教具的设计要点。

（4）设计。在这个阶段可以将玩教具的构思用图画或者文字的形式呈现出来，将想法变为草图(或腹稿)，设计玩教具的雏形，包括材料、造型、色彩、装饰等，使创意形象化。

（三）制作装饰

玩教具的制作可以按照以下步骤。

（1）选材。这是实现玩教具由想法落实到实物的重要环节。可以根据玩教具的功能、使用场景、使用对象和材料特征等因素挑选出适宜的材料进行玩教具制作。

（2）制作。根据设计草图，结合所选材料的质地和特性，采用各种方法对材料进行加工、改造、组合等，进行实际创作。制作时注意玩教具边缘光滑，结实牢固，经得住儿童的把玩。

(3) 装饰。通过涂绘、粘贴等方式对玩教具进行装饰和美化，使其具有一定的美感和艺术感，给儿童带来美好的视觉体验。

（四）延伸变化

玩教具延伸变化的内在要求本质上是玩教具的系列化问题，即一个玩具变为多个玩具，单个玩具转变成系列玩具。玩教具的系列化需要遵循“科学排列”原则。科学排列既可以按照儿童的年龄进行系列化设计，也可以按照玩具的外形、主题、内容等进行系列化设计。

1. 以儿童年龄为基点进行延伸和变化

以儿童年龄为基点进行延伸和变化就是按照儿童不同年龄阶段的特点和需求设计与制作玩教具。如图 10-14 所示，在前文中提到的“颜色变变变”的案例，可以通过增减颜色数量、变化颜色种类来使玩教具在原来的基础上有一定的延伸和变化，以适应不同年龄儿童的认知水平。

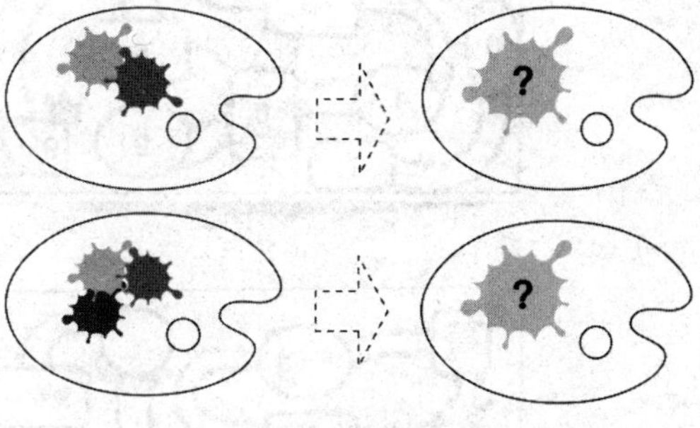

图 10-14　颜色变变变玩教具的变化延伸

2. 按照玩教具的外形进行延伸和变化

在前文中提到的关于磁铁的科学玩教具“钓鱼”如果按照外形进行变化，可以改变鱼的造型。外观的变化可以给儿童带来新鲜感，保持儿童活动的兴趣，使儿童能主动参与教育教学活动。如图 10-15(a)所示，微调小鱼的外形；或者如图 10-15(b)所示，也可以大改，换成其他系列的造型。

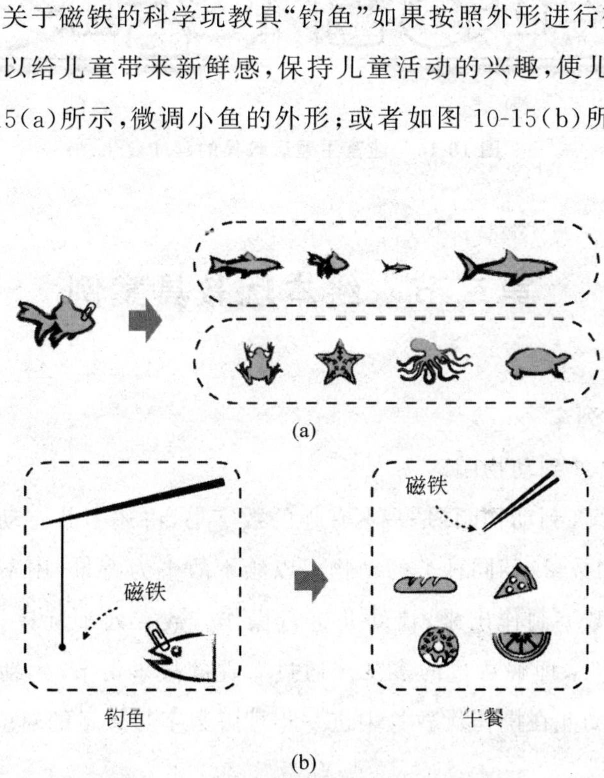

图 10-15　钓鱼游戏玩教具的延伸变化

3. 按照玩教具的主题内容进行延伸和变化

一般情况下，玩教具主题的可变性非常大，一个主题中有着丰富的内容，因此可以基于玩教具的主题展开系列化设计。例如前文中提到的自制走迷宫玩具可以就“迷宫”的主题在具体内容上设计不同的变化。图 10-16 中，在基本迷宫路线图的基础上分别设计了简单的数字迷宫(1)、字母迷宫(2)、动作迷宫(3)和动物迷宫(4)。在实际教育过程中，教师可以打开思路，结合儿童的能力水平、兴趣和需求等设计丰富的、有创意的玩教具。

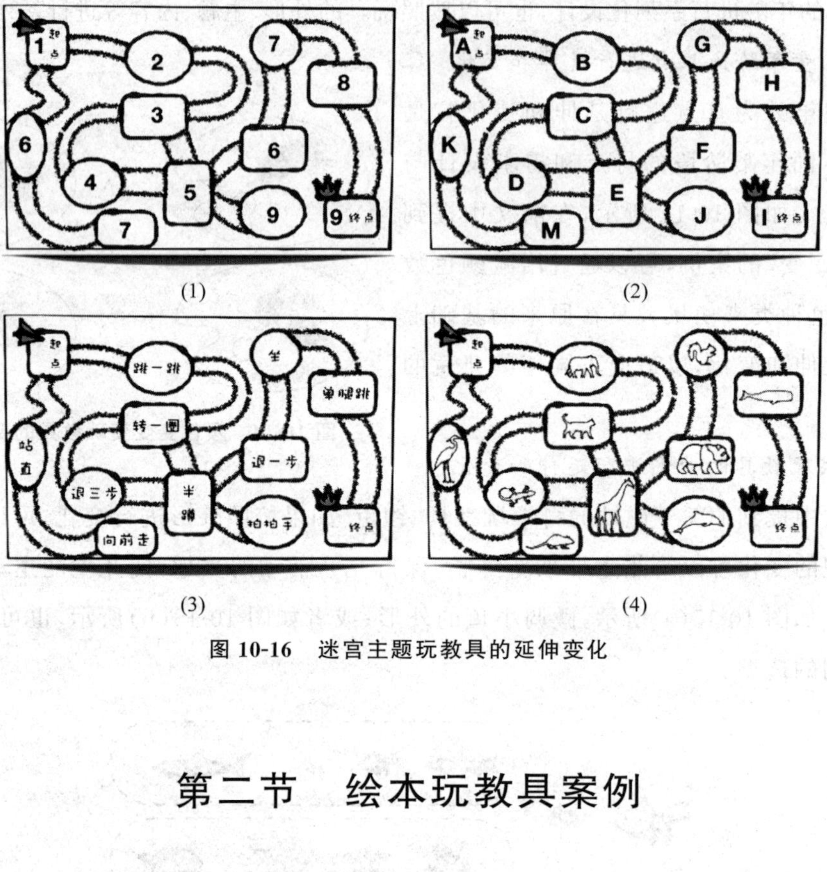

图 10-16　迷宫主题玩教具的延伸变化

第二节　绘本玩教具案例

【案例 1】　数字列车

设计来源：《1、2、3 到动物园》

设计思路：《1、2、3 到动物园》是一本有趣的数字书，讲述了载有动物的火车去动物园，每节车厢上都有不同数量、不同种类的动物。以绘本故事为背景，用不织布、卡纸等材料将绘本中的动物数量、数字制作出来，让幼儿进行操作。数字列车玩教具将数字的概念具体化，帮助幼儿认识数字，理解数量的多少。通过有趣的故事情节、生动的动物形象，将数字与数量对应起来，使幼儿在操作玩教具中进一步理解数字与数量的对应关系。

适宜学段：中班

基本材料：不织布、针线、胶水、剪刀

制作方法：

(1) 用不织布制作卡通火车、数字 1～5 及大象、河马、长颈鹿、狮子、棕熊卡通形象若干。

(2) 将数字与车厢粘在一起。

具体玩法：每个车厢只能放一种动物，动物的数量要和车厢上的数字一致。幼儿将相同种类的动物进行归类，点数动物的数量，把动物送到对应数字的车厢，参见图 10-17。

延伸变化：制作数字"0"，在将所有动物送到动物园后，此时火车上没有一个小动物，体会"0"的含义；制作 6～10 的数字、不同种类动物及数量，继续进行游戏。

图 10-17　数字列车玩教具示意图

【案例 2】　手指虫

设计来源：《好饿的毛毛虫》

设计思路：这个绘本内容有趣，页面上有圆孔的设计。我们可以把这个"洞洞"设计还原出来，做出实际物品(图 10-18)。在立体材料上做一条"隧道"，让孩子的手指像毛毛虫一样在"洞洞"里"拱来拱去"，锻炼孩子的想象能力和手部肌肉。

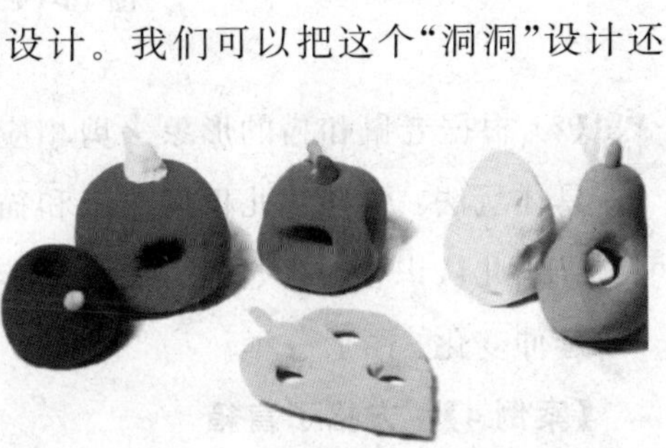

图 10-18　"手指虫"玩教具示意图

适宜学段：小班

基本材料：超轻黏土

制作方法：用超轻黏土捏出食物的形状(例如苹果、奶酪和橘子)，在"食物"上面钻出几条通道，通道的大小要适应孩子手指的大小。

具体玩法：幼儿将手指探入"食物"的通道中，模仿毛毛虫的动作，拱来拱去。

延伸变化：制作一些比通道略小的扁扁的圆柱体，这样孩子可以在通道中运送东西；或者用绳子把通道穿起来。

【案例3】 猫鼠游戏

设计来源:《胆小的老鼠》

设计思路:《胆小的老鼠》是一个很有教育意义的绘本,绘本中的小老鼠在姐姐的鼓励下,勇敢地走出了家门。绘本中"老鼠"和"猫"贯穿故事始终,借助老鼠和猫的形象,与几何图形相结合,运用无纺布、旧纸箱设计玩教具,引导幼儿根据老鼠和猫的形象去拼相应的几何图形,培养幼儿的观察力和对几何图形特征的感知。

适宜学段:中班

基本材料:无纺布、旧纸箱、A4纸

制作方法:

(1) 使用两张A4纸,分别在A4纸上画出猫和老鼠(猫和老鼠的形象以几何图形为主),将两张A4纸分别固定在不同的旧纸箱上,方便幼儿操作,如图10-19所示。

图10-19 猫鼠游戏玩教具示意图

(2) 根据老鼠和猫的形象去剪相应的图形。

具体玩法:引导幼儿根据老鼠和猫的形象,在猫和老鼠的一侧,拼出相应的图像(老师可引导幼儿认识正方形、圆形、三角形、半圆等几何图形)。

延伸变化:图形分类。

【案例4】 方格子盲箱

设计来源:《方格子老虎》

设计思路:小老虎突发奇想,让自己变成了一只方格子老虎,它的方格子给大家带来了很多欢乐和帮助,大家在方格子上玩五子棋、象棋,数学家还用来解数学题。方格盲箱玩教具使用方格元素,在纸箱中隔出一个个方格空间,在里面放上不同的东西,制作为盲箱。幼儿用手去摸一摸,并猜一猜可能是什么,发展幼儿感知、想象和口语表达能力。

适宜学段:大班

基本材料:废旧纸箱、剪刀、彩纸、无纺布

制作方法：

(1) 在纸箱里用纸板隔出若干个方格的空间。

(2) 用无纺布在方格上做一个遮挡，遮挡具有活动的开口，可以把手伸进去。

(3) 装饰盲箱。

具体玩法：

(1) 教师在方格中放入一些物品(图 10-20)。

图 10-20　方格盲箱玩教具示意图

(2) 一个幼儿把手伸入方格中摸一摸，描述物品的特征。

(3) 其他幼儿根据描述猜猜里面是什么。

延伸变化：制作任务卡放入盲箱，小朋友抽取一个任务卡，执行相应的任务。

【案例 5】　红绿灯

设计来源：《红绿灯眨眼睛》

设计思路：绘本从一个新奇有趣的视角为孩子讲述了红绿灯的重要作用。在纸上画出红灯、黄灯以及绿灯，在讲述红绿灯规则之后，幼儿通过操作玩教具体验遇到红灯要停、绿灯可以行的交通规则。

适宜学段：中班

基本材料：卡纸、蜡笔、口哨

制作方法：在纸上画出红绿灯(图 10-21)。

具体玩法：

(1) 一名幼儿控制信号灯。

(2) 其他幼儿自由走动。

(3) 幼儿吹响哨子同时举起红绿灯指示牌发出指令。其他幼儿依照指令行动：红灯时停下，绿灯继续行走，黄灯原地踏步；看谁反应又快又准。

延伸变化：增加“十字路口”情境和“警察”“行人”“司机”等角色。

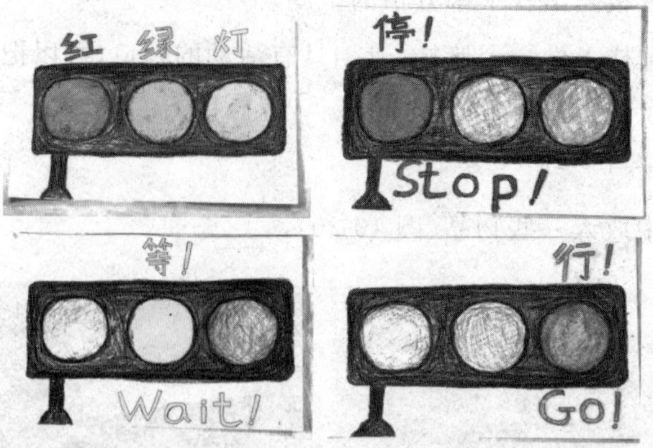

图 10-21 红绿灯玩教具示意图

【案例 6】 我爸爸

设计来源：《我爸爸》

设计思路：绘本从孩子的视角来描述自己爸爸的勇敢和高大。爸爸不仅拥有很多优点，而且还会唱歌、会跳舞、会踢球、会逗我笑，简直无所不能。根据绘本爸爸的形象，制作马头、鱼头、猩猩头、泰迪熊头以及转盘等道具，孩子拼一拼爸爸的形象，转动转盘讲讲爸爸的故事，在操作中感受爸爸的伟大。

绘本玩教具
《我爸爸》

适宜学段：小班

基本材料：画纸、彩笔、剪刀、魔术贴、子母扣、塑封膜

制作方法：

(1) 爸爸形象玩教具：用画纸绘制并剪出爸爸的整体形象及不同的动物头，塑封好后分别贴上魔术贴，如图 10-22 所示。

图 10-22 我爸爸玩教具示意图

(2) 转盘玩教具：将小动物图案贴在转盘底纸上，设计转盘封面并减掉一角，塑封好后用子母扣固定转盘底纸和封面。

具体玩法：

(1) 孩子可以选择和自己爸爸形象最像的动物头，通过魔术贴粘在爸爸教具头的位置。

(2) 孩子随意转动转盘，说一说转盘停下时出现的动物和爸爸的相似之处。

延伸变化：让孩子自己画一画心目中的爸爸。

【案例 7】　西瓜拼图

设计来源：《蚂蚁和西瓜》

设计思路：《蚂蚁和西瓜》讲述了一群蚂蚁将一块大西瓜搬回家的故事。绘本里有很多有趣的细节，如各个蚂蚁不同的动作神态、蚂蚁复杂的洞穴、影子的长短变化等。其中有的画面内容非常丰富，可以制作成"拼图"。幼儿可以在拼的过程中，学习观察细节，从而锻炼幼儿的观察能力及专注力。

适宜学段：中班

基本材料：硬纸板、剪刀、胶棒、纸笔

制作方法：

(1) 打印出绘本中有趣的场景。

(2) 将绘画粘贴在硬纸板上，进行适当裁剪(最好包含各种规则图形)成 9、12 块，如图 10-23 所示。

图 10-23　西瓜拼图玩教具示意图

具体玩法：将打乱顺序的拼图复原。

延伸变化：将拼图裁剪成不同规则图形(正方形、长方形、三角形)，增大难度。

【案例 8】　巧手自行车

设计来源：《鸭子骑车记》

设计思路：《鸭子骑车记》绘本讲述了一只鸭子不惧他人眼光，勇敢尝试新事物，骑自行车的故事。在绘本中，自行车贯穿始终。运用荧光纸、卡纸、扭扭棒等设计巧手自行车玩教具，引导幼儿根据图纸去拼接自行车，促进幼儿观察力、手动操作等方面的发展。

适宜学段：大班

基本材料：超轻黏土、硬纸板、棉签棒、扭扭棒

制作方法：

（1）运用硬纸板和超轻黏土制作一些自行车的零件，并用扭扭棒和超轻黏土加以装饰（扭扭棒的铁丝比较锋利，可以用超轻黏土将锋利的部分遮上，以免弄伤幼儿），如图10-24所示。

图10-24　巧手自行车玩教具示意图

（2）用超轻黏土做一些自行车衔接处的零件。

具体玩法：引导幼儿根据图片去组建自行车。

延伸变化：引导幼儿运用零件去组建其他物品。

思考与实践

1. 优秀的玩教具应具备哪些特点？结合实例进行分析。

2. 设计儿童玩教具应注意哪些问题？请结合实例说明。

3. 选择一个你喜欢的儿童玩教具，采用缺点列举法或其他方法进行玩具的改进和优化。

4. 根据所学知识选择一个绘本，设计并制作绘本玩教具。

参考文献

[1] 苏菲・范德林登.一本书读透图画书[M].西安：世界图书出版公司，2018.

[2] 丹尼斯・I.马图卡.图画书宝典[M].北京：北京联合出版公司，2017.

[3] 夸美纽斯. 图画中见到的世界[M]. 杨晓芬，译. 上海：上海书店出版社，2001.

[4] David R.Shaffer，Katherine Kipp.发展心理学[M].北京：轻工业出版社，2013.

[5] 松居直. 幸福的种子——亲子共读图画书[M]. 刘涤昭，译. 南昌：二十一世纪出版社，2014.

[6] 南云治嘉. 吸引力！绘本设计[M]. 龚娜，译. 北京：人民邮电出版社，2015.

[7] 李子健，等.幼儿园园本课程开发的理论与实践[M].北京：人民教育出版社，2009.

[8] 方素珍.绘本阅读时代[M].杭州：浙江少年儿童出版社，2013.

[9] 李生兰.幼儿园与家庭、社区合作共育的研究[M].上海：华东师范大学出版社，2014.

[10] 李红.幼儿心理学[M].北京：人民教育出版社，2013.

[11] 刘绪源.绘本之美[M].济南：明天出版社，2016.

[12] 彭懿.世界图画书阅读与经典[M].南宁：接力出版社，2011.

[13] 诺尔曼・布朗.生与死的对抗[M].贵阳：贵州人民出版社，1994.

[14] 朱自强.经典这样告诉我们[M].济南：明天出版社，2016.

[15] 卡罗尔・格斯特维奇. 发展适宜性实践[M]. 霍力岩，译. 北京：科学教育出版社，2015.

[16] 上海市教育委员会教学研究室.幼儿园课程图景[M].上海：华东师范大学出版社，2019.

[17] 米歇尔・格雷夫斯.理想的教学点子 2[M].南京：南京师范大学出版社，2013.

[18] 陈福静.幼儿园主题活动的设计与实施策略[M].北京：中国轻工业出版社，2016.

[19] 王策三.教学论稿[M].北京：人民教育出版社，1985.

[20] 全国十二所重点大学联合编写.教育学基础[M].北京：科学教育出版社，2014.

[21] 霍力岩.学前教育评价[M].北京：北京师范大学出版社，2000.

[22] 茹荣芳.幼儿园民间文化教育实践研究[M].北京：清华大学出版社，2017.

[23] 崔允漷.校本课程开发[M].北京：教育科学出版社，2000.

[24] 陈晓瑞，等.西方教育哲学流派课程与教学思想[M].北京：中国轻工业出版社，2008.

[25] Eva Essa.儿童早期教育导论[M].北京：中国轻工业出版社，2012.

[26] 茹荣芳.园本课程开发与教师专业发展[M].北京：清华大学出版社，2014.

[27] 伊丽莎白・琼斯，等.生成课程[M].上海：华东师范大学出版社，2004.

[28] 莉莲·凯兹,等.项目教学法[M].南京：南京师范大学出版社,2007.

[29] 刘晓东.儿童文化与儿童教育[M].北京：教育科学出版社,2006.

[30] 宋文霞,王翠霞.幼儿园一日生活环节的组织策略[M].北京：中国轻工业出版社,2012.

[31] 松居直.我的图画书论[M].乌鲁木齐：新疆青少年出版社,2019.

[32] 叶平枝.幼儿园健康领域教育精要：关键经验与活动指导[M].北京：教育科学出版社,2015.

[33] 余珍有.幼儿园语言领域教育精要：关键经验与活动指导[M].北京：教育科学出版社,2015.

[34] 刘晶波.幼儿园社会领域教育精要：关键经验与活动指导[M].北京：教育科学出版社,2015.

[35] 张俊.幼儿园科学领域教育精要：关键经验与活动指导[M].北京：教育科学出版社,2015.

[36] 王秀萍.幼儿园音乐领域教育精要：关键经验与活动指导[M].北京：教育科学出版社,2015.

[37] 孔起英.幼儿园美术领域教育精要：关键经验与活动指导[M].北京：教育科学出版社,2015.

[38] 彭懿.图画书：阅读与经典[M].南昌：二十一世纪出版社,2009.

[39] 朱邓丽娟,等.幼儿游戏(上册)[M].北京：北京师范大学出版社,1994.

[40] 陈帼眉,等.学前儿童发展心理学[M].北京：北京师范大学出版社,2015.

[41] 邱学青.学前儿童游戏[M].南京：江苏教育出版社,2008.

[42] 闫学.绘本课程这样做[M].北京：中国人民大学出版社,2017.

[43] 王哼.幼儿园早期阅读与绘本教学[M].福州：福建出版社,2018.

[44] 林美琴.绘本读写游戏[M].乌鲁木齐：新疆青少年出版社,2007.

[45] 霍力岩,等.幼儿园课程开发与教师专业发展：比较研究的视角[M].北京：教育科学出版社,2006.

[46] 秦元东,王春燕.幼儿园区域活动新论：一种生态学的视角[M].北京：北京师范大学出版社,2008.

[47] 张春炬.幼儿园一日活动指导[M].保定：河北大学出版社,2012.

[48] 王春燕.幼儿园课程概论[M].北京：高等教育出版社,2014.

[49] 徐萍.幼儿区角活动[M].福州：福建教育出版社,2016.

[50] 邹小丽,等.绘本教学策略的探索与实践[M].重庆：西南大学出版社,2018.

[51] 冯晓霞.幼儿园课程[M].北京：北京师范大学出版社,2001.

[52] 赵旭莹,等.幼儿园综合主题活动：设计技巧与优秀案例[M].北京：中国轻工业出版社,2014.

[53] 郭力平,谢萌.幼儿园玩教具：配备、设计制作与应用[M].北京：中国轻工业出版社,2014.

[54] 刘焱.儿童游戏通论[M].北京：北京师范大学出版社,2004.

[55] 王振伟,等.玩具设计概论[M].北京：中国轻工业出版社,2013.